2025
AI 대전환
주도권을 선점하라

2025 AI 대전환: 주도권을 선점하라

초판 1쇄 발행 2024년 10월 28일
초판 3쇄 발행 2025년 3월 14일

지은이 오순영, 하정우

펴낸이 조기흠
총괄 이수동 / **책임편집** 박의성 / **기획편집** 최진, 유지윤, 이지은, 박소현
마케팅 박태규, 임은희, 김예인, 김선영 / **제작** 박성우, 김정우
디자인 박정현 / **정리** 박준영 / **촬영** 김성훈

펴낸곳 한빛비즈(주) / **주소** 서울시 서대문구 연희로2길 62 4층
전화 02-325-5506 / **팩스** 02-326-1566
등록 2008년 1월 14일 제 25100-2017-000062호

ISBN 979-11-5784-771-6 03320

이 책에 대한 의견이나 오탈자 및 잘못된 내용은 출판사 홈페이지나 아래 이메일로 알려주십시오.
파본은 구매처에서 교환하실 수 있습니다. 책값은 뒤표지에 표시되어 있습니다.

⌂ hanbitbiz.com ✉ hanbitbiz@hanbit.co.kr ❑ facebook.com/hanbitbiz
Ⓝ post.naver.com/hanbit_biz ▶ youtube.com/한빛비즈 ⊙ instagram.com/hanbitbiz

지금 하지 않으면 할 수 없는 일이 있습니다.
책으로 펴내고 싶은 아이디어나 원고를 메일(hanbitbiz@hanbit.co.kr)로 보내주세요.
한빛비즈는 여러분의 소중한 경험과 지식을 기다리고 있습니다.

AI 대전환 주도권을 선점하라

오순영, 하정우 지음

한빛비즈
Hanbit Biz, Inc.

대전환의 장면들

장면1.

2022년 11월 30일, 미국 뉴올리언스에서는 인공지능 분야 세계 최고 권위의 학술대회인 뉴립스NeurIPS가 한창 진행되고 있었다. 그해 뉴립스 참석자들은 거의 대부분 테스트 오브 타임 어워드Test of Time Award 수상 논문을 기다리고 있었다. 테스트 오브 타임 어워드는 뉴립스에서 발표된 논문 중 지난 10년 동안 가장 큰 영향력을 끼친 연구에 주는 상이다. 2022년 수상 논문에 많은 연구자들이 관심을 가진 이유는 NIPS(뉴립스의 전 명칭) 2012에 발표되어 70년 AI 역사에 한 획을 그은 기념비적인 논문의 수상이 거의 확실했기 때문이다.

사진 속 사물 인식에 딥러닝을 최초로 적용해 2012년 이미지넷 경진대회ImageNet Large Scale Visual Recognition Challenge에서 압도적인 차이로 우승을 거머쥐며 전 세계 AI 연구자들에게 딥러닝을 각인시킨 '알렉스넷AlexNet'이 바로 그 주인공이다. 오늘날 딥러닝 중심의 AI 시대를 개막한 알렉스넷 논문에는 딥러닝 대부로 불리는 제프리 힌턴 토론 토대학 교수와 그의 제자 알렉스 크리제브스키(제1저자), 그리고 오픈 AI 공동창업자이자 수석과학자였고 2023년 11월 샘 올트먼 축출 선봉에 섰던, 지금은 세이프슈퍼인텔리전스 Safe Superintelligence의 창업자로 10억 달러 투자 유치에 성공한 일리야 수츠케버가 이름을 올렸다.

장면2.

그러나 진짜 세상을 뒤집어놓은 주인공은 따로 있었다. 학회 발표 논문 중에는 GPT-3의 후속 연구로 기존 GPT-3의 성능을 크게 개선한 인스트럭스GPT InstructGPT라는 오픈AI의 연구가 있었는데, 연구진은 논문 발표에 맞춰 외부에서도 인터넷 접속을 통해 체험해볼 수 있도록 이 연구의 데모를 전 세계에 공개했다.

논문 발표와 함께 공개되었던 그 데모가 (그냥 흔한 데모가 아니라) 오늘날 전 세계를 생성형 AI 광풍 속으로 몰아넣은 '챗GPT'이다. 학회에 참석한 연구자들 대부분이 챗GPT 사용 경험에 대해 서로 이야기하느라 바빴다. 필자 또한 그해 뉴립스 조직위원회 소셜 위원장으로 참석해 있었기 때문에 현장 분위기를 그대로 느끼고 있었다.

대회 현장뿐 아니라 한국도 예외가 아니었다. 특히 네이버클라우드 AI 연구원들이 받은 충격은 사내 메신저에 고스란히 녹아 필자에게도 전해졌다. 그 이후는 독자들도 잘 알고 있는 것처럼 공개 첫 5일간 100만 명, 40일 만에 1,000만 명, 2개월 만에 전 세계 월간활성사용자MAU 1억이라는 전대미문의 사용자 증가 속도 기록을 남겼고 생성형 AI 시대를 여는 기폭제가 되었다. (돌아보니, 2022 테스트 오프 타임 수상 논문도, 챗GPT도 모두 일리야 수츠케버의 작품이니 그가 1조 원을 투자받는 것도 당연하다는 생각이 든다.)

현재.

2023년에 들어서며 오픈AI가 GPT-4, GPT-4V, DALL-E 시리즈를 차례로 내놓았고, 구글 PaLM2와 제미나이 Gemini, 메타 라마 LLaMA 시리즈, 앤트로픽 Anthropic 클로드 시리즈, 알리바바 큐원 QWen 시리즈와 같은 혁신적인 생성형 AI 모델들이 경쟁적으로 공개되었다. AI 모델뿐 아니라 이에 기반한 챗GPT 플러그인, GPTs, 바드, 코파일럿 그리고 라마와 같은 오픈소스 생성형 AI를 활용한 앱 등 혁신적 서비스들은 전 세계 사람들에게 생성형 AI 시대가 사람들이 일하고 살아가는 방식을 송두리째 바꿀 것이라는 믿음을 심어주었다.

2024년 들어서도 소라, Gen3-알파, 루마AI 등 글의 내용을 영상으로 제작해주는 AI가 등장해 전 세계에 또 한 번 큰 충격을 줬다. 거기에 기존의 멀티모달 언어 모델들도 더욱 발전하며 이 글을 쓰고 있는 지금 이 순간에도 오픈AI에서 코드명 스트로베리 strawberry라 알려진 o1 모델을 공개하며 박사 연구자급의 문제해결력을 가진, 매우 복잡한 수리적·논리적 추론을 할 수 있는 생성형 AI의 등장을 알리며 AGI Aritificial General Intelligence(일반인공지능) 시대로 성큼 다가섰다는 것을 느끼게 하고 있다.

그런데 이렇게 놀랍도록 빠르고 혁신적인 기술 진보에도 불구하고 정말 우리의 일상생활과 일터에 생성형 AI가 녹아들어 세상을 바꾸고 있는가? 냉정하게 곱씹어보면 꼭 그렇지만은 않은 것 같다. 기술 측면에서 보면 놀라운 혁신이 계속되고 있고, 많은 글로벌 컨설팅 회사들이 생산성 혁신을 통한 경제적 파급효과가 수조 달러에 이를 것이라는 보고서를 매주 쏟아내고 있음에도 주위에서 체감할 정도의 변화를 직접 확인하는 것은 쉽지 않다. 많은 사람들의 높은 기대와 달리 AI 위기론 혹은 거품론도 함께 논의되는 것이 당연해 보이기도 한다.

기술로 기능을 구현하고 구현된 기능이 제품과 서비스로서 실현되어 고객들에게 실제 가치를 제공하는 과정에서 각 단계별로 높은 허들이 존재하기 마련인데, 생성형 AI도 크게 다르지 않다. 생성형 AI가 전기, 인터넷, 인쇄술과 같은 게임체인저 기술임에 틀림없다면, 어떤 요소들이 기업들의 성공적인 AI 대전환에 걸림돌이 되고 있는지 파악하고 해결책을 찾는 것이 향후 거의 모든 기업들에 너무나 중요한 숙제가 될 수밖에 없다. 성공적인 AI 대전환이 각 기업의 경쟁력 강화를 넘어 존폐에 큰 영향을 끼칠 능성이 높기 때문이다. 기업뿐 아니라 정부, 지자체, 교육기관 등 공공의 영역도 마찬가지다.

그러나 특정 기술이 성공적인 사용자 가치 제공이나 비즈니스 성과로 이어지는 길은 결코 쉽지 않다. 다양하고 복합적인 요소들이 영향을 미친다. 해당 기술의 근원적 특성과 한계, 구현 기능의 범위와 특징, 사용자의 수요와 접근성, 사회적 인식과 수용성, 거기에 비용까지 입체적인 관점에서 통찰력 있는 분석을 통해서만 기술-기능-제품-사용자 만족의 각 단계를 넘어가는 과정에서의 장애 요소를 해결할 수 있다.

이를 위해서는 먼저 실제 기술 개발 경험을 바탕으로 생성형 AI에 대한 깊이 있는 기술적 이해를 갖고 있는 전문가가 기술단에서 출발해서 제품을 바라보는 시각이 중요하다. 그런데 이것만으로는 성공할 수 없다. 이런 경우 종종 기능은 좋으나 매력도가 떨어지는 제품, 즉 "가지고 있으면 좋은 Nice to have" 서비스에 머물게 된다. 반대로 실제 서비스에 기술을 성공적으로 녹여 넣기 위해 많은 시행착오를 경험해본 AI 활용 전문가가 제품이나 사용자에서 기술 쪽을 바라보며 얻은 통찰과 경험도 그 이상으로 중요하다.

이 책을 집필하게 된 시작점이 바로 여기다. 필자와 공동저자인 오순영 의장은 77년생 동갑내기 친구이며 사단법인 바른과학기술실현을위한국민연합(과실연) AI미래포럼 공동의장으로도 3년 이상 함께 일해오고 있다. 한글과컴퓨터에서 PM으로 시작해서 본사 CTO와 자회사 CEO까지 맡으며 18년간 수많은 제품을 만들어본 경험에 챗 GPT 등장 이후 국내 1위 은행에서 업무에 생성형 AI 도입을 위해 누구보다 많은 시행착오와 경험을 더해온 AI '활용' 전문가다.

필자는 박사학위 기간을 포함해 2006년부터 18년간 인공지능을 연구개발해왔고, 현재는 생성형 AI 시대 국가대표 AI 기업인 네이버에서 전 세계적으로 경쟁력 있는 AI 기술 확보를 위한 역할을 수행하고 있다. 필자는 많은 산업 분야에 더 빠르고 성공적인 AI 확산이라는 숙제를 AI 기업에서 반드시 풀어야 하고, 오순영 의장은 기존 산업에서 생성형 AI라는 패러다임 전환 기술을 활용해 실제 혁신적인 성과를 만들어야 하는 숙제를 갖고 있다. 산업은 다르지만 AI 기술을 책임지는 역할을 맡다 보니 만날 때마다 "AI 확산이 어려운 이유는 무엇일까?", "무엇이 문제일까?"라는 논의를 꽤 오랜 기간 계속해왔다. 그러다 자연스레 이 논의를 책으로 엮어 많은 기업들에도 공유할 필요성이 있다는 결론에 도달했다.

현재 많은 기업들이 생성형 AI 도입을 통해 제품과 업무에서 혁신을 시도하고 있다. 하지만 혁신의 길 위에는 복잡한 걸림돌들이 산재해 있다. 그것을 뛰어넘기 위해 필요한 입체적이고 복합적인 분석에 두 저자의 서로 다른 배경과 경험, 기술과 제품을 바라보는 시각이 도움이 되지 않을까? 이런 기대로 이 책의 집필을 시작했다.

AI 기술을 개발 및 공급하는 플레이어와 AI 기술을 도입 및 활용하는 플레이어 각각의 관점에서 현재 당면한 문제들에 대한 해결책을 치열하게 도출해낸 이 책은 현상과 문제를 짚어보는 3개의 대담과 각 플레이어가 속한 분야에서 어젠다로 다뤄야 할 것들에 대한 3개의 진단과 제안 총 6장으로 구성되어 있다. 두 저자의 시각과 현장 경험을 최대한 복합적으로 녹여 넣기 위해 대담과 제안이라는 형식을 취했다.

이 책에 담긴 저자들의 지식과 경험, 고민의 내용들이 생성형 AI 도입에 어려움을 겪고 있는 한국의 많은 기업들에게 성공적인 AI 대전환이라는 결과로 이어지는 단단한 디딤돌이 되기를 기대한다.

하정우

목차

1장

AI는 무엇을 어떻게 바꾸고 있는가?

AI 기술 트렌드 진단과 예측

하정우, 오순영

2024년은 생성형 AI가 본격적으로 일상과 산업으로 확산되는 시간이었다. 수많은 오용과 악용 사례, 그에 따른 규제에도 불구하고 기술의 발전 속도는 여전히 눈부시고, 미래 전망 또한 긍정적이다. 챗GPT를 필두로 다양한 생성형 AI 서비스를 일상과 업무에서 사용하고 있는 전 세계 수십억 명의 사용자들이 그 근거다.

이번 장에서는 AI 대전환의 시대를 대표하는 8가지 트렌드 키워드를 통해 AI의 오늘을 진단하고 AI가 펼칠 내일을 예측한다. 하나의 트렌드에 대한 두 가지 관점의 해석은 AI를 개발하는 기업과 도입 및 활용하는 기업 모두에게 미래를 그리는 탁월한 도구가 될 것이다.

AI 기술 트렌드를 읽는
2개의 관점

"2023년은 생성형 AI의 태동기였다. 당신의 기업은 어떤 대응을 했고, 어떤 성과를 거뒀는가? 특별한 성과가 없었다고 걱정할 필요는 없다. 이제 시작이다. 2024년을 넘어 2025년부터는 생성형 AI를 통해 진정한 산업 혁신이 일어날 것이다." _ 하정우

많은 사람들이 2023년을 AI 역사에서 가장 큰 변화와 발전의 해로 기억할 것이다. 실제로 2022년 11월 30일 오픈AI가 챗GPT를 공개한 이후 2023년 2월부터 거의 매주 실리콘밸리의 빅테크 기업들을 중심으로 놀라운 AI 성과물들이 쏟아져 나왔다. 매일이 놀라움의 연속이었다. 특히 북미 지역과 한국 간의 시차를 고려하면 말 그대로 자고 일어나면 세상을 놀라게 하는 기술들이 발표되었다. 필자 또한 새벽에 잠에서 깨어 어떤 혁신적인 기술이 또 공개되었는지 확인하는 것

이 하루의 시작이었다.

특히 GPT와 검색엔진이 결합된 마이크로소프트의 빙챗 출시와 코파일럿의 등장, 구글의 생성형 AI 기반 대화 서비스인 바드 Bard의 발표와 그로 인한 주가 폭락, 챗GPT 유료화, GPT-4의 등장과 오피스 프로그램과의 결합, DALL-E2와 DALL-E3의 등장, 라마1, 2 공개 등으로 인해 "10주가 10년처럼 느껴진다"라는 말이 AI 업계 종사자들 사이에서 회자될 정도로 엄청난 변화의 시기였다.

기존의 빅테크 기업 외에도 미스트랄, 알레프알파, character.ai, 인플렉션, 퍼플렉시티 등 강력한 생성형 AI 기술을 활용한 서비스 스타트업들이 등장해 많은 투자를 받고 가치를 인정받기 시작했다. 하반기에는 챗GPT를 포함해 전 세계 수십억 명의 사용자가 생성형 AI 서비스를 사용하면서 다양한 악용 사례와 우려가 드러났다. 이에 따라 각국 정부와 UN과 같은 국제기구를 중심으로 안전성과 규제의 필요성이 대두되었다.

생성형 AI 태동기를 요약하자면 2023년은 챗GPT의 세계적 확산, 언어에서 시각으로의 확장, 빅테크의 투자 경쟁, 새로운 AI 강자의 등장, 오픈소스 AI 생태계의 출현, 그리고 글로벌 AI 안전성 논의의 시작 등으로 특징지을 수 있다.

많은 전문가들은 2024년을 생성형 AI 기술이 일상생활과 산업에 더 빠르게 확산되어 본격적인 비즈니스화가 시작되는 원년으로 기대했고, 실제로 그러한 흐름이 이어지기 시작했다. 여기서는 여덟 가지 키워드를 통해 지금까지의 기술 및 산업 동향을 정리해본다.

*"AI 기술 자체는 놀라울 만큼 빠른 발전 속도를 보여주고 있지
만, 실제 우리 산업과 일상에의 확산 속도는 그와는 사뭇 다르다.
자율주행 시대의 걸림돌이 기술보다는 도로 인프라에 있는 것처
럼, 지금은 AI 시대를 활짝 열어줄 여러 관문들과 그에 맞는 열쇠
들을 본격적으로 찾아야 하는 시기다. AI의 미래는 기술이 아닌
AI가 어떤 형태로 우리 삶에 적용되어 더 안전하면서도 연결된
삶을 만드는지에 달려 있다."_오순영*

왜 챗GPT의 등장이 '아이폰의 순간iPhone Moment'으로 불릴까? 사실
2007년 출시된 아이폰은 최초의 스마트폰은 아니었다. 2007년 이전
에도 여러 스마트폰이 출시되었지만, 스티브 잡스의 아이폰은 통화,
문자 메시지, 음악 등을 하나의 디바이스에서 동작시키며 그 UI와
UX의 경험이 스마트폰의 혁신으로 평가받았다. 같은 맥락으로 챗
GPT가 등장하기 전에도 우리는 많은 대화형 챗봇을 봤지만, 생성형
AI 기술로 인해 챗GPT는 과거 챗봇들과는 확연히 다른 수준의 대화
를 가능하게 했다.

챗GPT는 방대한 데이터의 학습, AI 기술의 발전, 향상된 컴퓨팅
파워 등으로 대규모 언어 모델을 만들 수 있는 최적의 시기에 등장했
다. 또한 챗GPT는 대화형 서비스를 넘어 사용자 명령을 코드가 아닌
자연어 기반의 프롬프트로 지시할 수 있으며 이를 통해 챗GPT의 답
변 결과를 더 많이 제어할 수 있다. 사용자 관점에서 보면 챗GPT는
기술적 성숙도와 혁신적인 사용성을 바탕으로 사용자들에게 상당한

기대감을 심어준 것이다.

이제 그 기대감 이후의 이야기가 궁금할 것이다. AI 기술 자체는 빠르게 발전하고 있지만, 산업과 일상으로의 확산은 그것과 다르게 진행될 가능성이 있다. 2007년 아이폰 출시 이후 대한민국의 스마트폰 가입자 수가 처음으로 5,000만을 넘으며 1인 1 스마트폰 시대를 선언한 것이 2018년이라는 점을 생각해보면, 진정한 AI 시대, 1인 1 AI 에이전트 시대, 즉 AI의 일상화가 이루어지기까지는 시간이 걸릴 것이다.

지금부터 AI 시대의 현재와 가까운 미래를 대표할 여덟 가지 AI 트렌드를 통해 산업과 일상으로 들어오는 AI의 모습을 살펴보자.

트렌드 키워드1:
멀티모달 AI

"글쓰기를 넘어 거의 모든 콘텐츠 제작과 서비스-사용자 간의 의사소통이 멀티모달 확장으로 인해 바뀌게 될 것이다. 글뿐만 아니라 그림, 영상, 음성을 다루는 업무의 생산성을 높이는 시나리오를 찾아보자. 또한 현존 서비스의 UX 혁신 가능성을 모색해 보자."_하정우

멀티모달은 데이터를 여러 가지 형태로 결합해 정보를 표현하는 방식을 뜻한다. 예를 들어, '사과'라는 물체에 대해 사진, 글자, 음성 등 다양한 방법으로 표현한 데이터를 결합하면 이를 '사과'라는 정보에 대한 멀티모달 데이터라고 할 수 있다. 이와 같은 맥락에서 멀티모달 AI는 글뿐만 아니라 음성, 사진, 영상 등을 입력으로 받아 다양한 형태의 콘텐츠나 데이터를 생성할 수 있는 AI를 의미한다.

챗GPT-3.5는 글 형태만 입력받고 생성하는 반면, 챗GPT-4나 구글 제미나이, 앤트로픽의 클로드3 등은 글뿐만 아니라 사진이나 그림도 함께 입력받아 대화할 수 있기 때문에 멀티모달 AI로 불린다.

또 다른 멀티모달 AI로는 입력한 글의 내용을 그림으로 그리는 텍스트 투 이미지 AI Text-to-Image AI가 있다. 대표적인 텍스트 투 이미지 AI로는 미드저니와 오픈AI에서 만든 DALL-E, 그리고 오픈소스로 누구나 다운로드받아 활용 가능한 스테이블디퓨전 등이 있다. 대부분의 모델이 비슷한 원리로 작동하는데, 최근에는 확산 모델 diffusion model을 활용한 방식이 주를 이루고 있다. 확산 모델은 그림의 해상도를 유지한 채 정상적인 그림을 노이즈로 변환하고 다시 노이즈에서 정상적인 그림으로 되돌리는 과정을 반복하며 학습한다. 이 과정에서 글의 의미가 반영되도록 하기 위해 입력된 글을 사전훈련된 언어 모델 또는 그림-글 멀티모달 모델의 언어 부분 인코더를 활용해 고차원 벡터로 변환하고, 이 의미와 노이즈를 결합해 그림으로 만들어낸다.

2022년, 미드저니를 활용해 만든 작품이 미술대회에서 대상을 수상한 사건은 전 세계에 큰 충격을 주었다. 이후 2023년에 발표된 미드저니 v5 이상 버전이나 스테이블디퓨전2, 그리고 DALL-E3가 생성한 이미지의 품질은 전문가가 일러스트 프로그램을 활용해 그린 작품과 비견될 정도로 향상되었다. 사단법인 바른과학기술실현을위한국민연합(이하 과실연) AI미래포럼이 2024년 7월에 실시한 생성형 AI 활용 조사 결과에서도 그림 그리는 AI는 AI를 사용해본 사람들 중 36.8퍼센트가 활용해 32.9퍼센트를 차지한 글쓰기 AI보다 더 높은 비율을 기록했다.

2024년에 들어서면서 멀티모달 AI 기술은 더욱 발전했다. 예를 들어, 입력한 글의 내용을 가사와 멜로디로 만들어 가상의 가수 목소리로 노래를 생성하는 Suno가 무료로 공개되며 큰 반향을 일으켰다. 2023년 초 구글이 글의 내용을 음악으로 생성하는 MusicLM이라는 AI 데모를 공개해 큰 관심을 받았으나 저작권 침해 가능성 등의 이유로 대중에 공개하지 않았는데, Suno는 누구나 웹에서 쉽게 음악을 생성하고 다운로드하며 이를 사람들과 공유할 수 있도록 했다. 생성된 곡의 품질도 뛰어나 전 세계적으로 큰 주목을 받았다.

2024년 2월 중순에는 오픈AI가 글의 내용을 60초 고해상도 영상으로 생성하는 텍스트 투 비디오 AI 소라Sora를 공개했다. 과거에도 메타의 Make-a-Video와 같은 텍스트 투 비디오 기술이 존재했으나, 해상도나 품질, 영상 길이 측면에서 소라는 서비스나 제품 수준까지 끌어올린 최초의 AI로 평가받고 있다. 기술적으로는 트랜스포머 기반의 확산 모델Diffusion Transformers: DiT [1]을 통해 대량의 영상 데이터를 효과적으로 학습한 결과라고 할 수 있다. [2]

오픈AI가 소라를 발표하자 사람들은 "오픈AI가 오픈AI 했다"라는 반응을 보였다. 오픈AI만이 할 수 있는 기술이라는 의미였다. 하지만 몇 달 지나지 않아 미국과 중국의 다양한 기업에서도 소라에 필적하는 기술들을 웹이나 API 형태로 사용할 수 있는 서비스로 공개했다. 대표적인 회사로는 루마AI의 루마Luma, 런웨이Runway의 Gen3-alpha, 중국 콰이쇼우Kuaishou의 클링Kling 등이 있다. 오픈AI가 API 형태를 제공하지 않는 것(2024년 여름 기준)과는 대조적이다.

이러한 서비스들은 글을 영상으로 변환할 뿐만 아니라 사진을 글의 내용에 맞게 편집하거나 입력한 영상의 이후 부분을 생성하는 기능도 제공한다. 예를 들어, 클링에서 모나리자 그림과 함께 "Mona Lisa puts on glasses with her hands(모나리자가 직접 안경을 쓴다)"라는 텍스트 프롬프트를 입력하면 모나리자가 안경을 쓰는 영상을 생성해준다.

텍스트 투 비디오 기술은 미디어 콘텐츠 관련 산업에서 비용 절감과 생산성 향상에 큰 기여를 할 것으로 기대된다. 누구나 간단한 티저 영상을 제작할 수 있을 뿐만 아니라, 전문가들도 본격적인 촬영에 앞서 카메라 준비나 배우, 환경의 제약 없이 초벌 영상을 만들어 평가함으로써 제작 시간과 비용을 획기적으로 줄일 수 있다. 이러한 긍정적인 효과 외에도 가짜 뉴스 등의 악용 사례로 활용될 가능성이 있기 때문에 영상 생성 시 워터마크를 포함하고, SNS 등에서는 사용자들이 콘텐츠 업로드 시 AI로 제작된 것임을 표시하도록 하고 있다.

멀티모달 AI에서 또 다른 큰 발전은 오픈AI가 2024년 5월에 발표한 GPT-4o이다. 이 모델은 음성, 글, 이미지, 영상을 단일한 생성형 AI 모델로 학습, 처리, 생성할 수 있다. GPT-4o에서 'o'는 옴니모달 omni-modal을 뜻하며, 멀티모달을 넘어 인간처럼 모든 모달리티를 한꺼번에 처리하는 AI를 의미한다. 기존의 챗GPT 앱 또한 음성 입력이 가능하지만, 이는 GPT-4o와 달리 오픈AI가 만든 다국어 음성 인식 모델인 위스퍼 Whisper를 활용해 사용자의 음성을 텍스트로 변환한 후 이를 GPT-4에 프롬프트로 입력하는 단계별 연결 방식이기 때문에 속도가 느릴 수밖에 없다. 실제로 GPT-3.5는 평균 2.8초, GPT-4는 5.4초의 반응 시간이 걸리지만, 챗GPT-4o는 평균 0.3초 정도밖에 걸리지 않아 사람의 반응과 유사한 속도를 자랑한다. 이는 단일 모델이 갖는 장점으로, 음성 입력을 수십 밀리초 단위로 토큰화하여 스트리밍 형태로 처리하기 때문에 가능한 것이다.

이러한 멀티모달 처리 능력은 문서 데이터를 넘어 훨씬 다양한 형태의 데이터를 학습 가능하게 하여 생성형 AI의 이해와 추론 능력을 크게 향상시킬 뿐만 아니라, 사용자 경험이나 인터페이스 측면에서도 사용성과 접근성을 크게 개선할 수 있다. 예를 들어, 자전거 체인이 꼬인 상황에서 한 손에 기름이 묻어 있는 경우를 가정해보자. 챗GPT-4o를 사용하면 꼬인 체인의 사진이나 영상을 한 손으로 업로드하고 "이거 어떻게 해결해?"라고 묻기만 하면 된다. 이를 글로 설명하려면 체인이 꼬인 형태를 구체적이고 정확하게 묘사해야 하는데, 이 방식이 사용성을 혁신적으로 개선했다는 것을 알 수 있다.

또한 오디오나 음성을 수십 밀리초 단위로 토큰화하여 스트리밍 형태로 처리함으로써 실시간에 가까운 반응을 제공하고 사용자와의 상호작용을 강화할 수 있다. 더불어 이러한 멀티모달 생성형 AI 기술은 AI 에이전트의 등장을 가속화할 것으로 보인다. (이에 관한 내용은 별도로 논의한다.)

"멀티모달 AI 기술은 인간이 여러 감각을 통해 세상을 자연스

럽게 인식하고 해석하듯이 인간과 AI 간의 상호작용을 더욱 직관
적이고 개인화된 방식으로 연결해줄 것이다. AI 기술을 산업과
일상에 혁신적으로 활용하기 위해 멀티모달리티가 핵심이 될 것
이며, 향후 AGI(일반인공지능)를 비롯한 AI 기반 도구들에서 멀티
모달 처리 능력은 기본이 될 것이다." _오순영

멀티모달 AI는 다양한 유형의 데이터를 동시에 이해하고 이를 기
반으로 답변을 생성할 수 있도록 한다. 문자 메시지를 한번 떠올려보
라. 사람도 문자 메시지만으로는 상대방의 감정이나 의도를 온전히
이해하기 어렵다. 과거 챗GPT가 바로 이런 상황이었다고 할 수 있
다. 사람이 시각, 청각, 촉각 등을 통해 다양한 입력을 받아들여 이해
하듯이, 멀티모달 AI도 음성을 들으며 동시에 얼굴 표정을 읽을 수
있다면 상대방이 말하는 텍스트에 담긴 미세한 감정 변화까지도 좀
더 정확하게 파악할 수 있을 것이다. 그 결과, 더 적절한 맥락과 분위
기를 반영한 답변이 가능해질 것이다.

멀티모달 AI의 경쟁력은 다음과 같이 요약할 수 있다.

● **정확도와 신뢰성의 향상:** 여러 유형의 데이터를 동시에 처리하
거나 결합함으로써 더욱 정확하고 신뢰할 수 있는 의사결정을
할 수 있다. 예를 들어, 음성 명령의 일부를 제대로 이해하지 못
하더라도 다른 텍스트나 제스처, 얼굴 표정 등을 결합해 상황에
맞는 답변을 제공할 수 있다. 이는 자율주행에서 카메라, 레이

더, 오디오 데이터를 결합해 주행 환경을 보다 잘 이해하는 것과 같은 맥락이다.

- **풍부한 데이터를 통한 통찰력:** 다양한 데이터 유형 간의 복잡한 상호작용을 분석해 더 깊은 통찰력을 제공할 수 있다. 음성, 이미지, 텍스트의 조합으로 맥락과 뉘앙스를 보다 잘 이해할 수 있으며, 이를 통해 고객 추천 시스템이나 개인화된 서비스에서 고객의 참여도와 만족도를 높일 수 있다. 또한 의료 진단과 같은 복잡한 의사결정에서도 의료 영상, 음성 설명, 환자 기록 등을 결합해 보다 신뢰할 수 있는 진단을 할 수 있다.
- **인간과 유사한 상호작용:** 더 자연스럽고 사용자 친화적이며 직관적인 방식으로 사용자와 상호작용할 수 있다. 과거에는 키보드와 마우스로 컴퓨터와 상호작용했다면 멀티모달 AI는 음성과 제스처 등을 함께 사용할 수 있어 요리나 운전 중과 같은 상황에서도 유용하다.

요약하자면, 멀티모달 AI는 데이터 분석 범위를 확장함으로써 복잡한 환경을 포괄적으로 이해하고 이를 통해 더 나은 의사결정과 높은 운영 효율성을 달성할 수 있다. 따라서 의료 및 헬스케어, 금융, 교육, 자율주행, 미디어, 이커머스 등 다양한 산업 분야에서 멀티모달 AI는 기존에 불가능했던 혁신을 가능하게 할 것이다.

- **자율주행:** 멀티모달 AI는 자동차 사고 감지에서도 중요한 역할

을 할 수 있다. 시각, 청각, 센서 데이터를 분석해 사고를 감지하고 긴급 대응 시간을 단축할 수 있다. 이러한 사고 감지 능력은 자율주행의 실현 시기를 앞당기는 데도 큰 도움이 될 것이다.

- **교육:** AI와 학생 간의 실시간 상호작용을 통해 교육 경험을 향상시키고 학습을 더 흥미롭고 매력적으로 만들 수 있다. 학생과의 다양한 상호작용을 동시에 처리해 상황에 대한 정확한 이해를 바탕으로 자연스러운 대화를 가능하게 하며, 즉각적인 피드백을 제공할 수 있다. 이는 개인화된 학습 방법을 제공하는 데 기여할 것이다.

- **헬스케어:** 멀티모달 AI는 진단의 정확도를 높여 환자의 치료와 회복을 돕고 의료를 혁신할 수 있을 것이다. 의료 영상 데이터를 환자의 기록 및 기타 검사 데이터와 결합해 높은 정확도와 정밀함을 제공하며, 언어적 또는 비언어적 데이터를 통해 치료의 품질을 높이고 맞춤형 건강 관리를 가능하게 할 수 있다.

- **대고객 서비스:** 멀티모달 AI는 특히 고객 서비스에서 게임체인저가 될 것이다. 고객의 음성 톤과 얼굴 표정을 분석해 더욱 세밀한 고객 문의 분석과 최적의 개인화된 서비스 경험을 제공할 수 있다. 텍스트로 접수된 고객 문의와 검색 기록, 시각적 선호도 등을 결합해 새로운 제품을 추천할 수도 있다. 예를 들어, 매장의 CCTV 영상을 분석해 거래 데이터와 통합함으로써 고객 선호도를 파악하고 재고 관리까지 최적화할 수 있다.

이 외에도 다양한 분야에서 멀티모달 AI의 활용은 기존 기술로는 흉내 낼 수 없는 수준으로 비즈니스 운영과 사용자 경험을 향상시킬 것이다. 멀티모달 AI의 잠재력은 더욱 커질 것이며, 이를 산업에 잘 적용하기 위해서는 다음과 같은 문제를 해결해야 한다.

- **데이터 프라이버시와 보안**: 다양한 유형의 데이터를 처리하면서 데이터 프라이버시 침해 위험이 높아질 수 있다. 특히 개인의 민감한 정보가 포함될 수 있기 때문에 안전한 데이터 암호화와 익명화 기술을 통해 사용자 신뢰를 구축해야 한다.

- **데이터 편향성과 공정성**: 멀티모달 AI는 다양한 데이터를 교차 검증해 단일 모달에서 발생할 수 있는 편향을 줄일 수 있다. 그러나 지속적인 관리가 이루어지지 않으면 편향된 데이터를 적용할 위험이 상시 존재한다. 멀티모달 데이터셋은 서로 다른 모달리티 간의 상관관계를 파악할 수 있는 레이블이 필요하기 때문에 학습 데이터 확보에도 많은 리소스가 필요하다. 데이터 간 균형이 맞지 않으면 시스템에 치명적인 문제가 발생할 수 있으며, 이를 방지하기 위해서는 지속적인 모니터링이 필수적이다.

- **기술적 복잡성과 리소스 문제**: 멀티모달 AI는 다양한 데이터를 처리하고 분석하기 때문에 높은 하드웨어 스펙과 알고리듬이 필요하다. 이는 상당한 컴퓨팅 파워와 고성능 스토리지를 요구하며, 더 높은 운영 비용을 발생시킬 수 있다. 또한 리소스가 제한된 환경에서는 멀티모달 AI의 확장성에 제한이 있을 수 있다.

멀티모달 AI의 핵심은 맥락 이해에 있다. 다양한 유형의 데이터 입력과 그 데이터 간의 연결성을 인식할 수 있기 때문에 출력은 더욱 풍부하고 직관적이며, 인간 지능에 더욱 가까워 보일 것이다. 이러한 통찰력은 거의 모든 산업 분야에서 혁신을 가져올 것이다. 다만, 투명성, 공정성, 책임성과 같은 요소들이 멀티모달 AI에서 우선적으로 다뤄져야 하며, 아직 그 여정은 시작에 불과하다.

트렌드 키워드2:
할루시네이션

"할루시네이션은 문제라기보다는 현상이다. 생성형 AI의 창의성을 최대한 활용할 수 있는 분야와 할루시네이션을 최소화해야 하는 적용 분야를 구분해 각 분야에 적합하게 활용하자. 파인튜닝, RAG, 긴 콘텍스트 등의 기술은 엔지니어링 경험에 따라 품질이 크게 달라지며, 특히 지속적 개선을 위한 파이프라인 운영이 중요하다." _하정우

할루시네이션은 생성형 AI, 특히 거대 언어 모델 Large Language Models: LLM이 갖는 고유한 특징이다. 이를 단점이 아니라 특징이라고 표현하는 이유는 문학 작품이나 대본의 초고, 마케팅 문구 작성 등 창의적 글쓰기가 필요한 경우에 오히려 할루시네이션이 필수적인 능력이기 때문이다. 할루시네이션은 LLM이 문법적으로나 글의 흐름

은 자연스럽지만 내용이 사실이 아닌 정보를 만들어내는 현상을 말한다. 이러한 현상이 발생하는 이유는 트랜스포머를 포함한 인공신경망 기반의 언어 모델 학습 방법에 기인하는데, 이는 기업이 AI를 도입할 때 주의해야 할 사항 중 하나로 이후에 더 자세히 다룰 것이다.

할루시네이션을 해결하기 위해 여러 방법이 널리 사용되고 있다. 먼저, 관련된 지식 데이터를 명령과 모범답안 형태로 가공해 LLM을 추가학습하는 사후학습(포스트트레이닝 Post-training, 컨티뉴드트레이닝 continued training, 파인튜닝 Fine-tuning)이 있다. 추가학습은 크게 두 가지로 나뉜다. 다량의 양질의 가공된 데이터로 모델 전체를 학습하는 지도미세학습 Supervised Fine-Tuning: SFT과 상대적으로 적은 양의 가공된 데이터를 활용해 모델의 일부만 학습하는 매개변수 효율적 미세학습 Parameter-efficient Fine-Tuning: PEFT이다. 이 외에도 사용자들로부터 LLM이 생성한 결과물에 대한 피드백을 받아 이를 바탕으로 생성형 AI의 글쓰기 평가 보상 모델 Reward Model을 강화학습해 개선하는 사용자 피드백 기반 강화학습 Reinforcement Learning from Human Feedback: RLHF도 할루시네이션을 상당히 해소할 수 있다. 실제로 GPT-4의 보고서에서도 RLHF의 효과가 언급되고 있다. 최근에는 직접 선호도 최적화 Direct Preference Optimization: DPO[3]가 널리 사용되고 있다.

할루시네이션은 특히 법률, 공공, 금융 분야의 챗봇과 같이 사실 정보 제공이 중요한 서비스에 LLM을 활용할 때 큰 걸림돌이 된다. 이러한 챗봇을 만들 때 SFT나 PEFT만으로는 충분히 사실 정보 생성이 보장되기 어려우므로 최근에는 검색 증강 기법 Retrieval-Augmented

Generation: RAG과 함께 활용된다.

RAG는 특히 사내 질의응답 시스템이나 사실 기반 챗봇 개발에 매우 유용해 널리 활용되고 있다. 예를 들어, 사내 업무 문서나 챗봇에서 제공해야 할 정보와 관련된 매뉴얼 문서들을 가공해 이를 임베딩 모델을 사용해 텍스트 조각을 벡터로 변환한 후 벡터 데이터베이스를 구축한다. 사용자가 입력한 질의를 LLM에 바로 입력하는 대신 벡터 데이터베이스에서 질의와 관련된 정보를 검색해 가져온 후 이 정보를 프롬프트로 LLM에 입력한다. 이를 통해 정확한 답변의 확률을 크게 향상시킬 수 있다.

RAG 시스템의 품질은 임베딩 모델 종류, 벡터 데이터베이스 성능, 정보 조각화chunking 수준, 프롬프트 설계, 전체 시스템 최적화 여부 등 다양한 요소에 의해 결정된다. RAG 시스템을 개발하고 최적화하는 데는 많은 실제 구현 경험이 필요하다.

또 다른 방법으로는 콘텍스트context 길이를 늘리는 방법이 있다. 콘텍스트는 LLM이 글을 생성할 때 참조하는 이전 토큰들의 의미를 포함하는 것으로, 이를 길게 유지하면 LLM이 참조 가능한 정보의 양이 늘어나 할루시네이션을 줄일 수 있다. 예를 들어, 콘텍스트 길이가 짧으면 A4 용지 10장 정도의 글만 요약하거나 질의응답이 가능하지만, 콘텍스트가 길어지면 책 한 권을 통째로 기억해 그 안의 내용에 대해 묻고 대화할 수 있다. 콘텍스트 길이가 긴 LLM을 활용하면 수백 페이지에 달하는 계약서를 검토할 때 사람이 놓치기 쉬운 독소 조항을 효율적으로 찾는 데 도움을 줄 수 있다. 현재 GPT-4는 최대 12만 8,000개 토큰의 콘텍스트를 지원하고, 앤트로픽의 최신 모델인 클로드3.1 소넷 Sonnet은 20만 개 토큰을 지원한다. 오픈소스 모델인 라마3.1 또한 12만 8,000개 토큰까지 지원하며, 구글의 제미나이 1.5 프로는 200만 개 토큰의 콘텍스트를 지원해 가장 긴 콘텍스트 길이를 자랑한다.

충분히 긴 콘텍스트가 필요한 이유는 매우 긴 소스 코드가 포함된 프로그램 작성이나 분석, 또는 음성, 이미지, 영상 등과 같은 대규모 데이터를 처리하는 데 더 많은 토큰이 필요하기 때문이다. 따라서 멀티모달 생성형 AI를 제대로 활용하기 위해서도 긴 콘텍스트가 필수적이다. 이처럼 콘텍스트 길이가 길어지면 할루시네이션을 줄일 수 있다는 분명한 장점을 가지고 있지만, 필요한 메모리와 연산량이 증가해 속도가 느려지고 운영 비용이 증가한다는 단점 또한 확실히 존재한다.

오픈AI o1처럼 글을 생성하는 과정 중에 내용을 AI가 스스로 교정하거나 중간 과정마다 검증을 해서 더 정확한 글을 쓸 수 있도록 하는 기법들도 지속적으로 만들어지고 있다. 이를 테스트 타임 추론 Test time reasoning 혹은 추론 시간 규모의 확장 Inference time scaling이라 하는데, 사람으로 치면 생각나는 대로 글을 한번 쓰고 끝내는 게 아니라 곰곰이 생각하면서 글을 여러 번 고쳐 쓰는 것이다. 이 방법은 학습 과정에 거의 모든 연산량을 집중하는 규모의 법칙과는 성격이 다른, 새로운 형태의 연산량 규모의 법칙으로서 의미가 있다. 다만 고쳐 쓰기의 반복이다 보니 품질은 좋아지지만 토큰을 많이 활용하기 때문에 비용이 비싸지게 된다. o1의 기업용 가격이 2,000달러 얘기가 나오는 것도 이 때문이다. 결론적으로 한계점을 해결하는 방법들은 꾸준히 등장하고 있다는 점에 주목해야 한다.

> "할루시네이션은 사실의 오류이자 논리의 오류이며, LLM이 극복해야 할 가장 중요한 문제 중 하나일 수 있다. 단순히 기술적인 문제를 넘어 사회적인 문제로 발전할 가능성도 있기 때문이다. 그러나 할루시네이션은 LLM에 내재된 특성이기에 환각이 완벽하게 없어질 가능성은 매우 낮다. 따라서 생성형 AI에 대한 정확한 이해와 다양한 활용 경험을 바탕으로 AI를 적용할 부분과 실제로 안정적으로 적용할 수 있는 부분을 구분할 수 있어야 한다. 결국 인간의 판단이 가장 중요하다는 의미다." _오순영

할루시네이션(혹은 AI의 거짓말)은 왜 발생할까?

- 신뢰할 수 있는 데이터지만 AI 모델 특성으로 인해 생성된 답변 자체에 환각이 발생하는 경우
- 소스 콘텐츠 자체의 오염된 데이터로 인해 데이터 품질에 문제가 있는 경우
- 입력된 프롬프트 자체가 불분명하거나 일관성이 없거나 모순된 내용을 포함하는 경우

할루시네이션은 이처럼 생성형 AI 모델 자체의 특성 외에도 다양한 이유로 발생할 수 있다. 그렇다면 모든 할루시네이션이 문제일까? 할루시네이션은 크게 두 가지 관점에서 살펴볼 수 있다.

- **긍정적인 할루시네이션:** 시각적 또는 언어적으로 나타나는 할루시네이션은 문화, 예술, 창작 등 창의적인 영역에서는 오히려 장점이 될 수 있다. 존재하지 않는 사물이나 장면을 시각적으로 만들어내고, 허구적인 정보와 사건을 통해 스토리를 구성하는 데 활용될 수 있다. 텍스트, 이미지, 영상 등의 콘텐츠 확장을 통해 새로운 발견, 생성, 기획이 가능하다. 즉, 모든 할루시네이션이 나쁜 것은 아니다.
- **부정적인 할루시네이션:** 언어적 이해 측면에서 잘못된 추론을 통해 실제 맥락에서 벗어난 답변이나 부정확한 정보를 생성할 수 있다. 또한, 학습 데이터에 포함된 사회적 편견을 반영하고 증폭시켜 비윤리적인 관점, 차별, 고정관념 등의 편견을 만들어낼 수 있다는 점에서 문제가 된다. 우리가 해결해야 할 할루시네이션 문제는 바로 이 지점이다.

생성형 AI의 특성, 그리고 AI 도입의 장애물이 되고 있는 할루시네이션의 논리적 오류와 사실적 오류를 이해하고 발생 원인과 그것을 줄이기 위한 방법들을 알게 된다면 AI 기술을 보다 효과적으로 활용하는 데 큰 도움이 될 것이다. 즉, LLM에 대해 우리가 기대할 수 있는 것과 그렇지 않은 것을 이해한다면 다양한 산업 분야와 업무에서 AI 모델의 강점과 기능을 충분히 활용할 수 있다는 의미다.

현재 AI 기술을 공급하는 기업들이 할루시네이션을 줄이기 위한 접근법으로 가장 많이 언급하는 방법은 앞서 설명한 RAG이다. 여기서는 기술 설명보다는 할루시네이션이 어디서 비롯되는지 이해하고, 쉽게 시도해볼 수 있는 할루시네이션을 줄이는 방법들을 소개할 것이다. 이를 통해 할루시네이션의 리스크를 줄이며 접근할 태스크들을 고민해볼 수 있을 것이다. 각 산업 분야의 환경, 적용할 태스크, 관련 데이터 등을 고려해 직접 시도하면서 판단하는 것이 중요하다는 점을 강조하고 싶다.

언론이나 전문가들이 할루시네이션에 대해 경고하는 내용은 참고할 가치가 있지만, 기술의 특성을 이해한다면 적용 방향과 범위를 조율하면서 생각보다 다양한 해결책을 찾아낼 수 있다. 기존 IT 기술 개발 경험이 풍부하다면 이 말의 의미를 쉽게 이해할 수 있을 것이다. 할루시네이션을 줄일 수 있는 방법들을 알아보고, 어떤 태스크에 도전해볼지 직접 고민해보자.

- **타겟 데이터 소스 활용:** 질문에 대한 답을 찾기 위해 검증된 출처의 데이터를 활용하도록 유도한다. 이렇게 하면 AI 모델은 고관여·고품질의 정보를 기반으로 답을 생성할 수 있어 할루시네이션의 가능성을 줄일 수 있다.
- **의미론적 엔트로피** Semantic Entropy [4] **계산:** 2024년 6월, 과학 저널

〈네이처〉에 발표된 연구에 따르면 의미론적 엔트로피를 계산해 할루시네이션 발생 가능성을 감지할 수 있다. 질문에 대해 AI 모델이 5~10개의 답변을 생성한 후 다른 AI 모델을 통해 이 답변들의 의미적 유사성을 측정한다. 의미적 유사성이 낮을수록, 즉 의미론적 엔트로피 점수가 높을수록 할루시네이션이 발생했음을 의미한다. 이는 일상에서 대화를 통해 상대방의 거짓말을 밝혀내는 과정과 유사하다.

● **구체적인 프롬프트 작성:** 구체적인 프롬프트는 AI 모델이 어떤 정보를 어디서 가져와야 할지 예측할 수 있도록 돕는다. 최대한 구체적인 정보를 제공하고, 답변의 적절한 길이, 출처, 활용처, 답변의 톤 등을 정의해준다면 더 만족스러운 답변을 얻을 수 있다. 질문의 수준에 따라 답변의 수준도 달라진다는 점을 기억해야 한다.

● **범위를 지정하는 프롬프트 활용:** AI 모델의 답변 자유도를 최대한 제한하면서 정의된 범위와 조건에 따라 특정 데이터를 찾도록 유도한다. 예를 들어, '최근'이라는 단어 대신 '2024년 1월부터 6월'처럼 기간을 명시하거나 답변에 근거(언론 기사, 연구 등)를 포함하도록 하는 것이다. 이렇게 범위를 한정하면 할루시네이션을 줄일 수 있다.

● **역할 지시를 통한 전문성 향상:** AI 모델이 전문가의 입장에서 답변하도록 유도해 정확도를 높이는 방법이다. 답변에 전문성이 요구된다는 점을 강조하고, 해당 전문성을 충분히 보여줄 수 있

중요도 높음	**목표(Task)**	최종 목표를 명확하게 설정한다
	맥락(Context)	답변을 상황에 맞게 조정하도록 한다
	예시(Exemplar)	원하는 스타일, 구조, 톤을 따라 하도록 한다
	페르소나(Persona)	특정 분야의 전문가 관점을 반영하도록 한다
중요도 낮음	**형식(Format)**	글머리기호(목록), 마크다운, 표와 같은 형식을 사용하도록 한다
	톤(Tone)	감정적 맥락을 추가해 더욱 풍부하게 표현하도록 한다

그림1-1 **성공적인 프롬프트의 6가지 기본 요소** (출처: https://www.jeffsu.org/)

는 세부 정보가 포함되도록 요청한다면 보다 정확한 답변을 얻을 수 있다.

- **버티컬 특화 모델 활용:** 가장 보편적인 방법 중 하나로, 범용 모델 대신 특정 산업 분야(예: 금융, 의학, 교육)나 태스크에 특화된 모델을 사용하는 것이다.

- **환경변수 설정:** AI 모델의 답변에 직접적인 영향을 주는 환경변수를 조정해 할루시네이션을 줄일 수 있다. 예를 들어, 온도 Temperature 환경변수는 0.1~1.0 범위로 표현되며, 숫자가 높을수록 창의성이 증가한다. 정확도를 높이려면 숫자를 낮추면 된다. (일반적으로 콘텐츠 생성 시에는 0.4~0.7 사이의 값이다.)

할루시네이션이 기술적 문제에서 사회적 문제로 발전할 수 있다는 점은 딥페이크와 같은 사례를 통해 진실이 왜곡될 가능성과 그러한 왜곡된 진실에 기반한 의사결정으로 인해 발생할 수 있는 법적 책임 등의 문제가 기업 입장에서 부담이 될 수 있다는 점에서 중요하다. 그러나 이러한 기술의 특성과 잠재력을 이해하고 통제할 수 있다면 그 창의적인 역량이 새로운 미래의 돌파구가 될 수 있다는 점도 기억 해야 한다.

트렌드 키워드3:
온디바이스 AI로의 확산

"생성형 AI의 모든 능력을 모바일 기기에 온전히 담아내기에는 아직 어려움이 있다. 각 기기의 특성에 맞춰 사용자에게 어떤 기능과 가치를 제공할 수 있을지를 최적의 UX와 함께 고려해야 한다. 적절한 AI를 탑재하고 이를 클라우드 기반의 강력한 생성형 AI와 하이브리드하여 활용하는 것이 확산의 시작이다. 본질적으로 고려해야 할 것은 사용자 가치와 경험이다." _하정우

생성형 AI는 주로 LLM이나 대규모 멀티모달 모델LMM을 중심으로 기술이 발전하고 있다. 그러나 2024년 들어 이러한 강력한 생성형 AI를 에지 디바이스에 탑재하려는 시도가 활발하게 이루어지고 있다. 2023년 12월 구글이 발표한 제미나이 모델에서 이를 확인할 수 있다. 제미나이는 울트라, 프로, 나노1, 나노2 등 네 가지 모델로 나뉘며, 울

트라와 프로는 매개변수 크기를 공개하지 않았지만, 나노1은 18억 개, 나노2는 32억 개의 매개변수를 가지고 있다. 이렇게 작은 모델을 만든 이유는 구글의 스마트폰 픽셀 시리즈를 포함한 모바일 기기에 탑재하려는 의도로 보인다. 물론 울트라나 프로에 비해 성능이 떨어질 수 있지만, 스마트폰에 생성형 AI를 탑재하면 훨씬 진화된 구글 어시스턴트를 제공할 수 있기 때문이다.

마이크로소프트도 이와 비슷하게 파이phi라는 작은 생성형 AI인 sLM small Language Model을 꾸준히 발표하고 있다. 특히 파이-3[5)]는 매개변수 38억 개로, 기술 보고서에서 스마트폰을 위한 언어 모델로 명시될 정도로 온디바이스를 지향하고 있으며 최근에는 좀 더 성능이 업그레이드된 파이-3.5도 공개되었다.

스마트폰 수준의 모바일 기기에 20~30억 개 매개변수를 가진 sLM을 탑재하는 것은 기술적으로 어려운 일이다. 양자화quantization나 프루닝pruning과 같은 다양한 압축 기술과 압축 모델 기반 학습 기법을 활용해도 현재의 스마트폰 하드웨어 사양에서는 발열, 배터리, 모바일 운영체제 구조 등을 감안하면 sLM급 모델을 탑재하는 것은 현실적이지 않아 보인다. 실제로 구글은 2024년 초 픽셀8에 이러한 AI 모델을 탑재하지 않겠다고 선언했다. 하나의 범용 멀티모달 LLM을 무리하게 모바일 기기에 탑재하기보다는 사용자에게 필요한 기능별 최신 AI 서비스를 탑재한 갤럭시 S24의 접근 방식이 현시점에서는 더 합리적일 수 있다.

애플은 그동안 생성형 AI나 범용 LLM 기술에서 구글, 마이크로소프트, 메타, 오픈AI 등 경쟁사에 비해 상대적으로 뒤처져 있다는 평가를 받아왔다. 그러나 2024년 6월 연례 행사인 WWDC 2024에서 애플 인텔리전스Apple Intelligence를 발표하면서 iOS 18과 iPad OS 18에 적용될 것이라고 밝혔다. 이와 함께 애플 파운데이션 모델Apple Foundation Model: AFM을 공개했다. **6)** AFM은 매개변수 30억 개 미만의 기기용 모델인 AFM-Device와 훨씬 강력하고 큰 클라우드용 AFM-Server로 구성되어 있다.

애플 인텔리전스는 애플의 AI만 사용하는 것이 아니라 AFM을 통해 다양한 어댑터가 결합되는 구조를 갖추고 있다. 특히 애플은 오픈AI와 협업해 시리가 직접 해결하기 어려운 사용자 요구를 챗GPT-4o가 연동해 처리하는 서비스가 하반기에 출시될 예정이라고 밝혔다. 이를 통해 애플도 2024년 하반기부터 온디바이스 AI 시장에 본격적으로 뛰어들 것으로 보인다. 알려진 바에 따르면 오픈AI는 애플의 챗GPT-4o API 호출에 대해 비용을 지불하지 않는 계약을 맺었는데, 이는 오픈AI가 API 매출보다는 중장기적으로 애플 생태계에 진입해 다양한 기기와의 연결을 통해 최종 사용자와의 접점을 넓혀 비즈니스 기회를 확장하려는 의도로 보인다.

챗GPT-4o 미니나 제미나이 플래시 등 기존 대규모 모델의 경량화 모델뿐만 아니라 오픈소스 sLM 모델의 경쟁력이 학습 기법의 발전으로 크게 향상됨에 따라 스마트폰을 넘어 PC, 로봇, 가전, 자동차, 건물, 드론이나 UAM 등 다양한 기기로 자연스럽게 확장될 것이다. 특히 AI PC 분야는 이미 마이크로소프트의 윈도우즈 코파일럿, 애플 인텔리전스 등의 운영체제와 퀄컴 같은 반도체 회사들과의 긴밀한 협업을 통해 새로운 성장 동력을 만들어가고 있다. 전통의 강자인 인텔 또한 라마2를 탑재한 AI 반도체를 PC용으로 지난 4월 인텔 비전 행사에서 공개하며 빅테크 중심의 빠른 변화에 동참하고 있다.

"온디바이스 AI라는 단어는 매우 매력적이다. 기술 자체로서도 그렇지만, 이 단어는 기술의 산업화, 대중화, 그리고 일상화라는 3가지 측면을 모두 포함하고 있다. 생성형 AI가 사업화에는 시간이 걸리면서, 빠른 기술 업데이트로 인한 피로도가 높은 상황에서 온디바이스 AI는 생성형 AI 모델의 크기를 조정해 학습, 추론, 운영 대비 효과에 대한 경제성과 개인정보 데이터의 보안성을 동시에 갖추면서도 챗GPT만큼이나 놀라운 접근성을 제공하여 대중성과 사업성 측면에서도 주목받고 있다." _오순영

AI 모델의 매개변수 숫자가 클수록 성능이 좋다는 인식이 퍼지면서 AI 모델의 크기가 곧 기술력으로 평가되기도 했다. 특히 챗GPT 등장 이후 AI 관련 학계와 산업계가 AI 모델의 사이즈에 집착하던 시기도 있었다. 물론, 대규모 모델의 성능은 대중에게도 깊은 인상을 준다. 문제는 모델이 클수록 학습과 추론에 드는 비용이 많아지며, 이를 위한 인프라를 유지하는 것이 AI 공급 기업에게 큰 부담이 된다는 점이다. 이로 인해 LLM을 지속적으로 유지할 수 있는 기업은 손에 꼽을 정도로 적고, 모델 성능 대비 비즈니스 확산도 폭발적으로

이루어지지 못하고 있다. 이 시점에서 온디바이스 AI가 주목받기 시작했다.

온디바이스 AI라는 개념은 완전히 새로운 것은 아니다. 그렇다면 왜 지금 다시 주목받고 있는 것일까? 이는 LLM에 대한 투자 부담이 커지면서 경량화된 sLM의 연구가 개별 디바이스에서 구동 가능한 AI 칩셋까지 확장되었기 때문이다. 온디바이스 AI는 개별 디바이스에서 AI 서비스를 제공하는 것에 대한 관심이 다시금 커지게 만들었다.

온디바이스 AI는 말 그대로 클라우드 기반이 아닌 디바이스 자체에서 AI 알고리듬을 실행하며 학습과 추론, 서비스를 수행할 수 있는 기술이다. 이 기술은 다음과 같은 장점을 가지고 있다.

- **로컬 데이터 처리**: 데이터 처리가 클라우드 서버로 전송되지 않고 기기 자체의 하드웨어에서 로컬로 수행된다.
- **개인정보 보호 및 보안**: 데이터가 외부 서버가 아닌 기기에 저장되므로 개인정보 보호 및 보안 측면에서 더욱 안전하다.
- **인터넷 의존성 감소**: 인터넷 연결 없이 독립적으로 동작하므로 네트워크 환경에 대한 의존성이 낮다.
- **속도와 반응성**: 디바이스 내에서 AI 서비스를 직접 실시간으로 처리하므로 속도와 반응성 측면에서 강력하다.

이러한 장점을 가진 온디바이스 AI는 여러 분야에 응용될 수 있다. 스마트폰, 웨어러블 기기, 스마트홈을 포함한 가전제품, 자동차, 그리고 각종 IoT 기기들에서 활용이 가능하다. 스마트폰의 경우 이미 실시간 통역, 번역, 카메라 등 다양한 기능이 AI를 통해 더욱 고도화되었으며, 스마트워치 같은 웨어러블 기기를 통한 헬스케어 서비스에서도 사용되고 있다. 자동차에서는 자율주행 기능이나 운전자의 졸음운전을 감지하는 운전자 모니터링 시스템에 활용될 수 있으며, 스마트홈에서는 AI 스피커, 냉장고, TV, 오븐 등의 가전제품과 보안 시스템까지 다양한 분야에서 활용될 것이다.

온디바이스 AI는 우리의 일상 가장 가까운 곳에서 우리가 적극적으로 찾지 않더라도 자연스럽게 AI를 경험할 수 있게 해줄 것이다. 온디바이스 AI를 통해 AI의 대중화와 일상화가 더욱 빠르게 진행될 수 있으며 소비자들이 더 똑똑하고 개인화된 지능형 디바이스를 요구할수록 제조업체들은 온디바이스 AI를 다양한 제품에 적용하려 할 것이다. 특히 헬스케어 관련 서비스들이 웨어러블 기기를 기반으로 제공되기 때문에 고령화 사회로 갈수록 온디바이스 AI의 활용은 헬스케어 분야에서 중요한 역할을 할 것으로 보인다.

다만, 소프트웨어적 측면에서 AI 모델의 배포와 업데이트의 복잡성, 그리고 하드웨어적 측면에서 디바이스 자체의 제한된 컴퓨팅 파워 내에서 AI 처리 능력과 배터리 수명 문제 등은 온디바이스 AI가 앞으로 해결해야 할 중요한 과제가 될 것이다.

트렌드 키워드4:
생성형 AI가 부활시킨 AI 에이전트

———

"멀티모달 생성형 AI와 경량화, 온디바이스 AI 기술은 결국 AI 에이전트의 시대를 가져올 것이다. 검색, 모바일, 모빌리티, 가정 환경 등 수많은 영역에서 AI 에이전트로 연결된 새로운 플랫폼이 등장할 때 당신의 기업은 어떤 새로운 기회를 창출할 것인지 지금부터 준비해야 한다."_하정우

AI 에이전트는 사람을 대신해 미션을 해결하거나 주요 과업을 자동화해 돕는 AI, 즉 주어진 미션에 대해 데이터 수집, 분석, 문제 해결 계획 수립과 실행, 평가 등 일련의 절차 전부 혹은 일부를 자동으로 수행할 수 있는 AI를 말한다. 사람 에이전트와 마찬가지로 AI 에이전트 또한 사용자와의 대화나 의사소통을 통해 사용자의 의도를 정확히 파악하고 원하는 결과를 만들어내는 것이 중요하다. 챗봇, 로보어드바이저, 자율주행 차량, AI 비서 등도 모두 AI 에이전트의 일종이라 볼 수 있다.

AI 비서의 효시는 2010년 애플의 시리 앱이라고 할 수 있다. 이후 2014년 말 아마존의 알렉사가 출시되고 AI 스피커인 에코가 등장하면서 3~4년 동안 많은 사람들이 스피커 중심의 AI 비서 시대가 도래할 것이라 예상했다. 이러한 흐름에 맞춰 구글은 구글 어시스턴트와 AI 스피커인 구글홈을, 애플은 AI 스피커인 홈팟을 출시했다. 국내에서도 SKT의 누구, KT의 기가지니, 카카오의 카카오i, 네이버의 클로바 등이 스피커 형태로 선보였다. 그러나 AI 스피커에 연동된 자연어 이해와 대화 모델의 성능이 높지 않아 에이전트로서의 역할이 매우 제한적이었고 기대만큼 성장하지 못해 2020년부터는 사실상 실패한 프로젝트로 인식되었다. 오죽하면 사람들이 "알람 맞춰줘", "노래 틀어줘", "오늘 날씨 어때?" 정도 외에 쓸만한 것이 없어서 대부분 장롱 속에 둔다고 했을까.

하지만 챗GPT의 등장은 AI 비서 혹은 AI 에이전트의 시대가 도래할 것이라는 기대를 다시금 불러일으키고 있다. 이는 LLM과 sLM의 이해, 추론, 대화, 프로그래밍을 통한 데이터 분석 및 콘텐츠 생성 능력, 그리고 (제한적이지만) 주어진 미션 해결을 위한 계획 수립 능력 등의 성공적인 활용 사례가 늘어나고 있기 때문이다. 생성형 AI가 웹 검색엔진과 연동되어 사용자 의도에 따라 최신 정보를 정확하게 제공할 수 있으며, 멀티모달 LLM과 sLM의 등장은 사용자와의 의사소통 채널을 확대하여 사용성과 접근성을 크게 향상시켰다. 특히 챗

GPT-4o의 데모는 전 세계 사람들에게 영화 <그녀 Her>의 현실화가 멀지 않았음을 느끼게 해주었다.

AI 에이전트는 온디바이스 AI와 연계하여 스마트폰은 물론 PC, TV, 로봇, 자동차, 교실, 사무실 등 일상생활과 업무 현장 전반에서 사용자의 업무와 일을 돕는 형태로 발전할 수 있다. 온라인커머스에서는 사용자 취향을 정확히 이해하는 AI 쇼핑 에이전트가 등장하고, 자동차에서는 운전 보조는 물론 선호하는 운전 경로 설정, 운전 중 업무 지원 등을 수행하는 에이전트가 사용자를 도울 수 있다. 실제로 이베이 eBay나 쇼피파이 Shopify에서는 이미 생성형 AI 기반의 쇼핑 어시스턴트 서비스를 선보이고 있다. 로보어드바이저 역시 챗GPT 이전에는 한물간 AI 에이전트로 여겨졌지만, 2023년 JP모건의 IndexGPT를 시작으로 챗GPT와 같은 금융 투자 지식을 탑재한 똑똑한 투자 어시스턴트 챗봇이 다시 부상하기 시작했다. 한국에서는 공공 분야에서 네이버의 클로바 케어콜이 전국 절반 이상의 지자체에서 3만여 명의 어르신께 매주 2~3회 안부 전화를 하며, 지난 통화 내용을 기억해 말벗이 되어주고 있다. 교육부에서 추진 중인 AI 디지털 교과서 사업에는 학생들과 학부모, 선생님을 돕는 AI 에이전트인 AI 튜터도 포함되어 있다.

최근 기술 동향을 고려하면 빠르면 2024년 하반기부터 개인 사용자마다 멀티모달 생성형 AI 기반의 AI 에이전트를 본격적으로 사용할 수 있을 것으로 기대된다. 2024년 8월 구글에서 발표한 제미나이 라이브가 그 시작을 알리고 있다. 그리고 향후 사용자 개개인은 다양한 디바이스와 업무별로 특화된 다수의 AI 에이전트의 도움을 받게 되며, 이러한 에이전트들은 사용자를 더욱 효과적으로 이해하고 돕기 위해 상호작용하고 의사소통하는 형태로 진화할 것으로 보인다. 특히 사용자의 특성과 의도를 더욱 정확하게 이해하려면 개인정보나 민감한 정보를 활용하거나 학습해야 하므로 온디바이스에서 동작 가능한 sLM과 복잡한 추론 및 의사결정 지원을 위한 클라우드 기반 LLM의 메타 에이전트가 조화를 이루는 하이브리드 형태의 에이전트 계층 구조가 필요할 수 있다. 더 나아가 개인 사용자용 AI 에이전트 외에도 기업이나 비즈니스 플레이어들을 위한 AI 에이전트들이 등장해 위임받은 권한 내에서 서로 의사소통하고 거래를 수행하며 최적의 파트너를 탐색하는 브로커 AI 에이전트의 등장도 기대해볼 수 있다.

이러한 생성형 AI 기반의 새로운 AI 에이전트는 검색, 모바일, 온라인, 오프라인 플랫폼 생태계에 큰 변화를 가져와 금융, 쇼핑, 의료, 콘텐츠, 여행 등 기존 플랫폼 기반 서비스에도 혁신을 일으킬 것으로 예상된다. 이러한 변화의 일부 가능성을 보여준 것이 오픈AI의 GPT 스토어와 플러그인, 그리고 네이버 클로바X의 스킬을 통한 생성형 AI 챗봇과 외부 앱의 연동이라고 할 수 있다. 생성형 AI가 촉발한 플랫폼 대변화 속에서 애플은 외부 생성형 AI까지 포괄하는 새로운 AI 플랫폼인 애플 인텔리전스를 선언했고, 구글은 이러한 변화에 발맞춰 딥마인드, 픽셀 팀, 안드로이드 팀을 하나의 조직으로 통합하는 대규모 조직 개편을 지난 4월에 발표했다.

생성형 AI 기반의 AI 에이전트 시대와 맞물려 LLM을 넘어선 거대 행동 모델Large Action Model: LAM 개념이 새롭게 등장하고 있다. 이는 언어적 추론이나 콘텐츠 생성을 넘어 온라인과 기기에 탑재되어 오프라인에서 행동을 실행하는 AI의 시대가 열리고 있음을 의미한다. 특히 최근 딥마인드 출신 연구자들이 창업한 프랑스의 신생 AI 기업인 H가 LAM을 표방하며 시드 단계에서 3,000억 원의 투자를 유치해 주목을 받고 있다. [7]

　　"진정한 AI 시대란 AI 에이전트와 함께 공존하는 세상을 의미하는 것이 아닐까. AI 에이전트는 AI 기술을 적용해 인간이 원하는 일을 수행하면서 자율적으로 행동할 수 있는 시스템 또는 애플리케이션을 말한다. 그렇다면 진정한 'AI 에이전트'란 무엇일까? 이는 3가지 관점에서 구현되거나 도입될 수 있다. 다양한 모달리티를 통한 상호작용을 처리하는 멀티모달 에이전트Multi-modal Agent, 맡은 역할에 따른 롤 플레잉을 포함한 자율 에이전트 Autonomous Agent, 그리고 여러 AI 에이전트를 통해 복잡한 현실 세계의 문제를 해결하는 멀티 에이전트Multi-Agent 시스템이 그것이다."_오순영

　생성형 AI 이전에 우리가 접했던 AI 기반의 챗봇, 콜봇, 아바타와 현재의 AI 에이전트 간 가장 큰 차이점은 바로 멀티모달 에이전트에 있다. 이 에이전트는 텍스트, 이미지, 오디오, 비디오 등 다양한 모달

리티의 데이터를 이해하고 통합적으로 분석하며 이를 다양한 형식으로 출력할 수 있다. 또한 복잡한 모달리티 간 상호작용을 처리할 수 있는 능력을 갖추고 있다. 멀티모달 에이전트의 특징은 다음과 같다.

- **복잡한 대화 및 감정 분석 능력:** 상대방의 음성 톤과 언어를 분석하여 감정을 이해할 수 있다. 이는 사람과 유사한 공감을 통해 개인화된 답변을 제공할 수 있으며 이를 통해 커뮤니케이션의 만족도를 높일 수 있다.
- **통합된 지식 기반의 해결력:** 다양한 형식의 콘텐츠로 구성된 방대한 양의 정보를 이해하고 분석함으로써 복잡도가 높은 질문에 대응할 수 있으며 상대방의 요청이나 문제를 더 빠르고 정확하게 해결할 수 있다.
- **주변 환경에 대한 높은 이해력:** 다양한 모달리티를 통해 주변 환경을 인식할 수 있으며 이는 상대방과의 상호작용에 깊이를 더하고 개인적인 관계를 형성할 수 있게 한다.

AI 에이전트를 기존의 AI와 구분 짓는 또 다른 큰 특징은 자율성과 독립성이다. 이에 대해 가장 흥미로운 논문 중 하나는 스탠퍼드대학과 구글 연구진이 발표한 연구로, 가상의 마을에서 25개의 AI 에이전트가 어떻게 인간의 행동을 반영하고 사회를 형성하는지를 다루고 있다.

이 논문의 목표는 AI 에이전트가 인간처럼 행동하고 상호작용할

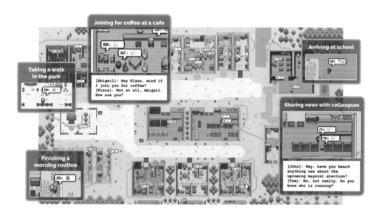

그림1-1 게임으로 들어간 챗GPT(출처: https://arxiv.org/pdf/2304.03442)

수 있는 아키텍처를 구축하는 것이었다. 즉, AI가 과거의 경험에서 배우고 그 지식을 새로운 상황에 적용하며 상황의 맥락을 이해하고 다양한 정보를 연결시켜 인간과 유사한 행동을 할 수 있도록 하는 것이다.

스탠퍼드대학과 구글 연구진은 기억과 검색-반영-계획이라는 3단계를 통해 인간과 유사한 AI 에이전트를 구현하고자 했다.

● **기억**Memory**과 검색**Retrieval: 진행 중인 대화나 태스크와 관련된 최신의 중요하고 관련성 높은 정보를 수집하고, 이를 새로운 태스크나 답변이 필요할 때 기억하고 찾아낸다.
● **반영** Reflection: 다양한 정보를 종합하여 구성원들과의 이벤트에 대한 개인적인 생각과 의견을 형성한다.

- **계획** Planning: 과거에 수집된 정보를 바탕으로 목표와 현재 상황을 고려하여 취해야 할 행동을 정의한다.

이러한 자율 에이전트로 참고할만한 오픈소스 프로젝트에는 Auto-GPT와 BabyAGI가 있다. 이들 프로젝트는 수집된 정보를 기반으로 행동을 관찰하고, 그 결과에 따라 추론하는 일종의 사고의 연결고리 Chain-of-Thought 개념을 중요시한다.

마지막으로 멀티 에이전트에 대해 살펴보면 이는 지금의 AI와 과거의 AI를 구분 짓는 중요한 특징 중 하나다. 과거에는 AI가 독립적으로 동작하는 기능 구현에 주로 활용되었다면 현재의 AI 에이전트는 여러 에이전트의 협업을 통해 A부터 Z까지의 전체 과정을 완결할 수 있는 수준으로 발전하고 있다. 멀티 에이전트가 갖춰야 할 기능과 장점은 다음과 같다.

- **전문성:** 하나의 모델에 모든 역량을 포함하기보다는 특정 작업에 대해 최적화를 할 수 있다.
- **유연한 구성:** 변화하는 환경에 맞춰 필요에 따라 다양한 에이전트를 혼합하고 매칭하며 추가, 삭제, 수정 등을 통해 다양한 사용 환경에 유연하게 대응할 수 있다.
- **확장성:** 전체 모델을 학습하지 않고 개별 AI 에이전트를 업데이트하거나 교체할 수 있다.
- **안정성과 신뢰성:** 단일 에이전트가 아닌 여러 에이전트로 분산

화되어 있기 때문에 일부 에이전트의 오류나 실패가 발생하더라도 시스템이 계속 운영될 수 있다.

- **실시간 운영:** 인간의 감독 없이도 즉각적인 상황 대응이 가능하다.

AI 에이전트는 더 높은 수준의 복잡성을 가진 광범위한 태스크를 효과적으로 관리하고 실행할 수 있다. 또한 AI 에이전트의 잠재력은 업무 생산성을 높이고 의사결정 과정을 개선하며 다양한 업무에 혁신을 가져올 것이다. 이는 우리가 일하는 방식에 큰 영향을 미칠 것이다. 따라서 이러한 흐름 속에서 AI 에이전트를 효과적으로 활용할 수 있다면 빠르게 변화하는 기술을 비즈니스에 적시에 적용하고 시장에서 경쟁 우위를 유지하는 데 큰 도움이 될 것이다.

"AI 에이전트를 개발하든 도입하든, AI 에이전트의 경쟁력을 어디에서 만들 수 있나요?" 외부 강연에서 필자가 가장 많이 받는 질문 중 하나다. 세 가지 정도로 생각할 수 있다. 첫 번째는 AI 에이전트가 가진 강점들을 최대한 보여줄 수 있는 핏fit이 딱 맞는 "적용 분야"를 찾아 선점하는 것이다. 두 번째는 개인이든 조직이든 적용된 AI 에이전트가 제대로 역할을 수행하기 위해서는 초개인화가 필수적이다. 이때 필요한 것이 '데이터'다. 데이터가 만드는 차별성은 유사한 AI 기술에서도 초격차를 만들어낼 것이다. 마지막으로, 같은 기술과 기능 세트를 가지고도 다른 서비스, 다른 제품으로 인식하게 하는 것. 이때 최종 사용자end user의 판단에 영향을 미치는 것은 바로 'UI/UX'다. AI 에이전트 자체뿐만 아니라 우리의 일상이나 업무 환경과 같이 기존 환경의 다양한 기능들과의 '연결성'까지 고려한 UI/UX는 앞으로 몇 년간 AI 에이전트 분야에서도 가장 활발하게 연구되고 논의될 분야로 주목받을 것이다.

트렌드 키워드5:
오픈소스 AI 생태계의 확장

———

"오픈소스 AI를 적극 활용해 생성형 AI가 제공할 수 있는 기업 내외부의 혁신과 구성원의 AI 역량 강화를 도모할 수 있다. 그러나 오픈소스 AI는 결코 공짜가 아니며, 경우에 따라 폐쇄형 AI보다 훨씬 많은 비용을 들이고도 저품질의 결과로 이어질 수 있다. 따라서 기업의 규모, 역량, 비즈니스 전략, 성장 방향성에 맞게 신중히 결정해야 하며, 폐쇄형 AI와 비교해 각 기술의 장단점을 명확히 파악한 후 도입해야 한다." _하정우

"우리는 해자가 없다We have no moat." 구글의 한 엔지니어가 라마와 이를 활용한 커뮤니티 엔지니어들에 의해 오픈소스 sLM 기술이 비약적으로 발전하는 것을 보고 남긴 말이다. 이는 논쟁의 여지가 있는 표현이지만, 오픈소스 sLM의 성능 향상 속도에도 불구하고 빅테

크의 API 기반 폐쇄형 LLM이나 생성형 AI 또한 빠르게 발전하고 있어 두 진영 간의 기술적 간격이 계속 존재하고 있다. 그러나 비즈니스 관점에서 중요한 것은 그 기술 격차가 사용자 경험 혁신이나 산업 생산성 향상으로 이어지느냐, 그리고 투자와 운영 비용을 고려할 때 대안으로 경쟁력이 있느냐 하는 점이다. 이러한 측면에서 오픈소스 sLM은 무궁무진한 가능성을 지니고 있다.

엄밀히 말하자면, LLM에서 '오픈소스 AI'라는 표현은 다소 부정확하다. 최근 다양한 sLM 모델뿐만 아니라 매개변수 3,000억 개, 4,000억 개에 달하는 모델들도 공개되고 있지만, 이들 대부분은 모델 가중치 파일만 공개될 뿐 사전학습 코드나 재생산 가능한 전체 정보가 공개되는 것은 아니기 때문에 '오픈 모델'이라고 부르는 것이 더 적절하다. 그러나 '오픈소스 AI'라는 표현이 대중적으로 널리 사용되고 있어 이 글에서는 '오픈소스 AI 생태계'라는 표현을 사용하고자 한다.

초기 GPT-3가 2020년 5월 공개된 이후 일루서AI Eleuther AI를 중심으로 작은 규모지만 누구나 언어 모델을 다운로드받아 활용할 수 있는 오픈소스 sLM인 GPT-J와 GPT-NeoX 등이 2020년 말과 2021년 초에 공개되었다. 유럽 중심의 연구자 그룹인 빅사이언스 BigScience는 윤리와 투명성을 강조하며 매개변수 1,760억 개를 가진 다국어 LLM인 블룸 BLOOM 8)을 2022년 7월에 공개했다. 한국에서도 젊은 연구자들이 일루서AI와 협업해 한국어 중심의 오픈소스 sLM인 폴리그롯 Polyglot을 2022년에 공개했다. 초기에는 주로 오픈 생태계나 학계 중심으로 오픈소스 sLM이 학습되어 공개되었다.

표 1-1　대표적인 글로벌 오픈소스 LLM 모델

모델	기업	매개변수	국가
LLaMA1, 2, 3, 3.1	메타	7B ~ 405B	미국
Gemma1, 2	구글	2B ~ 27B	미국
phi 1, 2, 3	마이크로소프트	1.3B ~ 14B	미국
Mistral LM	Mistral	7B ~ 123B	프랑스
Aya	Cohere	8B ~ 35B	캐나다
NemoTron	NVIDIA	8B - 340B	미국
Luminous	Aleph Alpha	13B ~ 70B	독일
Qwen1, 2	알리바바	0.5B ~ 72B	중국
JAIS	G42	13B-30B	UAE
Falcon	TII	40B-180B	UAE
Exaone 3.0	LG AI연구원	7.8B	한국

빅테크 중에서는 메타가 사업 방향성을 메타버스에 집중하다가 뒤늦게 생성형 AI 분야에 뛰어들었고, 매개변수 1,750억 개의 LLM인 OPT Open Pre-trained Transformer를 2022년 5월에 공개했다. 빅테크가 직접 학습한 모델이라는 점, 학습 정보의 투명한 공개, 그리고 모델의 크기 면에서 주목을 받았지만, 당시 LLM 학습 경험이 부족했던 탓에 OPT 모델의 성능은 커뮤니티의 기대를 충족시키지 못했다.

그러나 OPT의 등장은 오픈소스 sLM 생태계의 본격적인 시작을 알렸다. 그리고 2023년 2월 메타의 라마가 등장하면서 오픈소스 AI의 발전이 가속화되었다. 라마1[9]는 메타가 OPT의 실패를 교훈 삼아 대거 투입한 연구진들이 만든 야심작이었다. 라마는 70억, 130억, 300억, 700억 개 매개변수를 가진 모델로 출시되었고, 이 모델을 기반으로 한 알파카 Alpaca[10], 비큐나 Vicuna[11] 같은 모델들이 등장해 상대적으로 훨씬 작은 모델 크기에도 MMLU, HellaSwag, WinoGrande, ARC와 같은 공개된 벤치마크 순위표에서 GPT-3.5를 능가하거나 GPT-4에 필적하는 성능을 보여주었다. 그러나 라마1은 비상업용 라이센스로만 사용할 수 있어 주로 학계 중심으로 활용되었다.

2023년 7월에 공개된 라마2는 제한된 조건하에서 상업적 용도로도 활용이 가능해지면서 산업계에서도 활발히 사용되기 시작했다. 제한 조건에 해당하는 기업이 미국과 중국의 빅테크 등 메타의 직접 경쟁 기업에만 해당될 수 있는 수준이라 사실상 누구나 무료로 그들의 비즈니스에 활용할 수 있게 된 것이다. 이로 인해 국내에서도 라마2를 활용한 한국어 모델이 오픈소스로 공개되거나 이를 기반으로 챗봇 등의 다양한 서비스가 만들어졌다. 2024년 5월에 공개된 라마3는 무려 15조 개의 토큰으로 사전학습되었고 대량의 인스트럭트 데이터를 기반으로 학습되어 대부분의 벤치마크에서 GPT-4나 제미나이, 클로드3와 유사한 성능을 보였다. 이어서 7월에는 4,050억 개의 매개변수를 가진 LLM이 함께 공개되면서 오픈소스 생성형 AI 생태계는 더욱 활기를 띠고 있다. 가장 최근인 9월 말에는 라마3.2가 공개되었는데, 주목할 것은 110억 개와 900억 개 매개변수를 가진 이미지를 다룰 수 있는 멀티모달 모델과 매개변수 10억 개, 30억 개로 온디바이스 활용을 목적으로 한 언어 모델을 함께 공개했다는 점이다. 앞서 멀티모달과 온디바이스, 에이전트의 중요성을 언급했는데, 그것이 라마3.2에 그대로 투영되었다고 볼 수 있다.

메타가 오픈소스 생태계를 주도함에 따라 구글과 마이크로소프트도 각각 젬마Gemma와 파이Phi 시리즈를 오픈소스 sLM 형태로 공개하면서 오픈소스 생태계 주도권 싸움이 치열해지고 있다. 이런 빅테크들 사이에서 프랑스의 미스트랄과 독일의 알레프알파 같은 오픈소스 중심의 기업들도 등장하고 있다. 미스트랄은 라마 구조를 기반으로 자체 기술로 사전학습한 70억 개 매개변수의 언어 모델인 미스트랄LM을 공개하고, 전문가 모델 조합인 믹스트랄Mixtral을 발표하면서 오픈소스 sLM 생태계의 강자로 떠올랐다. 국내에서도 미스트랄LM을 활용해 한국어 기반의 sLM 모델을 공개하거나 활용하는 스타트업들이 증가하고 있다. 대표적인 것이 업스테이지 솔라10.7B[12]와 야놀자에서 공개한 EEVE[13]이다. 독일의 알레프알파 또한 루미너스Luminous 모델을 꾸준히 업그레이드하며 유럽 시장을 공략하고 있다. 이러한 자신감으로 EU가 2023년 12월 6일 AI 법안을 승인하려 했을 때 프랑스와 독일은 이탈리아와 함께 반대했고, 이후 치열한 논의를 통해 범용 생성형 AI에 대한 조문과 규제 대상 생성형 AI 기준으로 학습에 사용된 컴퓨팅 사용량 10^{25} FLOPs라는 항목을 추가함으로써 EU 역내에서 빅테크의 AI는 견제하면서 자국 기업들의 성장 기회를 확보할 수 있는 여지를 만드는 데 성공했다.

중국의 알리바바는 큐원Qwen**14)**이라는 강력한 중국어 중심의 다국어 모델을 공개해 오픈소스 모델 중에서도 최상급의 성능을 보이고 있다. 그러나 중국 sLM의 경우 중국 정부의 AI 표준을 따라야 하기 때문에 생성되는 내용이 정부의 공식 입장에 편향될 가능성이 있다.

미국이나 중국만큼 활발하지는 않지만, 우리나라에서도 한국어 중심의 오픈소스 sLM 공개 노력이 계속되고 있다. KT에서 2023년에 공개한 믿음7B 모델과 LG AI연구원이 8월에 공개한 엑사원3.0 7.8B 모델이 대표적이다. 특히 엑사원3.0 7.8B 모델은 여러 벤치마크에서 경쟁력 있는 성능을 보여 국내 AI 연구와 발전에 기여할 것으로 기대된다. 두 모델 모두 허깅페이스 huggingface.co에서 다운로드 가능하며, 비상업적 용도 라이센스이므로 상업적 활용 시에는 별도의 협의가 필요하다.

오픈소스 sLM 생태계의 빠른 발전에는 허깅페이스의 역할을 빼놓을 수 없다. 최근 대부분의 sLM은 허깅페이스에 모델 바이너리 파일과 상세 정보가 업로드되고 있으며, 전 세계 수많은 연구자와 엔지니어가 이를 활용하여 다양한 실험을 수행하고 있다. 허깅페이스는 모델뿐만 아니라 학습 소스 코드, 벤치마크 데이터, 리더보드 운영 등도 지원하면서 오픈소스 sLM 생태계가 빠르게 성장하는 데 큰 기여를 하고 있다.

오픈소스 sLM 생태계 발전에 기여하는 또 다른 요소로는 sLM을 활용해 다양한 문제의 솔루션을 빠르게 프로토타이핑할 수 있도록 도와주는 개발 툴킷과 오픈소스 프레임워크들이 있다. 대표적인 예로는 랭체인LangChain과 라마인덱스LlamaIndex, vLLM이 있다. 전 세계 많은 엔지니어들이 이들 프레임워크를 활용해 sLM 기반의 서비스를 배포하고 관리하고 있다.

오픈소스 sLM을 활용해 실제 서비스를 만들 때는 해당 분야의 도메인 데이터나 적용 시나리오 데이터를 제작해 튜닝이 필요한 경우가 많다. 특히 한국 내에서 교육, 공공, 법률, 국방 등 국내 특화 지식이 필요한 경우 대량의 한국어 전문 지식 데이터로 추가학습이 진행된다. 이때 학습이 정교하게 이루어지지 않으면 사전훈련과 인스트럭트학습을 통해 얻은 지식과 능력이 상실될 수 있으며, 반대로 새로운 지식 학습이 제대로 이루어지지 않는 경우도 자주 발생한다. 그러므로 오픈소스 sLM으로 경쟁력 있는 비즈니스 서비스를 만들기 위해서는 많은 경험이 필요하다. 그리고 라이센스 정책은 언제든 공개한 기업의 전략적 의사결정에 따라 바뀔 수 있다는 점도 명심해야 한다.

"다양한 오픈소스 sLM의 등장은 기존 폐쇄형 LLM들 간의 단조로운 경쟁 구도를 벗어나 다양한 선택의 기회를 제공하고 있다. 오픈소스 LLM과 폐쇄형 LLM 간의 선택은 단순한 기술적 결정이 아니라 기업의 전략적 판단이 되어야 한다. 비록 현재 오픈소스 LLM이 폐쇄형 LLM보다 성능이 뛰어나다고 할 수는 없고 해결해야 할 과제들이 존재하지만, 작고 효율적인 AI 모델, 버티컬 특화된 틈새 시장에 적합한 AI 모델 등 충분한 경쟁력을 확보할 것으로 기대되며 무한한 가능성을 지니고 있다."_오순영 챗GPT의 개발사인 오픈AI는 이름과 달리 폐쇄형 LLM의 대표주자다. AI 모델의 개발, 소스코드, 데이터 등은 개발사만 가진 고유한 정보로, 외부에 공개되지 않는다. 하지만 기업들이 폐쇄형 LLM을 도입하는 경우 빠른 도입, 지속적인 업데이트, 데이터 보안 등에서 많은 도움을 받을 수 있다. 그러나 이러한 장점에도 불구하고 오픈소스 LLM 시장은 더욱 확장되고 있다. 오픈소스 LLM은 단순한 기술적 선택을 넘어 전략적 선택으로 다가오고 있으며 그 장점과 과제, 그리고 미래 전망을 살펴볼 필요가 있다.

다만, 오픈소스 LLM의 장점이 기업의 상황에 따라 단점으로 작용할 수 있음을 인식해야 한다. AI 모델의 크기, 아키텍처, 벤치마크 성능, 학습 데이터셋, 모델의 편향성, 라이선스 유형 등을 고려해 장단점을 신중하게 판단해야 한다.

- **비용 경제성:** 오픈소스 LLM의 라이선스를 잘 살펴봐야 한다. 아파치Apache2.0 라이선스를 가진 LLM이라면 상업적 목적으로 무료로 활용할 수 있지만, 상업적 활용을 위해 추가적인 조건이 필요한 경우도 있다. 오픈AI의 API를 대규모로 사용한다면 비용이 증가할 수 있지만, 오픈소스 LLM의 경우 API 활용 측면에서 경제적일 수 있다. 그러나 LLM을 자체적으로 학습하고 운영하기 위한 인프라 비용과 초기 투자 비용이 필요하며, 컴퓨팅 인프라가 없는 소규모 조직이나 개인에게는 도입이 어려울 수 있다. 특히 대고객 서비스를 제공하려는 경우에는 운영 관리 측면에

서 충분한 준비가 필요하다.

- **모델 커스터마이징:** 오픈소스 LLM은 개발자가 코드를 검토, 수정, 배포할 수 있는 투명성을 제공한다. 이러한 투명성은 커뮤니티 중심의 개발 프로세스를 통해 혁신과 발전을 가능하게 한다. 특정 분야에 대한 커스터마이징이 필요한 기업에는 다양한 공급 업체의 지원을 받을 수 있어 이상적인 선택이 될 수 있다. 금융, 법률, 헬스케어 등 특정 분야의 데이터를 보유한 기업이나 개인들은 맞춤형 개발을 통해 범용적인 LLM보다 구체적인 목적에 맞춰 활용할 수 있다. 그러나 이러한 오픈소스 LLM을 유지하고 관리하려면 상당한 전문 기술 지식이 필요하며 외부 전문가의 도움이 필수적일 수 있다.

- **데이터 보안 및 제어:** 폐쇄형 LLM에 대한 큰 우려 중 하나는 AI 도입 기업의 민감한 데이터 유출이나 무단 액세스에 대한 문제다. 오픈소스 LLM을 사용하면 기업이 데이터에 대한 완전한 책임을 가지며 로컬에서 운영할 경우 온프레미스 모델로 전환할 수 있다. 그러나 오픈소스 LLM 자체가 기업의 개인정보 보호나 보안 요구사항을 충족하지 못할 수도 있다. 폐쇄형 LLM은 정기적인 업데이트를 제공하며 안정적인 운영이 가능하지만, 오픈소스 LLM은 데이터 수집 방식 등 AI 거버넌스 표준이나 법률을 준수했는지 자체적으로 관리해야 한다. 또한 편향과 공정성 측면에서도 주의가 필요하다.

현재 폐쇄형 LLM보다 오픈소스 LLM의 성장 속도가 빠르다. 다양한 오픈소스 LLM들이 등장하면서 폐쇄형 LLM과의 성능 격차도 곧 줄어들 것으로 보인다. 그렇다면 기업에 맞는 오픈소스 LLM을 어떻게 선택해야 할까?

- **도입 목적:** LLM의 도입 목적을 가장 먼저 정의해야 한다. 일부 오픈소스 LLM은 연구 목적으로만 공개된 것이기 때문에 라이선스 제한 사항을 꼭 확인해야 한다.
- **도입 시기:** LLM이 반드시 필요한 기술인지 판단해야 한다. LLM이 가진 잠재력은 분명하지만, 비즈니스에 꼭 필수적인 기술이 아닐 수도 있다.
- **투자 수준:** 모델이 클수록 훈련과 운영에 필요한 리소스가 커진다. 오픈소스 LLM이 경제성이 있다고 해도 여전히 상당한 리소스가 필요하다.
- **트레이닝 범위:** 오픈소스 LLM 중에는 특정 목적에 맞게 사전훈련된 모델들도 많다. 잘 훈련된 모델이 있다면 초기 투자 없이도 활용할 수 있다.
- **정확도 수준:** LLM의 할루시네이션은 여전히 문제로, 정확도가 중요한 작업의 경우 모델 선택에 주의해야 한다.

오픈소스 LLM과 폐쇄형 LLM 간의 선택 기준은 절대적일 수 없다. 따라서 하이브리드 방식이 많은 기업에 가장 효과적일 수 있다. 기업 특화를 위한 커스터마이징과 혁신이 핵심인 프로젝트라면 오픈소스 LLM이 적합할 수 있고, 개발과 운영의 구성이 중요하다면 폐쇄형 LLM이 적합할 수 있다. 이러한 전략적 결정은 기업의 요구사항과 리소스에 따라 신중히 내려야 한다. 예를 들어, 초기 비용 절감 측면에서는 오픈소스 LLM이 매력적이지만, 최적화를 위해서는 생성형 AI에 대한 경험이 풍부한 강력한 내부 조직이 필요하다. 오픈소스 LLM의 장단점을 충분히 살펴보고 해결해야 할 과제들을 고려해 도입을 신중하게 판단하길 바란다. 절대적인 정답은 없으니 각 상황에 맞게 선택하는 것이 중요하다.

트렌드 키워드6:
비용 감소 노력과 AI 반도체

———

"현존하는 생성형 AI 거품론의 핵심은 100원짜리 비용으로 50
원짜리 가치를 제공한다는 데 있다. 생성형 AI가 이러한 거품론
을 불식시키고 지속 가능한 성장을 이루기 위해서는 100원 이상
의 가치를 제공하는 킬러 애플리케이션을 발굴하는 것도 중요하
지만, 가격을 50원 이하로 낮출 수 있는 기술 경쟁력이 필수적이
다. 여기에는 소프트웨어뿐만 아니라 AI 반도체와 같은 하드웨
어의 발전이 필수적이다."_하정우

생성형 AI가 불러온 혁신과 기회와 함께 AI 위기론 또는 거품론도
지속적으로 제기되고 있다. 특히 2024년 8월 초 전 세계 증시 폭락의
주요 원인 중 하나로 AI 거품론이 지목되기도 했다. 현재 생성형 AI
의 가장 큰 문제 중 하나는 높은 운영 비용에 있다. 생성형 AI 기술

개발과 학습에 들어가는 비용은 일시적 투자 개념으로 볼 수 있지만, 생성형 AI 서비스의 운영 비용은 SNS, 추천, 검색 등 다른 온라인 서비스에 비해 원가가 매우 높다. 최적화되지 않은 생성형 AI의 원가는 동일한 질의를 처리할 때 검색엔진 원가의 100배 이상이라는 분석도 있을 정도다. 이렇게 운영비가 비싼 이유는 주로 컴퓨팅 인프라, 특히 GPU에 기인한다.

현재 전 세계 AI 가속 반도체 시장의 90퍼센트 이상을 엔비디아의 GPU가 차지하고 있다. 이는 학습뿐만 아니라 추론에서도 마찬가지다. V100, A100, H100 등 새로운 GPU 제품이 나올 때마다 가격과 전력 소모량이 급격히 증가했다. 특히 H100의 경우 A100에 비해 전력 소모량이 400W에서 700W로 75퍼센트 증가했지만, HBM 메모리 대역폭과 연산 속도는 50퍼센트 증가에 그쳐 성능 대비 전력 효율은 오히려 악화되었다. 더욱이 H100 출시 이후 A100 생산이 단종되면서 서버군에서 선택의 폭이 줄어들게 되었다. 또한 GPU를 포함한 AI 가속칩은 메모리 속도 문제를 해결하기 위해 고성능 HBM을 사용하는데, 이 HBM은 층을 쌓는 구조로 만들어지기 때문에 전력 소모가 크고 열도 많이 발생시킨다. 이로 인해 H100 이상의 GPU 서버를 대량으로 설치, 운영하는 AI데이터센터는 일반적인 냉각 시스템 대신 액침냉각 시스템을 사용해야 하며, 이에 따라 데이터센터 운영비도 크게 증가한다.

비용을 줄이기 위한 첫 번째 방법은 규모의 법칙에 따라 학습 데이터 양에 중점을 두는 것이다. 즉, 동일한 양의 GPU가 주어졌을 때,

모델의 크기를 적당히 유지하면서 학습 데이터 양을 많이 늘리고 학습 시간도 충분히 사용하는 것이다. 모델의 크기를 키우면 더 강력한 모델이 만들어질 수 있지만, 서비스 적용 시 더 많은 GPU가 필요해 운영 비용이 크게 증가하게 된다. 예를 들어, 130억 개 매개변수 모델은 가중치별 2바이트(FP16 기준) 부동소수 형태로 저장된 파일을 가정해도 26GiB 메모리를 차지하므로 80GiB 메모리를 가진 A100이나 H100 한 장으로 충분히 동작할 수 있지만, 1,750억 개 매개변수를 가진 AI 모델을 서비스하려면 350GiB 메모리가 필요해 최소 다섯 장 이상의 A100이 필요하다. 컨텍스트와 다양한 부가 모듈을 위한 메모리를 고려하면 여덟 장을 써야 한다.

그래서 최근에는 수십 또는 수백억 개 매개변수의 생성형 AI 사전 훈련에 기존 방법보다 훨씬 더 많은 데이터를 사용한다. GPT3의 경우에는 1,750억개 매개변수를 가졌음에도 3,000억 개 토큰을 사전 훈련에 사용했지만, 2022년 3월 구글 딥마인드는 친칠라 논문에서 학습에 쓸 수 있는 GPU의 개수와 시간이 정해져 있을 때(가령 H100 2,000개를 한 달 동안 학습에 사용할 때) 최적의 모델 크기와 학습 데이터 토큰 수와 관련한 최적화 결과를 공개했다. 매개변수를 유지하면서 층을 더 쌓는 구조에 학습 토큰 수를 매개변수 수보다 20배 정도의 양으로 학습할 때 정해진 학습에 활용된 컴퓨팅 자원 기준 최적화된 모델이 만들어진다는 내용이다.

2024년 들어서는 20억에서 100억 개 정도의 매개변수를 가진 sLM 모델을 학습하기 위해 수조 개의 토큰으로 구성된 학습 데이터를 사용하는 경우가 많다. 예를 들어, 엔비디아의 네모트론NemoTron 340B 모델은 총 9조 개의 토큰으로 학습되었고, 라마3의 가장 작은 8B 모델도 15조 개의 토큰으로 학습되었다. LG AI연구원의 엑사원3.0 7.8B 모델도 8조 개의 토큰으로 학습되어 과거 친칠라Chinchilla 연구에서 제시한 최적화 비율인 모델 매개변수의 20배를 훨씬 상회하는 수준으로 학습이 진행되었다.

모델 크기를 추가적으로 줄이기 위해 양자화 기술이 사용된다. 양자화는 매개변수 개수를 유지하면서 매개변수 하나에 필요한 메모리 크기를 줄이는 방법이다. 예를 들어, 일반적으로 모델을 저장할 때 FP16, 즉 2바이트 부동소수 표현을 사용하는데, 이때 가중치를 8비트 정수형 또는 그보다 작은 4비트나 3비트로 양자화해 저장하는 것이다. 만약 1,750억 개 매개변수를 가진 모델을 4비트로 양자화하면 87.5GiB로 모델 크기가 줄어들어 이론상으로는 두 장의 80GiB 메모리가 탑재된 A100 GPU로도 서비스가 가능하다. 라마3 700억 개 매개변수를 가진 모델도 35GiB로 줄어들어 충분히 긴 컨텍스트와 입력·출력 처리를 위한 메모리를 고려해도 A100 GPU 두 장으로 서비스가 가능해진다.

그러나 양자화를 하면 정보 표현에 사용하는 메모리가 줄어 성능 손실이 발생할 수 있다. 또한, 실제 서비스 시 양자화된 정보를 다시 더 많은 비트를 사용하는 실수로 변환하는 과정이 필요한데, 이때 연산이 최적화되지 않으면 모델 크기는 줄었으나 처리 속도가 늦어질 수 있다. 최근에는 양자화 기법과 이를 고려한 모델 학습 기법이 발전하면서 4비트 양자화로 모델 크기를 줄여도 성능 손실이 미미하며, 속도도 함께 개선되어 GPU당 처리할 수 있는 토큰 수가 향상되는 기법들이 소개되고 있다.

알고리듬적 노력뿐만 아니라 AI 반도체의 개선도 중요하다. 현재 AI 가속칩 시장에는 AMD, 인텔, 퀄컴, 그래프코어 Graphcore, 세레브라스 Cerebras 등 여러 기업이 있지만, 사실상 엔비디아가 독점하고 있다. 이 때문에 아마존, 마이크로소프트, 메타, 애플, 테슬라 등은 오랜 기간 자체 AI 반도체를 개발해 왔지만, 주로 내부용으로만 사용 중이다. 구글도 TPU를 오래전부터 만들어 사용하고 있지만, 구글 클라우드 상품을 제외하고는 외부에 AI 가속 반도체를 판매하지 않고 내부용으로만 사용하고 있다. AI 추론 반도체의 개선이 필수적인 상황이며, 특히 엔비디아 GPU가 양자화된 sLM이나 LLM 모델이 대량의 입력을 처리하는 데 다소 비효율적이기 때문에 이를 효율적으로 연산할 수 있는 AI 추론 반도체의 출현이 필요하다.

최근 챗GPT-4o 미니와 구글 제미나이 플래시 등 상대적으로 작은 모델들의 API 가격이 대폭 하락하고 있으며, 특히 챗GPT-4o 미니는 무료로 제공되고 있다. 이에 따라 향후 생성형 AI 사용 가격은 점점 부담 없는 수준으로 낮아질 것이며 AI 무용론도 점차 해소될 것으로 기대된다.

> "생성형 AI 기술에 대해 산업계에서 가장 많이 언급되는 단어는 바로 '비용·Cost'이다. 투자 대비 효과와 비용 대비 성능 등 모든

기준에서 비용은 의사결정에서 중요한 역할을 한다. 그러나 비용을 강조하면서도 AI 도입 결정의 RoI를 정의하고 평가하는 것은 쉬운 일이 아니다. 그럼에도 불구하고 생성형 AI의 예상 비용을 분석하는 과정은 지속 가능한 AI 관점에서 매우 중요한 단계다. 특히 AI 학습과 추론에 필수적인 GPU 공급과 수요의 불균형 문제도 지속 가능성에 큰 영향을 미칠 수 있다."_오순영

생성형 AI를 도입할 때 가장 먼저 고려해야 할 것은 '무엇을 위한 도입인가?', 즉 도입 목적의 정의다. 이와 함께 내부 역량과 환경을 분석하는 것도 필수적이다. 개발 비용뿐 아니라 지속 가능한 AI를 위해 고려해야 할 세부 비용을 정확히 이해하는 것이 중요하다. 이는 각 기업의 여건에 따라 달라질 수 있는 부분이기 때문이다.

AI 도입 형태가 독립적인 애플리케이션인지, 기존 레거시 시스템과 연동되는지, 혹은 다양한 애플리케이션을 포함하는 플랫폼인지에 따라 비용의 복잡도가 달라진다. 또한 외부 협력을 통해 개발을 진행하더라도 내부에 AI 및 데이터 전문가가 필요하다. 각 인력에 대한 기술적 전문성, 조직 구성, 양질의 데이터셋 준비와 활용 여부가 비용에 큰 영향을 미친다. 데이터는 AI의 정확도와 성능에 직접적인 영향을 미치기 때문에 특히 중요하다. 이 외에도 도입한 AI 시스템의 유지 관리, 업데이트, 개선 등의 장기적인 비용 역시 고려해야 한다.

그렇다면 AI 도입 시 세부적으로 어떤 비용을 고려해야 할지 살펴보자.

- **인프라 및 하드웨어:** 모델 학습과 추론을 위한 GPU를 포함한 인프라 유지 비용, 확장 가능한 컴퓨팅 자원 확보를 위한 클라우드 서비스 비용, 보안 조치에 필요한 비용이 포함된다.

- **데이터 수집, 정제 및 활용:** AI 도입 목적에 맞는 고품질의 데이터셋을 수집하고 이를 정제해 준비하는 과정에 비용이 필요하다. 모델의 정확성과 최신성을 유지하기 위한 새로운 데이터셋 확보와 업데이트에 대한 준비도 필수적이다.

- **모델 아키텍처 및 알고리듬 개발:** 도입 목적에 맞춘 맞춤형 모델 구조와 알고리듬 구현에 비용이 발생한다. 경우에 따라서는 제공되는 모델을 그대로 사용할 수 있지만, 직무나 산업에 특화된 맞춤형 모델 개발이 필요할 수도 있다.

- **연구 개발 및 운영 인력:** 도메인 전문가와 AI 관련 엔지니어, 데이터 전문가의 영입과 운영에 비용이 필요하다. 또한 기존 구성원을 위한 업스킬링 Upskilling 및 리스킬링 Reskilling 과정도 필수적이다.

- **시스템 및 플랫폼 구축:** 기존 레거시 시스템과의 연동을 포함해 신규 AI 플랫폼을 구축하는 IT 비용이 발생하며, 개인정보 보호와 데이터 규제 관련 비용도 고려해야 한다.

- **유지 보수 및 업데이트:** AI 시스템을 지속적으로 유지하고 개선하기 위한 인프라 비용과 AI 모델, 데이터, 시스템 등의 지속적인 업데이트를 위한 운영비와 유지 보수 비용이 필요하다. 또한 신규 AI 시스템과 기존 시스템 간의 연동을 위한 부서 간 커뮤

니케니션을 포함한 협업 도구와 관련된 비용도 추가될 수 있다.

이러한 비용 요소들은 프로젝트의 목표와 예산에 맞춰 우선순위를 정하고 관련자들이 합의해야 한다. 생성형 AI의 기능이 다양할수록 비용은 더 증가할 수 있다. 따라서 AI와 비즈니스 목표 간의 전략 방향, 구현의 복잡성, 사용 가능한 리소스 등에 따라 비용은 매우 유동적이다. 각 세부 비용을 신중히 검토해 기업의 환경과 목표에 맞는 AI 도입 전략을 수립하는 것이 중요하다.

트렌드 키워드7:
안전성과 책임성

———

"AI 시대에는 각 기업의 AI 안전 거버넌스 확립이 선택이 아닌 필수가 될 것이다. AI를 개발하는 기업이든, 이를 도입하는 기업이든, 내부 AI 안전 거버넌스를 철저히 수립하고 국내외 AI 안전성 및 책임성 흐름에 유연하게 대응해야 한다. 특히 AI 대기업들은 글로벌 안전성 논의와 표준화 움직임에 적극 참여해 우리의 목소리를 내야 한다. 남이 짜놓은 판과 게임의 룰이 우리에게 유리할 리 없기 때문이다." _하정우

"핵무기를 다루듯이 거대 언어 모델을 다루어야 합니다." 오픈AI의 샘 올트먼이 2023년 여름 월드투어 중 이스라엘을 방문했을 때 한 말이다. 그는 LLM의 강력한 능력을 고려해 모델의 신뢰성과 안정성을 공정하게 감사하고 평가해 이를 통과한 AI만 사용할 수 있도록 해야

하며, 이를 국제 협력을 통해 해결해야 한다고 주장했다. (핵무기에서는 IAEA가 이러한 역할을 맡고 있다.)

이와 맞물려 일본 히로시마에서 열린 G7 정상회의에서는 생성형 AI 안전성 관련 논의가 히로시마 프로세스에 포함되었고, UN이나 OECD에서도 LLM과 같은 범용 AIGeneral-purpose AI: GPAI의 안전성과 규제 방안에 대해 적극적으로 논의하기 시작했다.

국제기구뿐만 아니라, 미국에서는 2023년 여름부터 백악관에서 주요 빅테크 CEO들을 소집해 기업의 자율적 안정성 대책을 주문했고 이에 맞춰 구글, 마이크로소프트, 오픈AI, 앤트로픽 등이 주도한 프론티어모델포럼Frontier Model Forum이 출범했다. 10월에는 백악관에서 AI 안전성 관련 행정명령도 발표했다. EU 또한 수년 전 공개한 AI 법안 초안에 범용 생성형 AI 부분을 반영한 내용을 2024년 초에 통과시켰고 이미 시행에 들어갔다. 그 외 여러 국가들도 자국 상황에 맞춰 AI 안전성과 관련된 규제 등을 발표하거나 준비하기 시작했으며, 우리나라에서도 방송통신위원회와 개인정보보호위원회를 중심으로 AI 안전성 관련 가이드라인이나 규제법 등을 준비하고 있다.

이러한 움직임은 생성형 AI가 만들어낸 악의적인 가짜 콘텐츠가 세상에 큰 악영향을 미칠 수 있다는 우려에서 비롯되었다. 미 국방성 인근에서 무언가 폭발하는 가짜 사진에 잠시나마 미국 증시가 크게 휘청였던 사례가 대표적이다. 특히 2024년에는 전 세계 수십 개국에서 선거가 치뤄지면서 생성형 AI의 악용이 선거에 영향을 미쳐 민주주의에 심각한 위기를 초래할 수 있다는 우려가 커지고 있다. 우리나라에서도 4월에 국회의원 선거가 있었으며 챗GPT, 구글 제미나이, 네이버의 클로바X 등 대화형 LLM 서비스를 누구나 사용할 수 있는 상황에서 위험 가능성이 존재했다. 이에 AI 서비스를 제공하는 기업들은 선거와 관련된 콘텐츠 생성을 금지하거나 제한하는 정책을 선제적으로 발표하고 운영해 큰 문제 없이 선거를 치를 수 있었다. 그러나 미국 대통령선거나 영국 의회선거와 같은 중요한 선거들이 남아 있어 지속적인 주의가 필요하다.

이 외에도 생성형 AI는 강력한 범용 능력을 보유하고 있지만, 환각, 편향되거나 혐오적인 콘텐츠 생성, 계획 수립 과정에서 의도치 않게 기본 원칙이 깨지는 현상, 외부 프롬프트에 따른 이상 결과 발생 Jail-breaking 등의 명확한 한계를 가지고 있다. 더불어 AI 기술의 빠른 발전 속도를 고려하면 머지않아 사람 수준 또는 이를 능가하는 문제 해결력을 보유한 초지능 Super-intelligence AI가 등장할 수 있으며, 이에 따른 통제 불능 상태에 대한 비관론자들의 우려도 커지고 있다. 특히 제프리 힌턴, 요수아 벤지오, 개리 마커스, 에릭 슈미트 같은 AI 분야의 거물들이 이러한 우려를 제기하고 있기 때문에 더욱 주목해야 할 문제다.

이러한 안전성에 대한 우려 가운데 가장 눈에 띄는 움직임은 AI 안전성 정상회의 AI Safety Summit다. 2023년 11월 영국 블레츨리파크에서 처음 개최된 이 정상회의에는 세계 28개국 정상이나 AI 주무부처 장관들, 주요 AI 기업 및 연구소 책임자 등 150여 명이 참석해 AI 안전성을 위한 대책을 논의했다. 이 회의에서는 범용으로 사용될 수 있는 강력하면서도 경우에 따라 사회에 악영향을 줄 수 있는 AI를 프론티어 AI Frontier AI로 정의하고, 이 프론티어 AI에 대한 안전정책을 마련하기 위해 글로벌 차원의 협력이 필요하다는 논의가 진행되었다.

전반적인 공감대는 다음과 같이 정리될 수 있다.

1) 현재의 LLM을 포함한 생성형 AI는 아직 통제 불능 수준의 우려는 필요하지 않다.

2) 그러나 기술 발전 속도가 너무 빨라 언제 우려해야 할 AI가 등장할지 예측하기 어려우므로 미리 대비할 필요가 있다.

3) 이러한 대비를 위해 긴밀한 국제 공동연대와 협력이 필요하다.

이러한 내용은 블레츨리 선언으로 발표되었다. 2회 정상회의는 2024년 5월 서울에서 개최(글로벌 AI 포럼 Global AI Forum도 함께 열렸다)되었으며, 'AI 서울 정상회의'로 명명되었다. 이름이 '안정성'에서 '서울'로 바뀐 이유는 핵심 키워드가 안정성, 혁신 Innovation, 포용성 Inclusivity으로 확장되었기 때문이다. 즉, 안전한 AI도 중요하지만, AI가 가져올 혁신의 기회도 인정하고 이러한 기회가 일부 국가만이 아닌 전 세계 모든 국가가 함께 누릴 수 있도록 포용성을 강화하는 방안도 함께 논의하기 위함이었다. 필자 또한 이 회의에 참석해 개발도상국들이 안전하고 혁신적인 AI가 가져올 혜택을 함께 누릴 수 있는 방안에 대해 의견을 발표했다. 논의된 내용들은 서울 선언으로 정리되었으며 글로벌 빅테크와 네이버, LG 등 기업들이 자율적으로 안전한 AI를 위한 노력을 발표했다. 3회 정상회의는 2025년 2월 프랑스에서 개최될 예정이며 더 구체적인 실행 계획과 성과들이 공유될 것으로 예상된다. AI 서울 정상회의를 개최했다는 것은 우리나라의 AI 기술, 산업, 그리고 안전 분야에서의 역량과 노력이 세계적으로 인정받고 있다는 의미로 해석될 수 있다.

　AI 개발 기업이나 콘텐츠 서비스 기업에게는 안전한 AI를 위한 조치가 중요한 이슈가 될 것이다. 미국의 행정명령이나 EU AI 법안은 물론, 우리나라 정부에서도 AI를 활용해 사용자에게 서비스를 제공할 경우 이를 명시적으로 알릴 것을 요구하고 있다. 대표적인 예로, AI가 생성한 결과물에 가시성 또는 비가시성 워터마크를 사용하도록 요구하는 것이다. 실제로 DALL-E가 만든 이미지나 클링Kling, 루마Luma, Gen3-알파 등이 만든 영상에는 회사 로고와 같은 워터마크가 삽입된 것을 확인할 수 있다.

　워터마킹은 편집을 통해 조작이 가능하기 때문에 콘텐츠 생산과 유통 전 과정에서 발생하는 이력을 메타정보 형태로 콘텐츠 내에 저장하도록 하는 민간 자율 규약도 있다. 대표적인 규약으로는 C2PA[15]가 있으며 어도비를 중심으로 글로벌 빅테크들이 주도하고 있다. 최근 네이버는 이 규약에 가입하면서 생성형 AI 시대의 안전성 강화를 위한 노력을 기울이고 있다. 더불어 페이스북, 인스타그램, 유튜브, 틱톡 등 SNS나 콘텐츠 플랫폼 기업은 사용자가 사진, 영상, 글 등을 업로드할 때 AI 생성 도구 활용 여부를 라벨로 입력하도록 요청하고 있다. 이를 통해 생성형 AI가 가져올 수 있는 부작용을 최소화하고 있다. 국가나 지역에 따라 자율 규제 또는 법적 규제에 따라 다를 수 있지만, AI를 개발하고 서비스를 만들 때 투명성, 설명 가능성, 책임성에 대한 요구는 점점 더 강해질 것으로 예상되며 기업들은 이에 대비할 필요가 있다. (AI를 안전하고 책임감 있게 만들고 운영하는 것은 매우 중요하다. 그러나 주요 국가들이 AI 안전성을 강하게 주장하는 이유가 단지 그것 때문만은 아니다. 이는 트렌드 키워드8에서 자세히 알아볼 것이다.)

> "생성형 AI 기술의 활용이 점차 보편화됨에 따라 AI를 도입하려는 기업 관점에서 AI의 안정성과 책임성을 위한 포괄적인 AI 거버넌스 프레임워크의 필요성이 더욱 중요해지고 있다. 생성형 AI의 개발부터 배포, 지속적인 운영 관리에 이르는 거버넌스 프레임워크의 구성은 AI에 대한 투명성과 책임성을 위한 실행 가능한 전략을 제공하여 원칙적이고 표준화된 접근 방식을 확립하고, 생성형 AI가 가질 수 있는 윤리적 이슈와 편견을 선제적으로 식별하고 해결할 수 있도록 돕는다. 이러한 거버넌스 프레임워크는 이론적인 개념을 넘어 실제적인 구현을 위해 신뢰와 책임을 바탕으로 생성형 AI의 개발부터 배포, 운영까지의 전체 과정에서 AI 기반 혁신을 지원하게 될 것이다." _오순영

AI의 안전성과 책임성에 대해 AI 도입을 앞둔 기업이 가장 먼저 떠올려야 할 단어는 'AI 거버넌스 프레임워크'다. AI 거버넌스의 도입은 전 세계적인 흐름이며, 실제로 2023년에는 AI의 거버넌스 문제 해

결을 위해 39개 회원국으로 구성된 자문기구인 WEF의 AI 거버넌스 얼라이언스AI Governance Alliance: AIGA가 생성형 AI의 거버넌스와 그 가치, 그리고 책임감 있는 AI 개발 및 배포를 위한 프레임워크에 대해 세 가지 보고서를 발표하기도 했다.

이제는 '선택'이 아닌 '필수'가 된 AI 거버넌스 프레임워크가 갖춰야 할 구성 요소는 무엇일까? AI 거버넌스 프레임워크는 거버넌스의 구조, 역할과 책임, 인재, 기술, 가치와 문화, 원칙과 정책, 프로세스와 통제, 지원 인프라, 이해관계자의 참여, 영향 평가, 모니터링, 보고 등 다양한 내용을 포함하고 있다. 이러한 내용에 대한 구조를 비교적 이해하기 쉽게 설명한 'AI 거버넌스의 모래시계 모델'16)을 살펴보자.

이 논문에서는 AI 거버넌스 모델을 3개의 계층으로 설명하고 있다. 첫째는 환경적인 요구 사항을 포함하는 '환경 계층', 둘째는 조직의 관행과 역량을 포괄하는 '조직 계층', 셋째는 AI 시스템의 개발, 사용, 관리를 위한 운영 거버넌스를 포함하는 'AI 시스템 계층'이다. 특히 AI 시스템 계층은 AI 시스템의 설계 및 운영, 알고리듬 설계 및 운영, 리스크 및 영향도 관리, 데이터 운영, 개발 작업, 책임성(소유권), 투명성과 이의 제기, 컴플라이언스 규정 준수를 포함하고 있다.

이처럼 기업과 국가 모두가 강조하고 있는 AI 거버넌스가 갖춰야 할 원칙에 대해 AI 도입을 검토하는 관점에서는 어떻게 AI 거버넌스 프레임워크를 구성할지 고민이 될 것이다. 참고할 수 있는 사례로 비교적 최근에 발표되었으며 2019년 1월부터 AI 거버넌스에 대해 지속적으로 업데이트하고 있는 '싱가포르의 AI 거버넌스 프레임워크의 9

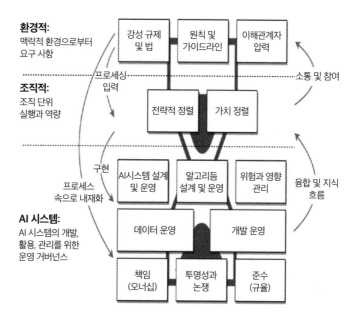

그림1-2 **AI 거버넌스의 모래시계 모델**
(출처: https://ai-governance.eu/ai-governance-framework/the-hourglass-model/)

가지 원칙'[17])을 추천한다. 간략한 내용은 다음과 같다.

- **책임성:** AI 시스템 개발 주기에 참여하는 AI 모델 개발자, 애플리케이션 배포자, 클라우드 서비스 제공 업체 등 다양한 참여자들이 최종 사용자에 대해 책임을 질 수 있도록 적절한 인센티브 구조를 마련한다.
- **데이터:** 데이터는 모델 개발의 핵심이므로 데이터 품질을 보장하고 논란의 여지가 있는 개인 데이터나 저작권 자료와 같은 학

습 데이터에 활용 규정 및 지침을 마련한다.

- **신뢰할 수 있는 개발 및 배포:** 개발, 평가, 공개에 있어 업계의 모범 사례를 기반으로 기본적인 안전성에 대한 투명성을 높인다.
- **사고에 대한 보고:** 사고 발생 시 즉시 알림을 보내고 문제를 해결하며 지속적인 개선을 위한 사고 관리 시스템을 구현한다.
- **테스트 및 보증:** 제3자 테스트를 통해 외부 검증과 신뢰를 강화하고 품질의 일관성을 보장하기 위한 공통 AI 테스트 표준을 개발한다.
- **보안:** 정보 보안에 대한 기존 프레임워크를 조정하고 생성형 AI 모델로 인한 새로운 위협에 대응하기 위한 새로운 테스트 도구를 개발한다.
- **콘텐츠 출처:** 디지털 워터마킹과 암호화된 출처 확인 등 기술 솔루션을 통해 콘텐츠 출처에 대한 투명성을 제공한다.
- **안전 및 R&D 진행:** AI 안전 연구소 간 글로벌 협력을 통해 연구 개발을 가속화하여 모델이 인간의 의도와 가치에 맞게 정렬되도록 개선한다.
- **공익을 위한 AI:** 책임감 있는 AI는 기술 접근성의 민주화, 공공 부문 도입 개선, 근로자의 역량 향상, AI 시스템의 지속 가능한 개발을 통해 대중에게 이익이 되도록 AI를 활용하는 것을 포함한다.

위와 같은 원칙을 고려하면 AI 시스템의 개발, 배포, 운영에 대한 명확한 지침을 제공할 수 있으며, 이해관계자들 간에 AI 기술의 복잡성을 이해하도록 돕고 투명성도 강화할 수 있다. 이를 통해 개인과 조직이 AI를 윤리적이고 책임감 있게 사용하도록 책임 또한 부여할 수 있다. 편견, 오용, 설명 불가능 등 잠재적인 위험을 사전에 식별하여 AI 관련 위험을 최소화할 수도 있다.

트렌드 키워드8:

소버린 AI

———

"소버린 AI는 국수주의나 마케팅 용어가 아니다. 이는 세계 AI 와 문화 다양성을 강화하는 비즈니스 용어다. 모든 국가는 소버 린 AI를 필요로 하며, 많은 나라가 미국과 중국을 껄끄러워하기 때문에 우리에게는 생성형 AI 밸류체인 전체를 수출할 수 있는 기회가 열려 있다. 생성형 AI의 기회를 국내나 북미 시장으로 한 정 짓지 말고 글로벌로 확장해야 한다. 국내에서는 경쟁하더라 도 글로벌 시장에서는 생성형 AI 밸류체인의 포트폴리오를 구성 하는 원팀으로 협력할 때 큰 기회가 만들어질 수 있다." _하정우

챗GPT를 포함한 최근의 생성형 AI들이 보여준 것처럼 AI는 전기 나 인터넷과 같은 인프라 기술로 산업 경쟁력에 직접적인 영향을 미 친다. 이로 인해 한 국가의 AI 역량은 그 나라의 경쟁력으로 인식되

기 시작했다. 챗GPT가 등장하기 전까지는 AI 경쟁이 글로벌 기업 간의 경쟁이었다면 2023년 하반기부터는 국가 간 대항전으로 확대된 이유도 이 때문이다. 그리고 국가 간 AI 전쟁은 안전성과 책임성의 준수라는 명분으로 치열하게 진행되고 있다. EU가 안정성을 강조하며 강력한 AI 법안을 만들어 미국의 AI를 견제하면서도 역내의 생성형 AI 산업 육성을 지원하는 것, 미국의 행정명령의 안전성 강화 조치와 함께 인재 확보를 위한 비자 감면 조치, 안전성 평가와 관련된 AI 안전 연구소 네트워크의 움직임 등이 이에 해당한다. 결국 AI의 안전성 강조 이면에 글로벌 AI 패권 경쟁이 있음을 이해하고 있어야 한다.

스태티스타Statista에 따르면 생성형 AI의 시장 규모는 2030년까지 약 8,200억 달러, 원화 1,000조 원에 이를 것으로 예측된다. 기술 종속의 문제뿐만 아니라 경제 성장 기회 측면에서도 생성형 AI는 매우 중요한 기술이다.

이에 각국 정부는 자국의 AI 기술과 산업 경쟁력을 확보하기 위해 민간 기업들에 대규모 지원을 아끼지 않고 있다. 프랑스의 미스트랄, 독일의 알레프알파, 캐나다의 코히어, 일본의 소프트뱅크, UAE의 G42와 TII 등 각국을 대표하는 AI 기업들이 등장해 실리콘밸리와 중국의 빅테크에 맞서 경쟁하고 있다. 특히 일본 정부가 자국 AI 기술 경쟁력 강화를 위해 2023년부터 2년간 소프트뱅크에 4,500억 원에 달하는 보조금을 지급한 것과 캐나다의 자국 AI 육성 지원책(2조 4,000억 원 규모)은 우리나라 정부도 반드시 참고해야 할 사례다.

'소버린'은 '주권의'라는 뜻으로, 소버린 AI는 특정 국가나 지역의 문화나 가치관 특수성을 정확히 이해하고 콘텐츠를 생성할 수 있는 AI를 의미한다. 소버린 AI를 확보하는 것은 (배타적인 의미의 데이터 주권과는 달리) 자국의 역량으로 할 수 있으면 좋지만, 기술적 난이도를 고려해 신뢰할 수 있는 다른 국가나 기업과의 파트너십을 통해 해당 국가를 정확히 이해하는 AI를 개발하는 것을 뜻한다.

국내에서는 네이버를 중심으로 2021년부터 소버린 AI의 중요성이 논의되기 시작했으며, 전 세계적으로는 2024년 1월 〈이코노미스트〉가 AI 지역화에 대해 언급하며 글로벌 화두가 되었다. 2024년 2월 UAE에서 열린 WGS World Government Summit에서는 엔비디아 CEO 젠슨 황이 소버린 AI의 필요성을 강조하며 이를 중요한 어젠다로 인식하게 했다. 또한 2024년 7월 〈가트너〉는 'AI 하이프사이클 2024 Hype Cycle for AI 2024'에서 소버린 AI를 2~5년 내 달성될 하이프 구역에 처음으로 배치하며 이 개념이 추상적인 것이 아니라 실제 비즈니스 측면에서 중요한 개념이라는 것을 확정했다.

AI 분야에서 전 세계를 선도하는 미국과 중국을 제외하고 소버린 AI를 확보한 국가에는 한국, 프랑스, 독일, 핀란드, 인도, 대만, 캐나다, 러시아, 이스라엘, UAE, 사우디아라비아 등이 있으며, 일본, 싱가포르, 이탈리아, 카타르, 인도네시아, 태국, 필리핀, 베트남 등도 정부 차원에서 강력한 투자를 통해 소버린 AI 확보를 위해 노력하고 있다. 특히 9월에 발표된 영국 토터스미디어의 글로벌 AI 인덱스에 따르면 한국은 2023년과 동일하게 6위를 유지한 반면 같은 해 13위에 불과

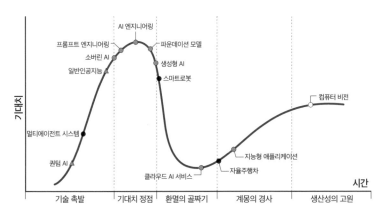

그림1-3 2024 하이프사이클(인공지능 분야) (출처: 가트너)

했던 프랑스가 무려 8계단이 상승하여 한국을 제치고 5위를 차지했다. 이는 마크롱 대통령을 중심으로 프랑스 정부의 강력한 의지와 지원정책을 통해 미스트랄과 같은 글로벌 경쟁력을 가진 AI 기업을 육성해낸 덕분이라 할 수 있다. AI 기술력이 부족한 중동과 아세안 국가들은 기술력이 앞선 국가의 기업들과 공동투자, 공동개발, 공동운영, 기술 전수, 교육 제공 등을 기대하며 파트너십을 모색하고 있다. 이는 우리나라 정부와 기업에게도 매우 좋은 기회가 될 수 있다. (소버린 AI에 대해 더 자세한 내용은 4장에서 알아볼 것이다.)

> *"소버린 AI가 중요한 이유는 AI가 국가 간 힘의 균형을 바꿀 수 있으며, 이 균형이 몇 년 이내의 짧은 기간 내에 결정될 것이*

기 때문이다. 이러한 힘의 균형은 경제, 정치, 국방 등 전방위적으로 영향을 미칠 수 있어 주요 강대국들은 AI를 국가 전략의 중심에 두고 있다. 이는 단순히 LLM이라 불리는 AI 모델뿐만 아니라 하드웨어, 클라우드, 데이터, 인재 등을 포괄적으로 포함한다. 현재 글로벌 빅테크 AI 기업과 오픈소스 AI 이니셔티브가 이러한 AI 리더십을 주도하고 있기 때문에 정부를 비롯한 기업, 연구 기관, 대학 등의 역할에 대한 고민이 필요하다. 또한 AI 도입을 고려하는 각 산업 관점에서도 소버린 AI에 대한 해석과 전략이 중요할 수밖에 없다." _오순영

AI의 국가 경쟁력을 언급할 때 '지정학 Geopolitics'이라는 단어가 자주 함께 등장하곤 한다. 지정학을 지리적인 환경이 국가에 미치는 정치적, 군사적, 경제적 영향에 대해 거시적 관점에서 연구하는 학문이라고 본다면 AI 기술이 글로벌 경쟁에서 상당한 영향력과 통제권을 가질 수 있다는 의미이기도 할 것이다.

실제로 미국은 첨단 반도체 기술에 대한 수출 통제를 통해 중국을 견제하고 있다. EU의 AI 리더십은 미국이나 중국과 비교하여 제한적이지만, AI 법을 통해 AI 규제의 주도적인 역할을 하면서 AI가 실질적으로 변화를 가져올 산업에 대한 영향력을 광범위하게 펼치고 있다. UAE는 2017년에 세계 최초로 인공지능 장관을 임명하고, 아랍어 기반의 자체 LLM 개발을 통해 전 세계 아랍어 사용자들에게 영향력을 행사하려고 한다. 인공지능이 앞으로 일상생활의 일부가

될 것은 분명하며 이러한 국가의 지정학적 중요성은 각 국가의 AI 리더십과 밀접하게 연관될 수밖에 없다.

이제 좀 더 기업 관점에서 현실적인 이야기를 해보자. 소버린 AI는 국가 차원의 독립적인 AI 기술을 의미하지만, 이를 AI를 도입하는 기업 관점에서 보면 데이터 독립성과 보안, 규제와 법적 안정성, AI 인프라의 최적화, 기술적 자립과 혁신, 기업 IP 보호, 장기적인 비용 절감과 같이 기업 입장에서도 중요한 전략적 요소를 포함하고 있기 때문이다.

- **데이터 주권과 규제 준수:** 기업의 주요 자산인 데이터에 대한 주권을 확보하는 것이 핵심이다. 국가마다 데이터 보호 및 프라이버시 규제가 다르고, 특히 유럽연합의 GDPR처럼 엄격한 데이터 보호법이 있는 곳에서는 데이터가 자국 내에 저장되고 처리되어야 하는 요구 사항이 있다. 이러한 법적 요구를 충족하지 못할 경우 기업은 심각한 금전적 손해(벌금)와 평판 손상을 입을 수 있다. 소버린 AI를 통해 기업은 데이터를 각 국가의 규제 내에서 처리할 수 있으며, 이는 법적 리스크를 줄이고 규제 준수 비용을 절감하는 데 중요한 역할을 한다. 즉, 데이터의 통제 범위를 벗어나는 유출 위험을 낮출 수 있다.
- **보안 및 사이버 위협 대응:** 글로벌 환경에서의 사이버 위협은 매우 복잡해지고 있다. 특히, 외국 기술이나 외부 클라우드 인프라에 의존할 경우 데이터 유출 또는 해킹에 대한 위험이 증가할 수

있다. 소버린 AI를 채택하면 AI 시스템과 데이터가 자국 내에서 관리되고 보호되기 때문에 보안성이 강화된다. 이는 특히 정부와 계약을 맺거나 민감한 데이터를 다루는 기업에게 필수적이다. 즉, 국가 또는 기업 자체에서 데이터를 처리하고 분석할 수 있는 AI 인프라를 구축함으로써 중요한 비즈니스 데이터를 타 국가나 외부에 의존하지 않게 된다.

- **AI 전문가 육성 및 보유:** 기업은 기술 인력을 육성하고 우수한 AI 전문가를 보유함으로써 장기적으로 기술력을 유지해야 한다. 내부 AI 인재를 키우는 교육 프로그램을 마련하고, 경쟁력 있는 보상 체계를 통해 인재 유출을 방지해야 한다.

- **윤리 및 사회적 책임:** AI가 의사결정 과정에서 점점 더 큰 역할을 맡으면서 AI의 윤리적 사용에 대한 논의가 활발해지고 있다. 기업은 소버린 AI를 통해 특정 국가나 지역의 윤리적 기준과 사회적 요구를 반영한 AI 시스템을 개발해야 한다. 특히 AI가 사회에 미치는 영향을 고려하는 윤리적 AI 개발은 기업의 평판을 강화하고 지역 사회와의 신뢰를 쌓는 데 중요한 역할을 할 수 있다. 국가뿐만 아니라 기업 관점에서도 AI의 의사결정 과정에서 사회적 가치와 규범을 반영하는 것이 필요할 수 있으며, 소버린 AI는 이런 요구를 충족시킬 수 있도록 설계가 가능하다.

- **정부 및 공공 부문과의 협력:** 많은 국가에서는 자국 내에서 자주적으로 AI를 개발하고 사용하도록 장려하는 정책을 추진하고 있다. 기업이 정부와 계약을 진행하거나 공공 부문과 협력할 때,

소버린 AI는 중요한 조건이 될 수 있다. 공공 데이터를 다뤄야 한다는 측면에서 외국 기술보다 국내 기술로 개발된 소버린 AI 솔루션은 선택이 아니라 필수적으로 준비되어야 할 사항이다.

소버린 AI는 기업이 법적 리스크를 줄이고, 보안을 강화하며, 기술적 자립과 함께 현지 시장에서의 경쟁력을 높이는 데 중요한 전략적 자산이 될 수 있다. 글로벌 AI 기술 경쟁이 심화되고 소버린 AI 관점에서 데이터 주권 역시 중요한 이슈로 떠오르면서 기업은 소버린 AI 도입을 통해 규제 준수, 보안성, 경쟁력을 모두 강화할 수 있다. 소버린 AI는 국가경쟁력뿐만 아니라 기업에서도 경영 전략의 핵심이 되고 있다.

주

1장

1. Peeple and Xie. Scalable Diffusion Models with Transformers. CVPR 2023.
2. Liu et al. Sora: A Review on Background, Technology, Limitations, and Opportunities of Large Vision Models. arXiv:2402.17177. 2024.
3. Rafailov et al. Direct Preference Optimization: Your Language Model is Secretly a Reward Model. NeurIPS 2023.
4. Nature Article: https://doi.org/10.1038/s41586-024-07421-0 Published 19 Jue 2024
5. Abdin et al. Phi-3 Technical Report: A Highly Capable Language Model Locally on Your Phone. arXiv:2404.14219. 2024.
6. Apple, Apple Intelligence Foundation Language Models. arXiv:2407.21075. 2024.
7. https://techfundingnews.com/french-company-h-raises-220m-to-develop-action-oriented-ai/
8. https://bigscience.huggingface.co/blog/bloom
9. Touvron et al. LLaMA: Open and Efficient Foundation Language Models. arXiv:2302.13971. 2023.
10. https://crfm.stanford.edu/2023/03/13/alpaca.html
11. https://lmsys.org/blog/2023-03-30-vicuna/
12. Kim et al. SOLAR 10.7B: Scaling Large Language Models with Simple yet Effective Depth Up-Scaling. NAACL 2024 Industry Track.
13. 야놀자의 EEVE는 솔라 10.7B 와 마이크로소프트 파이-2 두 가지 기반이다.
14. https://github.com/QwenLM/Qwen2
15. https://c2pa.org/
16. Putting AI Ethics into Practice: The Hourglass Model of Organizational AI Governance, https://arxiv.org/abs/2206.00335
17. https://oecd.ai/en/catalogue/tools/model-ai-governance-framework-for-generative-ai

2장

무엇이
AI 확산을
가로막고
있는가?

국가대표 AI 전문가
2인이 분석한
AI의 현재

소버린 AI는 기업이 법적 리스크를 줄이고, 보안을 강화하며, 기술적 자립과 함께 현지 시장에서의 경쟁력을 높이는 데 중요한 전략적 자산이 될 수 있다. 글로벌 AI 기술 경쟁이 심화되고 소버린 AI 관점에서 데이터 주권 역시 중요한 이슈로 떠오르면서 기업은 소버린 AI 도입을 통해 규제 준수, 보안성, 경쟁력을 모두 강화할 수 있다. 소버린 AI는 국가경쟁력뿐만 아니라 기업에서도 경영 전략의 핵심이 되고 있다.

한국이 다른 나라에 비해
AI 확산이 더딘 이유가 무엇일까?

하정우   챗GPT 출시 이후 전 세계적으로 AI 열풍이 불고 있지만, 사람들이 기대했던 것만큼 일상생활이나 일터에서 빠르게 확산되지 않고 있는 것이 현실이다. 사실, 챗GPT가 출시된 이후 한국에서도 많은 사람들이 "챗GPT에 대해 얘기하지 않으면 대화가 안 될 정도다"라고 말할 만큼 관심이 컸다. 2개월 만에 전 세계 사용자가 1억 명을 돌파한 것에도 모두 놀라워했다.

챗GPT가 기존의 다른 AI보다 빠르게 사용자 수를 늘릴 수 있었던 것은 접근성과 사용 편의성 때문이다. 하지만 초기 관심 이후 지속적으로 사용하는 사람이 많지 않은 것 같다. 강의를 해보면 사람들이 일상생활이나 업무에서 AI를 잘 활용하지 않는다는 것이 피부로 느껴진다. 실제로 2023년 말 라이터버디 Writer buddy에서 진행한 검색 키워드 기반 분석에 따르면 생성형 AI 사용자가 많은 국가 순위에서 우리나라는 20위(참고로 페루가 20위) 안에도 들지 못했다. 또 정보통신 정책연구원^{KISDI} 보고서에 따르면 대한민국 국민 중 생성형 AI 사용 비율은 40퍼센트(2023년 말 기준)도 되지 않는 것으로 나타났다. 이처럼 AI 확산이 더딘 이유에 대해 AI 사용 기업은 어떻게 분석하고 있는가?

오순영   체감적으로 한국 내 챗GPT 열기가 살짝 식은 것 같다는 부분에 대해서는 동의한다. 챗GPT 출시 직후에는 AI 관련 업계뿐만 아니라 일반인들까지 관심이 상당했고, 언론 종사자들은 물론 정부 공무원들까지 관심을 가지고 열심히 사용도 해보고 기사화가 된 것도 사실이다. 아무래도 챗GPT를 '사용해봤다는 것' 자체에 의미를 뒀던 부분도 있어 보인다. 챗GPT 출시 초반에는 당장 AI를 활용하지 않으면 큰일 날 것 같은 분위기가 있었으나, 시간이 지날수록 아직까지는 시급함이 크게 체감되지 않는다는 것, 그리고 계속적으로 새로운 생성형 AI 기술들이 빠르게 출시되는 상황이 사람들에게 피로감으로 다가왔을 수도 있다.

다만 통계와 관련해서는 접근 방식에 따라 결과가 달라지기도 하기 때문에 해석에 주의가 필요하다. 챗GPT가 전 세계적으로 신드롬에 가깝다 보니 흥미로운 통계들을 많이 찾아볼 수 있는데, 앞서 언급된 통계와 다른 결과를 보인 설문조사도 있다. 보스턴컨설팅그룹에서 진행한 설문조사에서는, 설문조사 기관 특성상 아마도 기업고객 중심이었을 것이라는 점을 감안해도, 알려진 것과 다른 결과가 나왔다. 보고서에 따르면 한국의 챗GPT 인지도는 3위, 사용 경험은 10위로,

기업 기준에서는 한국이 페루보다 생성형 AI를 적게 사용한다는 통계와는 또 다른 해석이 가능한 숫자다.

시밀러웹 Similarweb에서는 검색 키워드보다 조금 더 실제적인 통계로 볼 수 있는 chat.openAI.com 트래픽 통계를 확인할 수 있다. 2~3개월 간 국가별, 산업별 랭킹 등을 트래킹해보니 톱5 국가들은 대체로 인구가 많은 나라들이었다. 인구수가 만드는 트래픽도 무시할 수 없다는 의미다. (참고로 2024년 4월~6월 톱5 국가는 미국, 인도, 브라질, 영국, 캐나다 순이다.) 페루와 관련해서는 다른 궁금증을 가지고 생산성 앱 랭킹을 살펴봤는데, 2024년 7월 현재 PDF 리더 관련 앱이 1위고 챗GPT가 2위인 것으로 보아 관심이 상당히 높았던 것은 확실해 보인다. 다만 가장 최근 순위는 7위로 하락했는데, 방학 기간에 챗GPT 사용률이 떨어지는 것처럼 통계 집계 시점에 따라 해석이 달라질 수 있겠다. 또한 이미 기업이나 학교에서 활용하고 있는 어도비, 마이크로소프트 오피스나 윈도우 등과 같은 소프트웨어 자체에도 AI 기능이 포함되기 시작했는데, 기존 소프트웨어를 통해 생성형 AI를 활용하는 경우는 통계에 반영되지 않았을 수도 있다.

하정우 챗GPT는 일종의 데모 서비스에 가깝고, GPT-4 모델은 이미 다양한 소프트웨어 솔루션이나 앱, 서비스에 이미 통합되어 있어 통계를 내기가 쉽지 않은 것에 동의한다. 클라우드에서 제공하는 API에 대한 통계도 포함해야 하는데, 이 부분도 누락되었을 가능성이 높다. 하지만 우려가 되는 부분은 글로벌 챗GPT의 유료 사용자

전환율이 기대보다 높지 않다는 것이다. 유료 사용자 전환율이 10% 정도만 돼도 무조건 대박 나는 사업이라고 생각했었는데, 그 정도에는 미치는 못하고 있다. 생성형 AI 서비스에 사용자들, 특히 B2C 고객들이 지갑을 열지 않는 이유는 무엇일까?

오순영　　보통 사람들은 인터넷이나 모바일 요금처럼 일상적으로 매일 사용하는 것에 대한 비용은 전기세나 수도세처럼 기꺼이 지불한다. 하지만 챗GPT와 같은 AI 기술은 매일 사용한다거나 전 국민이 사용할만한 수준의 서비스가 아직 없기도 하고, 특정 목적 또는 업무와 연관 짓더라도 필수적으로 사용해야 한다고 느낄 정도의 사용성이나 편리함을 갖춘 AI 서비스들도 아직은 부족하다. 무엇보다, 사용하지 않으면 절대적으로 경쟁에 불리하다는 생각이 들만한 상태가 아직 아니다. 즉, 아직 "Must have" 아이템까지는 못 가고 "Nice to have" 수준에 머물러 있기 때문으로 정리할 수 있겠다.

생성형 AI 기반 서비스를 공급하는 기업들도 충분히 많은 이용자를 확보해야만 다음 비즈니스가 가능하기도 하고, 무료 사용자들을 통해 얻은 인사이트로 서비스를 고도화할 필요도 있기 때문에 일단은 무료 서비스들을 많이 제공하고 있는 상황이다. 사용자 입장에서는 무료 서비스로도 충분히 유용하거나 아쉬운 대로 쓸만하기 때문에, 그리고 무료 서비스가 어느 날 갑자기 유료로 전환되더라도 유사한 무료 서비스를 제공하는 앱이 또 많기 때문에 아직은 굳이 특정 서비스에 유료로 정착할 때는 아니라고 판단하고 있지 않을까?

하정우　WWDC 2024에서 애플 인텔리전스를 발표한 애플을 살펴보자. 애플 인텔리전스는 애플의 생성형 AI뿐 아니라 외부 생성형 AI를 연결하는 생성형 AI '플랫폼'으로서의 청사진도 함께 포함하고 있다. 특히 하반기에는 어려운 질문이 들어오면 시리가 챗GPT-4o를 호출하는 형태로 연결된다고 하는데, 이러한 두 회사간의 계약 얘기는 4월부터 흘러나온 것이다.

새로운 시리가 챗GPT-4o 등과 연동을 통해 한 단계 업그레이드 되면 운영 비용 문제를 고려했을 때 무료 제공이 어려워지기 때문에 구독 형태로 시리를 사용하게 될 가능성도 점쳐지고 있다. 실제로 구글의 경우 제미나이 라이브Gemini Live를 자사 스마트폰 픽셀9에 탑재하면서 구독료를 받겠다고 선언하기도 했다. 갤럭시S의 다음 버전에 제미나이 기반의 AI 비서가 탑재된다면 삼성 역시 비슷한 전략을 선택할 것이다. 이렇게 스마트폰에 AI 비서를 구독 형태로 탑재한다면 사용자들이 지갑을 열 가능성이 있다고 보는가? 개인적으로 혹은 전반적인 소비자들의 성향을 고려했을 때 AI 비서의 구독 서비스 성공 가능성을 어떻게 보고 있는가?

오순영　접근성 측면에서는 분명 구독 가능성, 즉 지갑을 열 가능성은 높아질 것이다. 그리고 탑재된 AI 비서가 아주 유니크하고 흥미로운 기능이 있다면 한국의 소비 성향상 소셜미디어 등을 통해 AI 비서가 노출되며 대중들에게 상당한 호응을 얻을 것 또한 확실하다. 다만 모바일 폰의 사양 문제와 더불어 'AI에 대한 수용성'에 대해 짚고 넘어가야 할 것 같다.

AI 비서를 시작하더라도 어느 영역부터 시작하는지가 상당히 중요하다. 실질적으로 AI 비서가 각 사용자에게 유용하기 위해서는 AI 비서 서비스에 상당히 많은 개인 정보가 입력되어야 할 것이다. 기본적으로 스케줄부터 시작해서 하루 중 루틴하게 진행되는 일정이나 그 사용자의 이동경로, 동선 같은 것들을 요구받게 되면 사용자는 거부감이 가질 가능성이 높기 때문에 사회적으로 이러한 서비스에 대한 일종의 공감대 형성이 필요할 수 있다.

다음으로는 비용 문제. 이 부분도 두 가지로 나눠볼 수 있다. 2023년 네이버의 자회사 스노우SNOW가 개발한 AI 앱이 글로벌한 인기를 끌었던 적이 있다. 스노우 앱은 사진을 1990년대 미국 졸업생처럼 보이도록 합성해주는 서비스인데, 비용 자체는 호기심과 충동으로 결제하기에 부담스럽지 않은 가격이었고, 덕분에 무려 56개국의 앱스토어에서 1위를 차지했다.

이처럼 사용자가 정말 사용하고 싶다는 생각이 들게 하고 기꺼이 비용을 지불할 정도로 기능 자체에 '킬링 포인트'가 있다면 비용에 대한 허들도 쉽게 넘을 수 있을 것이다. 그리고 구독 형태로 과금이 된다면 모바일 요금제에 함께 포함시키거나 별도 앱이라면 실용적이고 매일 사용할 수 있을 때 비용 자체가 큰 허들이 되지는 않을 것이다.

하정우   AI 기업의 큰 고민 중 하나가 "Must Have", 즉 비용을 지불해서라도 반드시 사용해야 하는 킬러 애플리케이션을 어떻게 발굴

할 것인가다. 그것만 된다면 사용자들은 지속적으로 결제하게 될 것이다. AI 개발 기업에 소속된 이로서 고민을 토로하자면, 현존하는 거대 언어 모델이 코딩이나 함수 호출, 데이터 분석 등 수많은 새로운 기능들을 제공하고 멀티모달multi-modal로 확장되면서 챗GPT-4o처럼 혁신적인 서비스들이 탄생하고 있음에도 여전히 기업을 포함한 사용자들은 현재의 AI에 100퍼센트 만족하는 것 같지 않다는 점이다. AI 개발 기업이 무엇을 개선해야 더 많은 사람들이 사용하고, 기업이 적극적으로 도입할까? AI를 도입하려는 기업이나 사용자 입장에서 현존 기술의 가장 불편한 것, 혹은 아쉽거나 불안한 부분은 도대체 무엇인가?

오순영　　새로운 것을 도입하거나 활용할 때 기업이나 개인 모두 고민의 시작은 비용부터다. 특히 생성형 AI 도입과 관련해 대부분의 기업들은 상당한 시간과 노력이 들어갈 것을 이미 각오하고 있기 때문에 당장의 도입 측면에서는 비용 대비 효과에 초점을 둘 수밖에 없다. 또한 생산성, 업무 효율성에 이점이 분명해도 생성형 AI를 도입하기까지의 과정 역시 만만치 않다. 준비해야 하는 데이터부터 내부 프로세스의 변화, 레거시 시스템과의 연동, 조직의 변화 등 외부로 드러나지 않는, 비용으로 환산하기 어려운 과정이 층층히 쌓여 있다. 이런 측면에서 AI 개발 기업에 한 가지 제안한다면, AI 개발 기업이 고객사에 제안할 때 해당 기업을 면밀하게 파악하고 분석해서 방향성을 제시하는 것도 방법이 될 수 있겠다.

비용 측면에서도 고민해야 하는 범위가 과거보다 넓어졌고 기술 자체의 경쟁력과 성숙도도 중요하지만, 협력하는 AI 개발 기업과 얼마나 협업이 잘 되고 파트너 관계가 지속적으로 잘 유지될 수 있을지에 대한 부분도 더 중요해진 것 같다. 과거에 기업이 도입해왔던 다양한 IT 시스템 및 AI 시스템들은 그 과정이 생성형 AI에 비해 상대적으로 복잡하지 않았고, 도입한 후에도 관리 비용이 크게 들어가는 부분이 없었다. 그런데 지금의 생성형 AI는 도입을 위한 데이터 준비나 학습뿐만 아니라 범용적으로 활용 가능한 특성을 가지고 있기 때문에 서비스의 확장성 역시 고민이 많이 필요하다.

AI 도입 후 지속적인 관리와 서비스 확장도 고려해야 하는데 데이터 유출 사고, 데이터 손실 또는 오염, 사회적 윤리 문제 등 예측할 수 없는 문제에 대한 두려움도 있다. 적지 않은 투자가 필요하기도 하고, 관련하여 구체적인 성공 및 적용 사례, 레퍼런스를 아직은 찾기 힘들다는 것 등 기업들이 퍼스트 무버와 패스트 팔로어 사이에서 고민하는 이유도 여기에 있다고 본다. 기업 입장에서는 먼저 진입한 선구적인 사례를 보고 난 후에 가도 늦지 않다고 판단하는 것이다. 도입 자체가 중요한 게 아니라 도입 후 지속적으로 운영되어야 하고 실질적인 효과를 시장이나 고객에 보여줘야 하니 신중할 수밖에 없다.

국내 기업은 무엇을 주저하는가?

하정우　　국내 기업들, 특히 제조, 유통, 건설 등 기존 산업이 AI 도입을 주저하는 데는 위험성과 비용 문제가 핵심이라는 것에 동감한다. 하지만 실제로 AI를 사용해봐야 시행착오를 겪으면서 무엇이 가능하고 무엇이 부족한지 파악하고 개선도 할 수 있지 않은가. A기업과 B기업이 실패를 회피하려고 서로 눈치를 보며 AI 도입을 망설이는 상황이 확산을 더 막고 있는 것 같다.

금융, 의료, 법률 등 규제 산업 등의 경우 산업 특성상 아직까지는 글로벌 플레이어와의 경쟁에서 자유롭지만, 그들과 본격적인 경쟁이 시작된다면 큰 격차로 이어질 것이다. 글로벌 플레이어들이 AI를 통해 엄청나게 발전해 있는데 국내 기업들이 그에 발맞추지 못한다면 경쟁력이 떨어질 수밖에 없다. 뿐만 아니라 글로벌 플레이어가 제공하는 혁신 서비스를 국내 사용자들이 받지 못하는 문제도 있다.

그런 관점에서 우리나라가 경쟁력이 있는 많은 산업군에서 강력한 AI 대전환을 통해 글로벌 경쟁력을 강화할 기회로 만들어야 할 텐데, 비용이 많이 들고 위험성도 높아 보여서 다른 쪽이 먼저 도입하는 것을 보고 따라 하겠다고 눈치를 보는 이 상황이 정말 괜찮을까? 이미 글로벌 기업들은 저만치 앞서가는데, 나중에 어쩔 수 없이 경쟁에 노출됐을 때 최악의 경우 한 번에 무너질 수도 있지 않을까?

오순영　　국내 기업들이 패스트 팔로어 전략을 채택했다고 단정하긴 어렵다. 해외 기업의 과감한 도전들이 상대적으로 잘 눈에 더 띄는 것일 수도 있다. 어찌 보면 챗GPT로 촉발된 생성형 AI 기술들이 꽃피우는 과정들, 즉 글로벌 차원의 대규모 R&D 투자나 협업이 글로벌 빅테크 기업들의 AI 모델 개발과 함께 병렬로 이뤄지다 보니 결과적으로 그렇게 보여지는 것이지 않을까?

국내 빅테크와 AI 스타트업들도 고군분투하고 있지만, 변화를 주도하는 글로벌 기업들의 새로운 기술과 적용 기법들도 다양하게 나타나다 보니 국내 기업들은 글로벌 빅테크의 기술과 국내 테크 기업의 기술 사이에서 고민하는 경우도 많다. 2023년 상반기만 해도 많은 기업들 사이에 '지금 이걸 도입하지 않으면 안 된다'라는 긴장감이 있었지만, 협력 관계가 대부분 비슷한 유형을 띄다보니 하반기로 접어들면서 긴장감이 떨어진 것도 사실이다.

하정우   2024년 상반기까지만 해도 많은 기업의 최고경영진들이 AI를 도입하지 않으면 큰일 날 것 같다고 생각했다. 그러나 이후 AI 활용 속도가 더뎌진 것은 비용 투자 문제도 있지만, 경쟁 회사들을 보며 '라이벌이 안 하는데 우리가 꼭 해야 돼? 우리가 먼저 실패해서 타산지석의 사례가 될 필요는 없지'라고 생각하기 때문이라고 본다. 실리콘밸리, 월스트리트, 동남아, 중동, 유럽 등 해외 여러 나라에서는 새로운 AI 시대가 가져온 기회를 잡고 앞서나가기 위해 노력하고 있는데, 상당수 국내 기업 경영진들은 해외 상황보다는 국내 경쟁업체의 움직임에만 집중하는 경우가 많아 아쉬울 때가 많다.

오순영　　　빅테크 기업 입장에서는 그렇게 느낄 수 있지만, 산업은 기술과 시장을 냉정하게 바라본다. AI 도입과 투자를 결정한 후 가시적인 비즈니스 성과나 내부 경영 효율화 효과에 대한 전망이 예측된다면 기업은 당연히 즉시 도입을 결정한다. 즉, 지금의 AI 기술 자체의 성능과 장점만 놓고 보면 분명 바로 투자를 결정해야 하겠지만, 기업 내부의 환경과 비즈니스의 복잡도에 본 기술을 대입했을 때 실제 내부에서 검토해야 할 일이 생각보다 많다는 의미다. 거기다 2024년 초 샘 올트먼이 GPT스토어GPT Store를 공식적으로 발표했을 때에는 상당한 기대감이 있었던 것이 사실이었지만, 실제 기술적인 강점이 있는 오픈AI가 GPT스토어에 대한 경쟁력이나 운영 능력에서는 부족함이 드러나기도 했다.

산업은 누군가 먼저 하길 기다리며 눈치를 보는 것이 아니라 냉정하게 바라보고 있다. 신기술 도입은 정부, 빅테크, 산업이 함께 움직여야 하고, 도입에 따른 효과나 성과가 분명해야 나설 것이다. 단순히 기술의 '도입' 문제가 아니다.

하정우　　　빅테크만의 문제라고는 할 수 없을 것 같다. 예를 들어 JP모건은 400여 개의 생성형 AI 기반 프로젝트를 운영하고 있고, 블룸버그는 자체적으로 생성형 AI를 선보였다. 골드만삭스도 코드 생성 AI를 적극 활용하고 있다. 월스트리트의 대형 금융 그룹들이 업무 효율화, 상품개발, 이상금융거래탐지 등에 AI를 적극 활용하고 있는 것이다. 렉시스넥시스LexisNexis 같은 글로벌 로펌과 이베이 같은 유통 기업도 쇼핑 어시스턴트를 비롯한 생성형 AI를 적극 도입한 것으로 잘 알려져 있다. 이런 글로벌 기업들의 움직임을 보며 우리 기업도 더 적극적으로 AI를 도입하기 위한 노력을 해야 하지 않을까?

오순영　국내 사례를 먼저 설명하자면, 한국의 금융 분야는 현재의 생성형 AI에 대한 붐이 일기 전부터 AI 활용에 상당히 적극적이었던 산업 중 하나로, 이미 현업에서 AI를 활발하게 적용하고 있다. 금융에서는 생성형 AI를 크게 3개의 시각으로 바라보고 있다. 하나는 기존에 이미 다양하게 활용 중인 AI 기반의 금융 서비스에 활용된 알고리듬에 대한 성능 향상, 다른 하나는 말 그대로 생성형 AI를 활용한 신규 서비스, 마지막으로는 기존 AI 관련 인프라 개선 측면에서 생성형 AI를 적용하는 방향이다.

2023년 여름 금융 특화 대규모 언어 모델인 '블룸버그GPT'가 나왔을 때 일단 모델 사이즈 자체는 대단히 놀라웠다. 그러나 자세히 들여다보면, 글로벌 금융사들도 현재 생성형 AI가 가지고 있는 할루시네이션 이슈 때문에 대고객 서비스보다는 내부 업무 효율화 측면에 우선순위를 두고 있다. 금융이 다른 어떤 산업 분야보다도 최신성 및 정확도 등이 확보되어야 하는 분야이기 때문이다. 앞서 언급된 JP모건이나 모건스탠리 역시 내부 업무 효율화를 우선적으로 하고 있는데, 모건스탠리의 경우 사내 금융 애널리스트들을 보조하기 위해 내부 문서 10만여 건의 문서를 학습한 챗GPT 기반의 어시스턴트를 2023년에 도입했다. 서비스 출시 전에 300여 명의 금융 애널리스트들이

파일럿 프로젝트로 참여했으며, 질문과 답변 데이터셋 400여 개 질문에 대해 테스트를 하면서 할루시네이션을 최소화하기 위해 노력했다고 한다.

글로벌 빅테크들의 적극적인 도입이 두드러져 보이는 것은 오픈AI가 초기 모델 개발 당시부터 협력하던 기업들도 있었기 때문에 빠른 도전 자체가 강조된 부분도 있고, 국내 금융 산업의 경우 망분리나 데이터 활용 관련 법 규제도 영향을 미쳤을 것이다. 다만 도입 방향에 대한 빠른 결정과 도입 분야의 다양성은 분명 글로벌 기업들이 좀 더 발빠르게 움직이고 있다고 볼 수 있다.

하정우　　기존 산업 내 기업 경영자들을 만나보면 AI에 당장 적극 투자를 해야겠다는 의지가 그렇게 강해 보이지 않는다. 다시 강조하지만, 고객들이 만족할만한 것을 만들기 위해서는 많은 시행착오가 필연적이다. 따라서 얼마나 의지를 가지고 내부에서 먼저 사용해보고 일을 진행하는지가 중요하다. 하지만 AI 도입을 위해 얼마나 많은 자본과 인력 투자가 실제로 이루어지고 있고, 각 산업에서 어떻게 적극적으로 활용을 위한 노력을 하는지 회의적인 부분이 분명 존재한다.

오순영　　빅테크들의 AI 기술에 대한 리더십 때문인지 지금까지는 해외뿐만 아니라 국내에서도 신규 모델 출시나 새로운 논문 등 기술에 대한 이야기가 주를 이뤘던 것 같다. 하지만 이는 AI 기술을 공급하는 공급자 중심의 접근으로 보인다. AI 기술을 도입하는 기업의 경

우 '그래서 무엇을, 어떻게, 얼마나 투자해야 할까?' 그리고 '어디서부
터 시작해야 할까?', '도입하면 어떤 효과를 얻을 수 있을까?', '조직의
변화도 필요할까?' 등 도입의 시작뿐만 아니라 도입 후 후속 운영에
대한 고민도 해야 한다. 그렇다 보니 AI 기술을 도입하려는 기업 입
장에서는 빅테크들의 AI 모델 자체의 경쟁력만으로는 결정이 쉽지
않은 것이다.

그래서 기술의 공급자 역할을 하는 AI 개발 기업과 AI 도입을 하려
는 사용 기업의 요구가 정확히 맞아야 한다. 서로 바라보는 관점이
다른 '동상이몽'의 상황이 된다면 협력이 어려워질 수밖에 없다. 거기
다 지금은 디테일보다는 거시적인 관점에서 넓은 범위로 접근하고
있어 실제적인 도입 목적을 달성하기 위한 집중도가 떨어지는 것 같
다. 서로 맞춰서 일을 진행해야 하는데 비즈니스들이 긴밀하게 진행
되고 있지는 않은 것이다. 도입을 하고자 하는 기업의 내부 환경, 요
구사항에 대한 좀 더 깊이 있는 컨설팅 과정과 대화가 필요한 상황이
라고 할 수 있겠다. 더불어 AI 관련 새로운 기술들이 계속 쏟아지기
도 하고, 도입을 위한 규제 또한 명료하게 정리되지 않는 등 어젠다
자체가 너무 많아 선택과 집중이 어려운 것도 현실이다.

하정우   AI 개발 기업 입장에서 고객사의 생성형 AI 프로젝트나
도입을 성공적으로 이끌기 위해서는 더 구체적이고 깊이 있는 협업
이 필요할 것 같다. 만약 AI 개발 기업과 사용 기업 쌍방 과실로 인해
더 이상 일이 진행되기 어려운 상황이라면 이러한 병목을 해결하는

것이 중요할 것이다.

사용 기업 입장에서 봤을 때 'AI 개발 기업에서 이런 것들을 좀 더 도와주셨으면 혹은 챙겨줬으면 좋겠다'는 요구가 있을 것이다. 예를 들면, AI는 새로운 기술이고 빠르게 변하다 보니 기술적 지원, 교육 프로그램, 찾아오는 서비스 등 다양한 지원이 필요하다. 아무래도 오의장님께서는 이전에 KB에서 AI 관련된 프로젝트를 많이 진행해보고 여러 가지 모델도 많이 사용해서 관련 사례들을 많이 경험해보았을 텐데, 'AI 개발 기업에서 도와준다면 성공 확률이 조금 더 높아지지 않을까?' 생각했던 것이 있는지 궁금하다.

오순영　요즘 AI 업계를 보면, 생성형 AI 자체가 자연어 기반 프롬프트를 지원하고, AI 시대라고 부를 만큼 AI 역량이 강조되다 보니 비전문가들도 이해도가 상당히 높아졌다. 생성형 AI 도입을 고민하는 기업들에게 맞춤형 컨설팅을 제공하는 AI 스타트업도 늘어나면서 '어떤 목적을 위해 도입해야겠다' 내지는 '우리 기업에 어떤 영역에 활용해봐야겠다'까지의 고민은 어느 정도 해결되고 있는 상황이다.

AI 기술을 공급하는 기업들이 말하는 AI 모델 성능이나 경쟁력에 대한 부분은 상대적인 비교가 대부분이고, 절대적인 성능을 수치적으로 제시하기 어렵기 때문에 AI를 도입하려는 기업 입장에서는 의구심이 존재할 수밖에 없다. 그리고 아직은 생성형 AI 관련 비즈니스 레퍼런스가 거의 없기 때문에 먼저 시작한다는 것에 대한 막연한 걱정도 상존한다.

그렇기 때문에 기업들이 도입을 망설이는 핵심적인 이유를 찾아내고 초기 단계에서 우려 사항들에 대한 고민의 실타래를 풀어주는 것이 중요하다. 경영진이 큰 의사결정을 내리기 위해서는 좀 더 명료한 사례 중심으로 얼마나 개선할 수 있고 효과를 가질 수 있는지에 대한 정량적 수치를 제시하는 것도 좋은 방법이 될 것이다.

하정우 AI 개발 기업이 도와주고 싶어도 도메인 지식domain knowledge, 즉 해당 산업이나 전문 분야에 대한 깊이 있는 지식 없이는 그 분야를 위한 AI 성능의 정량적인 평가 방법을 만들지 못한다. 도메인 지식이 있는 활용 기업과 AI 개발 기업이 함께 손을 잡고 실제 적용하고자 하는 분야의 특성을 제대로 반영하는 벤치마크 데이터와 정량 평가지표를 만들어 다양한 테스트를 통해 어떤 모델이 가장 적합한지 판단하는 프레임워크나 시스템 구축이 필요해 보인다. 이런 산업 특화 평가 체계 구축 자체가 새로운 비즈니스 모델이 될 수도 있다.

오순영 이미 대외적으로 다양한 보고서들을 통해 모델 성능이나 관련 비교표들을 많이 찾아볼 수 있다. 하지만 그 자체가 도입의 성공을 보장하지 않을 뿐만 아니라 기술 도입 외에도 해야 할 일들이 정말 많다는 것이 진짜 문제다. '이 시점에는 이런 준비가 필요합니다' 또는 '우리가 가야 할 전체 여정은 이렇게 흘러갑니다'라는 좀 더 세심한 가이드와 함께 AI 도입을 검토하는 기업의 상황을 깊이 이해한 상태에서 방향성을 논의해야 한다.

AI 도입을 검토하는 대부분의 기업들은 탐색 단계에 머물러 있다. 좋은 AI 모델과 성능을 향상시킬 수 있는 다양한 방법론이 계속 쏟아져 나오다 보니 어떤 기술, 혹은 어떤 기업과 협력할지 결정하기 어려운 상황인데 AI를 도입하려는 기업 입장에서는 아직 성숙하지 않은 기술, 경쟁력이 충분치 않은 기술로 시작하는 건 아닐까 하는 우려도 분명 존재한다.

하정우 생성형 AI나 파운데이션 모델의 능력을 온전히 사용하려면 클라우드 기반이 필수적인데, 국내 산업 환경에서는 온프레미스 On-premises software를 선호하는 경우가 많다. 기업 내규나 규제 때문에 클라우드를 사용하기 어려운 경우도 있다. 만약 규제가 풀린다면 클라우드 기반의 AI를 적극적으로 도입할 것인지, 아니면 규제는 명분에 불과하고 실제로는 내부에서 자체적으로 운영을 선호할지 궁금하다. 현장의 실제 상황은 어떤가? 공공기관과 일해보면 상당수 조직은 클라우드를 선호하지 않는 것 같다.

오순영 클라우드의 장점은 분명하다. 서버 구매에서 유지 보수, 운영관리 등에 소요되는 시간과 노력을 최소화하는 비용 절감, 서버 용량 확장에 대한 유연성, 각종 보안이나 백업 등 안정성을 가지고 있다고 할 수 있다.
실제 금융에서도 클라우드의 적극적인 활용에 대해서는 이견이 없다. 다만 활용하는 서비스의 성격에 따라 정보 보호에 대한 규제 등이 존재하는데, 특히 AI 활용 관점에서 보면 내부적인 업무망과 외부 인터넷망을 의무적으로 분리해야 하는 망분리 규제는 AI 최신 기술에 대한 테스트 및 실험하는 환경을 제대로 갖추기 어렵게 만든다. AI 학습에 필요한 데이터 활용 측면에서도 현재로서는 제약이 분명 있기 때문에 망분리 규제는 기업의 클라우드 선호 여부와 상관없이 해결해야 할 이슈다.

망분리 외에도 클라우드 기반의 AI 서비스 관련하여 다른 고민도 있다. 고객 데이터 활용이 대표적인데, 이는 제도를 넘어 사회적 수용성도 필요한 문제다.

결론적으로 망 규제가 풀리면 (그에 따라 기업들의 책임도 커지겠지만) 기업들은 더 적극적으로 움직일 것이다. 그리고 나서는 데이터 활용에 대한 논의를 좀 더 활발하게 할 수 있지 않을까? 기업이 클라우드를 잘 관리하고 활용한다면 클라우드는 분명 비용 효율적인 좋은 선택지가 될 것이다. 온프레미스보다 관리 영역이 줄어들고 비용도 확실히 절감할 수 있다. 다만 공공기관의 경우 아마도 기존의 안정적인 시스템과 운영 방식을 유지하려는 일종의 관성일 수도 있겠다. 클라우드로로 결정한다면 그들 입장에서는 급진적인 변화를 추진하는 것인데, 많은 레거시 시스템 등과 연동되는 부분들의 전환도 어려운 일이지만 조직부터 운영 관련 각종 권한 및 보안 체계들의 변화도 적지 않을 테니 그에 대한 부담도 적지 않을 것이다.

하정우   우선 규제가 풀려야 다음 단계의 문제를 파악하고 해결할 수 있을 것 같다는 의견에 공감한다. 채용 정원, 리소스, 권한 등 측면에서 온프레미스가 갖는 장점도 분명하기 때문에 기관의 입장도 이해가 된다. 그러나 새로운, 경쟁력 있는 기술을 빠르게 적용하고 역량을 강화하기 위해서는 클라우드 전환이 반드시 필요하고, 이 과정에서 정부의 의지와 지원이 대단히 중요하다.

실제로 디지털플랫폼정부위원회와 행정안전부는 공공 분야 신규 시스템의 경우 특별한 사유가 없다면 클라우드를 기반으로 해야 하며, 기존 시스템도 클라우드로 전환할 계획이라고 선언하기도 했다. AI 활용 기업 관점에서 AI 확산의 걸림돌인 망분리, 데이터 규제 외에 정부가 더 도와줘야 할 것이 무엇인지, 그리고 우리나라 정부가 다른 국가들에 비해 잘하고 있거나 아쉬운 부분은 무엇인가?

오순영　　　망분리, 데이터 규제 외에 아쉬운 부분이 있다면 우선 생각나는 건 21대 국회에서 1년 반 넘게 계류됐던 인공지능 기본법이다. 인공지능 기본법은 AI 분야에 필요한 기술개발, 데이터 구축, 기업의 인공지능 도입과 활용, 인력 양성 등의 근거와 AI 신뢰성 확보를 위한 규제 대상이나 사업자의 책무 등의 규제 내용을 담고 있다. 즉, AI 산업의 발전과 신뢰성 확보를 위한 방향성을 담고 있다고 할 수 있다.

대한민국 인공지능 전략도 결국 진흥과 규제의 줄타기에서 조화로운 지점을 찾아야 하는데, 현재는 (규제가 없는) 불확실성 자체가 AI 산업의 성장을 막고 있다. AI 규제 범위를 명확히 하고, 업계 불확실성을 줄여줘야 하는 측면에서도 인공지능 기본법에 대한 부분은 이번 국회에서는 꼭 입법화가 되어야 할 것이다.

그 외에 정부 차원에서 신경 써줬으면 하는 부분은, 이제는 AI가 특정 기업의 경쟁력 문제가 아닌 국가경쟁력의 어젠다가 되었다는 것이다. AI 관련 비즈니스를 하는 빅테크를 비롯해 중소, 중견, AI 스타트업들의 AI 생태계를 잘 유지하고 성장하기 위해 정부 차원에서 지원해줄 부분과 국가경쟁력 차원에서 각 기업이 기여할 부분들을 잘 검토해야 한다. 글로벌 진출이 가능한 '든든한' 지원이라면 더할나위 없을 것이다. 더불어 거대한 글로벌 빅테크와 경쟁하는 국내 AI 기업들이 잘 성장해서 대한민국 내에서의 AI 활용을 위한 도입 기업들이 선택할 수 있는 대한민국의 AI 기술이 많아졌으면 한다.

하정우　　생성형 AI를 포함한 AI 기술은 모든 산업 분야와 일상생활에 큰 영향을 미친다. 따라서 다양한 AI 개발 기업을 포함해 전체 생태계가 잘 성장할 수 있도록 방향을 잡아야 한다. 하지만 현실에서는 핀테크, 리걸테크, 에듀테크 분야에서 핵심적인 역할을 하는 AI 스타트업들이 일정 규모 이상 성장한 후에는 해당 분야의 기존 기업들과 충돌하는 경우가 많은 상황이다.

스타트업 입장에서 보면 정부가 초기 창업 단계에서는 적극적으로 지원해주지만, 스타트업들이 성장하면서 기존 기업들이나 산업 플레이어들과 충돌할 때는 레거시 편을 드는 경우가 많다. 타다, 로톡 LawTalk, 강남언니 같은 사례가 대표적이다. 타다에 대해서는 여러 의

건이 있지만, 개인적으로는 기술 혁신만 혁신이 아니라 기획을 통한 사용성과 접근성 혁신도 중요하다고 생각한다. 타다 사태 이후로 택시 서비스가 얼마나 개선되었는지를 고려해보면 이는 더 자명해진다. 로톡은 승소했지만 여전히 경영에 큰 어려움을 겪고 있다는 뉴스를 본 적이 있는데, 이러한 상황에서는 새로운 플레이어들이 충분히 경쟁하면서 전체 시장 규모를 키울 수 있도록 지원하는 것이 정부의 역할이 아닐까?

오순영   레거시와 새로운 기술이 공존하려면 양쪽 다 큰 충격 없이 새로운 환경에 적응할 수 있도록 연착륙이 필요하다. 기존 기업도 새로운 환경으로 넘어갈 때 연착륙을 해야 하고, 스타트업들도 비빌 언덕이 있어야 한다는 것이다. 입장에 따라 연착륙의 방향은 다르지만, 서로 협력할 수 있는 환경 조성은 필요해 보인다.

AI는 왜 일상 속으로 들어오지 못했을까?

하정우   AI 확산을 막고 있는 큰 이유 중 하나는 '근거 없는 공포 심리 자극'이다. 얼마 전 루이빌대학교의 한 교수가 "AI가 인류를 망하게 할 확률은 99.9%"라고 말했는데, 찾아보니 이 교수는 AI나 머신러닝 방법론 논문 같은 것을 쓴 적이 없었다. 사회과학적인 관점에서

AI를 보는 시각도 물론 필요하지만, 이런 식으로 기술적 근거 없이 과도하게 부정적인 영향을 주는 것은 문제가 있다.

AI가 우리에게 더 많은 기회를 가져다줄 것이라는 부머Boomer와 AI가 세상을 망하게 할 것이라는 두머Doomer라는 표현이 있다. 본인의 관점과 그들의 의견에 대해 어떻게 생각하는지 궁금하다.

오순영   보통은 어떤 문제점이 있다고 가정할 경우, '그렇기 때문에 하지 맙시다'라는 방향은 사실 미래로 단 한 발자국도 나갈 수 없는 결정이다. 문제가 있는 것은 인정하되, 그 문제를 해결하거나 보완할 수 있는 방법을 찾는 노력을 하는 것이 미래를 향하는 기본 마인드셋이 아닐까? 그런 의미에서 개인적으로는 부머에 가깝다.

우리가 조심해야 할 것은 근거 없이 부정하는 '두머'다. 정확한 근거를 가지고 AI에 대해 논의해야 한다는 의미다. AI 기술 도입은 거스를 수 없는 큰 흐름이지만, 오히려 '균형'이 중요해진 시점이다. 인공지능 관련 법도 진흥과 규제의 양면을 다 가지고 있듯, 누군가는 AI 기술에 대해 '액셀러레이터'가 되어야 하고, 누군가는 '브레이크'가 되어야 한다. 어떤 문제점을 언급할 때 그에 대한 해결 방안도 함께 고민이 되어야 하는 것이다. 문제만 지적하는 것은 누구나 할 수 있는 일이고, 가장 쉬운 일이기도 하다.

하정우   AI의 흐름을 막을 수는 없고, 가야 할 방향이라면 엔지니어와 연구자들은 두머들의 근거 있는 걱정거리에 대해 문제를 정확하게 도출하고 개선 방법을 고민해 해결 방안을 만들어가야 한다는 생각에 동의한다. 일례로, 세계 최고의 AI 연구자인 제프리 힌턴 Geoffrey Hinton이나 요슈아 벤지오 Yoshua Bengio 같은 대표적인 두머들은 AI의 위험성에 대해 이야기할 때 기술적 근거를 갖고 고민하고, 의견을 주장한다.

전문가들에게 하고 싶은 말은, 근거를 가지고 이야기해달라는 것이다. 숫자로 표현할 수 있다면 더욱 좋겠지만, 숫자로 나타낼 수 없는 것도 있다. 단순히 "큰일이네, AI를 쓰지 맙시다"라고 말할 것이 아니라, AI를 활용하기 위해 무엇을 해야 하는지, 어떻게 사용해야 하는지 함께 논의하는 것이 중요하다. AI는 시대의 흐름이고, 전 세계가 사용하고 있는 상황에서 우리만 사용하지 않으면 뒤처질 것이 자명하다. 따라서 함께 해결책을 찾는 건설적인 방향으로 나아가야 한다.

하정우 스탠퍼드대학교에서 발행한 〈AI 인덱스 리포트 AI Index Report〉에 따르면 전 세계적으로 AI가 긍정적인 영향을 줄 것이라고 생각하는 사람들의 비율이 2022년보다 2023년에 소폭 늘었다. 특히 한국은 다른 나라들에 비해 AI가 긍정적 효과를 가져올 것이라고 응답한 비율이 높은 편인데, 그럼에도 불구하고 한국에서 AI가 기대만큼 빠르게 확산되지 않는 이유가 무엇일까?

오순영 우리나라 국민들은 유행에 민감한 편이다. 유행이 시작되면 이 흐름을 따라가기 위해 노력하고, 뒤처지지 않으려는 성향이 있다. 새로운 무언가를 해봐야 하고, 먹어봐야 하고, 가봐야 하는 특성들이 있는데, 기술에 대해서도 마찬가지다. 챗GPT가 일종의 신드롬처럼 글로벌 트렌드가 되었기 때문에 한국에서도 사용 경험에 대한 소셜미디어 글과 기사와 미디어가 넘쳐났다. 그런데 생각보다 확산이 되지 않았다. 개인적으로는 전 국민의 관심이 있을 것으로 예상했지만, 결국에는 AI 및 기존 테크 분야에 종사하거나 관심을 가진 사용자의 범위를 크게 벗어나지 못했다.

AI가 확산되려면 결국엔 일상생활에 자연스럽게 녹아들어서 매일 습관적으로 활용되어야 한다. 하지만 그러지 못했다는 것이 확산 속도로 보여지는 것이다. 실제로 우리는 생성형 AI의 강점이라고 하는 기능들을 많이 쓰지 않는다. 매일 리포트를 쓰거나 요약할 일이 많지도 않고, 이미 익숙해진 검색 플랫폼들도 사용에 크게 불편함이 없었기 때문에 대체되지 못했을 뿐이다. 단적으로 챗GPT의 트래픽은 학생들의 방학 기간이 되면 줄어든다.

이렇듯 생각보다 생성형 AI의 활용 분야에 대한 아이디어가 아직 충분히 도출되지 않기도 했고, 당장 활용하지 않으면 뒤처지지 않을까 우려했던 것과 달리 아직까지는 사용 여부에 따른 변화가 딱히 피부에 와닿지 않기 때문에 국내 사용자들의 관심을 다시 돌리기까지 기업의 더 많은 분발이 요구된다.

이런 측면에서 오히려 국민들이 AI 서비스의 도입을 적극 요청하고, 이에 정부와 기업이 대응하는 모습이 가장 이상적이라는 생각도 든다. 그러기 위해서는 AI 리터러시, 즉 AI를 이해하고 비판적으로 평가하고 활용할 수 있도록 대중들에게 널리 알리는 노력이 필요하다. 그리고 그러한 노력은 과실연 AI미래포럼에서 '시민사회 속으로 AI를'을 기치로 이미 실현하고 있다.

하정우　　주변에 AI를 잘 활용해 글이나 이미지, 영상 콘텐츠를 훌륭하게 만들어내는 사람들을 쉽게 찾을 수 있는데, 이들의 AI 활용 노하우나 경험을 공유하거나 더 많은 사람이 AI를 경험하게 도울 수 있는 채널을 활성화하면 AI 확산에 도움이 되지 않을까? 또, AI 기술의 안정성, 윤리적 문제 등을 해결하기 위한 AI 안전 연구소가 국내에도 만들어지면 AI에 대한 우려가 줄어들고, 결과적으로 AI 확산에도 도움이 될 수 있을까?

오순영　　텍스트, 이미지 콘텐츠만으로는 한계가 있다는 점은 명확히 해야겠지만, AI 리터러시는 AI를 경험하고 활용 노하우, 경험을 공유함으로써 당연히 향상될 수 있다. 생산성 향상에 국한하지 않는다면 대기업뿐만 아니라 소상공인과 프리랜서 같은 작은 규모의 비즈니스에서도 생성형 AI 도입이 분명 도움이 될 것이다. AI 기술의 안정성과 윤리적 문제 등을 해결하기 위한 AI 안전 연구소에 대한 설립 또한 AI의 확산에 도움이 된다고 확신한다. 두머들의 우려 대부분은 AI 안전 연구소의 역할 안에서 해소될 수 있을 것이다.

AI 확산 자체에는 AI 리터러시뿐만 아니라 합리적인 비용, 좀 더 사용자 친화적이면서 다양한 형태의 AI 서비스의 필요성 등이 복합적으로 영향을 미친다. AI 확산이 아직 더딘 이유도 여기에 있다.

지금 사용자는 무엇을 원하는가?

———

오순영　2022년 11월 충격적인 등장 이후 불과 1년 만에 챗GPT를 포함한 인공지능에 대한 대중의 관심과 기업의 조바심은 확실히 희석된 느낌이다. AI를 도입하고자 하는 기업 입장에서는 이제 기술 얘기가 좀 식상하다는 생각까지 들기 시작했다. 왜 이러한 분위기가 나타나기 시작했는지, AI 개발 기업들은 어떻게 판단하고 있는가?

하정우　지금의 상황에 대해서는 AI 개발 기업 입장에서도 고민이 많다. 가장 큰 요인은 너무 빠른 기술 변화에 대한 '피로도'로 보고 있다. 2023년 초 챗GPT의 등장 이후로 거의 매일 새로운 뉴스가 쏟아져 나오며 사람들은 기술에 놀라움을 느꼈다. 챗GPT-4, 유료 버전의 도입, 빙 Bing 검색 적용, 구글의 바드 Bard와 연례 개발자 행사, 애플과 아마존의 다양한 사례 등 끊임없이 새로운 기술이 발표되었고, 연말에는 구글의 제미나이 Gemini, 오픈소스로는 메타의 라마2, 3 등이 출시되었다. 10년은 걸릴 것이라 생각했던 변화가 지난 1년 동안 일어났다고 할 정도로 너무나 많은 변화가 있었는데, 사람들이 지치는 것도 당연하다.

거기에 더해 연말이 되면 기업들은 다음 해 경영 계획을 수립하는 데 집중하기 때문에 당장 AI 도입을 위한 구체적인 과제에는 신경을 덜 쓰면서 관심이 줄어든 것으로 확인된다. 다만 2024년 상반기부터 다시 많은 파트너들과 MOU도 맺기 시작하고, 경영 계획에 AI 예산이 반영된 경우 AI 도입을 위한 구체적인 논의를 본격적으로 시작하면서부터 관심도 함께 증가하고 있다. 실제로 네이버클라우드는 상반기 두 자릿수의 다양한 산업 분야의 고객사와 MOU를 맺고 도입을 위한 실증 프로젝트를 진행하고 있다.

오순영 글로벌 빅테크들의 새로운 모델과 서비스 출시 러시, 쏟아지는 기술 간의 비교, 거기다 학계에서 쏟아지는 논문들까지, 시간이 지날수록 무뎌지는 느낌도 있다. 계속 변화하는 AI 모델이나 AI 관련 방법론들이 계속 발전하고, 경량화에 대한 부분도 온디바이스 AI까지 언급되다 보니 기술이 어느 정도 성숙되고 완성되는 시기를 기다려야 하는 건 아닌가 하는 생각이 드는 것도 사실이다.

하정우 2006년부터 AI 연구에 입문했는데, 지난 16년보다 최근 2년 사이에 더 많은 변화가 일어난 것 같다. 업계에 몸담고 있는 플레이어도 지칠 정도인데, 일반 사용자들은 얼마나 지치겠는가. 그래서 굉장한 기술적 혁신이 계속됨에도 불구하고 피로도 때문에 AI에 대한 관심이 한풀 꺾인 것처럼 보인다. 또한 '있으면 좋지만 없어도 아쉽지 않은 기술'이 아닌 '없으면 안 되는, 반드시 필요한 기술'이 될만한 결정적인 응용 서비스나 제품 사례가 여전히 부족하기 때문에 사람들이 AI를 생활 속에서 충분히 활용하지 못하고 있는 것도 큰 이유다.

오순영 챗GPT 출시 이후 많은 사람들이 AI에 대해 상당한 수준의 지식을 갖게 되었다. 사용 기업들도 지속적으로 학습하면서 요구사항들이 달라졌을 텐데, AI 기술을 공급하는 기업 입장에서 AI 기술을 도입하려는 사용자 기업들의 요구 사항에 어떤 변화가 있었나?

하정우 사용 기업들의 경영진들이 가장 궁금해하는 것은 현재의 생성형 AI가 그들의 '고민거리Pain Point'를 해결해주고, 생산성을 높이며, 비용을 절감할 수 있는지다. 유튜브에 돌아다니는 많은 AI 관련 영상에서는 생성형 AI가 모든 걸 해결할 수 있는 것처럼 얘기하지만, 실제로는 정말 잘되는 것도 있고 반대로 잘 안 되는 것도 많다.
고무적인 것은 그들이 2023년 상반기에 물어봤던 질문들과 최근에 물어보는 질문들의 수준과 내용이 상당히 달라졌다는 점이다. AI 기술을 묻기보다 기업에서의 고민거리나 해결해야 할 문제들을 구체적으로 물어보는데, 초기에는 "생성형 AI가 좋다면서요? AI를 도입해야 하는데 우리 뭘 하면 될까요? 어디에 도입하면 될까요?" 이렇게 물었다. 이런 질문은 개발 기업 입장에서는 도움이 되는 답변을 하기가 어렵다. 개발 기업이 AI 기술에 대해서는 잘 알아도 고객사의 산업에 대한 이해도가 낮고, 업무 수행 방식이나 프로세스에 대해 지식이 부족하기 때문이다.
하지만 최근에는 "불완전 판매 부분을 해결하기 위한 챗봇이 있는데,

이런 부분은 잘되고 있고 이런 부분은 문제가 있다. 이런 문제를 생성형 AI를 활용하면 해결할 수 있을까요?"라고 구체적으로 물어온다. 이렇게 구체적으로 질문하면 개발 기업 입장에서도 기술적으로 어떤 방향으로 접근할지 이전보다 훨씬 더 직접 도움이 되는 컨설팅이 가능하다.

오순영　　　AI 도입을 검토하는 기업이자 자체 금융 특화 AI 모델을 공급하는 기업에서 일하면서 금융 컨퍼런스 연사로 발표할 기회들이 종종 있었다. 그때 늘 강조했던 것이 'AI 모델 선택에 우선해야 할 것이 내부에서 도입하려는 목적 정의이고, 그 목적에 맞는 데이터가 내부에 있는지를 확인해야 한다'는 것이었다. AI 기술을 공급하는 기업에게 그러한 질문들을 하는 기업이 실제로 늘었다는 것은 분명 좋은 증거다.

어떻게 AI를
잘 사용하게 할 것인가?

오순영　　　AI 기술의 빠른 발달에 따른 피로도에 대해서는 어떻게 대응할 수 있을까? 개발 기업들이 사용자를 놀라게 할만한 기술을 계속해서 등장시킬 수 있을까? 일례로, 2024년 CES에서 인공지능 화두를 먼저 잡은 것은 삼성 갤럭시 S24였고, 덕분에 삼성전자는 AI 스마트폰으로 입지를 빠르게 다지는 데 성공했다. 구글의 경우 2024년 4월 내부적으로 AI를 연구 개발하는 딥마인드, 디바이스를 만드는 픽셀팀, 모바일 운영체제를 만드는 안드로이드팀을 하나의 팀으로 통합해 온디바이스 AI에 사활을 걸었는데, 애플이 하반기 시리와 챗GPT-4o 연동을 마무리 짓기 전에 시장 선점을 노린 것으로 보인다. 이러한 노력 덕분인지 구글은 예상보다 빠르게 제미나이 라이브를 안드로이드 기반 AI 비서로 탑재한 '픽셀9'을 발표해냈다.

하정우　　챗GPT-4o의 데모를 보면 이제 생성형 AI는 사람들의 대화 중간에 끼어들어 감정까지 실어 대화할 수 있는 기능을 제공한다. 특히 최근의 챗GPT-4o 고급 음성 모드의 합성음은 정말 사람과 대화하는 느낌을 준다고 표현하는 사람들이 많다. 이런 기술들이 나올 때마다 충격을 주지만, 챗GPT가 처음 나왔을 때만큼의 놀라움은 아닌 것 같다. 우리가 '덜' 놀라게 되는 것은 기술적인 난이도나 임팩트 때문이 아니라, 얼마나 실질적으로 필요한 기술인지 체감하는 것이 영향을 주기 때문일 것이다.

그럼에도, AI 연구자 입장에서는 꽤 기대할만한 것들은 여전히 있다. 첫 번째는 온디바이스를 위한 생성형 AI이다. 2023년 12월 구글에서 제미나이를 공개했을 때, 사람들은 제미나이 자체에 대해 그렇게 놀라지는 않았다. 이미 GPT-4v가 있었으니까. 그러나 제미나이 나노 버전은 얘기가 좀 달랐다. 나노 버전은 작게는 18억 개, 크게는 32억 개 매개변수 두 가지로 구성되어 있는데, 이는 스마트폰과 같은 모바일 장치에 AI를 탑재하겠다는 의미였고, 2024년은 온디바이스 생성형 AI, 스마트폰 생성형 AI의 원년이 될 것을 예고하는 선언이었다.

제미나이1.5와 함께 발표된 글을 동영상으로 만들어주는 AI인 소라 또한 기대가 되는 기술이다. 글을 주고 비디오를 만드는 기술은 개발에 1~2년 더 걸릴 줄 알았는데, 오픈AI는 그것을 2월에 발표했다. 소라는 초고해상도의 60초짜리 비디오를 만들어내는데, 기존의 비디오 생성 AI가 길어야 10초 내외에 해상도도 높지 않았던 것을 고려하면, 아직 API 형태로 공개되어 있지는 않음에도 불구하고 정말 놀라운 성과다. 소라 이후 중국 콰이쇼우 Kuaishou의 클링 Kling이나 런웨이 Runway의 Gen3-알파, 루마랩도 글을 비디오로 만드는 기술들을 빠르게 공개하고 있는데, 이들은 모두 API나 웹을 통해 일반인들도 사용해볼 수 있다. 앞으로 누구나 몇십 초짜리 티저 영상은 손쉽게 만들 수 있다는 뜻이고, 미디어 컨텐츠를 만드는 방법도 바뀔 것이라는 의미다.

제미나이1.5에서 가장 놀라운 부분은 컨텍스트, 즉 맥락의 '길이'다. 챗GPT 같은 텍스트 기반 AI는 사용자가 입력한 명령(프롬프트)과 해당 명령에 대해 AI가 이전에 작성한 글의 내용을 모두 검토한 후 '맥락'을 고려해서 다음 글을 작성해 나간다. 여기서 컨텍스트는 사람의 입력과 AI가 생성한 콘텐츠를 합한 것으로 정의하며, 최대 컨텍스트 길이는 한 세션 내에서 사람의 입력과 인공지능이 쓸 수 있는 토큰의 최대 길이가 된다. 컨텍스트 길이가 충분히 길어지면 긴 코드도 작성할 수 있고, 수백 페이지짜리 계약서를 통째로 넣고 독소 조항을 물어볼 수도 있다. 참고로 챗GPT나 클로드3는 최대 컨텍스트 길이를 12만 토큰 정도 지원하는데, 제미나이는 무려 8배가 넘는 100만 토큰을 제공한다. 이는 사진이나 음성, 영상처럼 데이터 처리에 토큰을 많이 써야 하는 멀티모달 응용에서 매우 중요한 발전이다. 최근 업그레이드된 제미나이 프로 버전은 200만 토큰의 컨텍스트 길이까지 제공한다.

컨텍스트의 길이가 중요한 것은 환각 현상, 즉 '할루시네이션hallucination'을 해결하는 데 핵심이 되기 때문이다. AI의 실질적인 사용성을 높이기 위해서는 AI가 주어진 데이터나 맥락에 근거하지 않은 잘못된 정보나 허위 콘텐츠를 만드는 것을 막아야 하는데, 이때 가장 효과적이고도 널리 쓰이는 방법이 RAG Retrieval-Augmented Generation (검색 증강 생성)와 컨텍스트 길이를 늘리는 것이다. 뿐만 아니라 텍스트보다 이미지나 음성, 영상 등은 훨씬 더 많은 토큰을 사용하기 때문에 멀티모달 생성 AI에서 컨텍스트 길이를 충분히 늘리는 것은 매우 중요한 기술이다.

오순영　　RAG는 2020년 GPT3가 공개되기 직전 메타에서 공개한 연구로, 기본적으로 신뢰할 수 있는 정답 데이터베이스를 만들어놓고 사용자가 입력한 질문이 들어오면 정답 데이터베이스에서 질문의 의미에 가장 적합한 정답을 검색해와서 해당 정보를 활용해 글을 쓰는 방식이다. 대부분의 챗봇과 질의응답 시스템은 RAG를 활용해 할루시네이션을 줄일 수 있다. 하지만 근본적인 해결책으로 보긴 어렵다.

하정우　　보다 효과적인 할루시네이션 해결책은 결국 컨텍스트의 길이를 늘이는 것이다. 원론적인 이야기지만, 컨텍스트 길이를 늘이면, 즉 우리가 필요한 자료들을 모두 입력해 넣으면 그 컨텍스트 내 정보들을 활용해 콘텐츠를 생성할 수 있어 할루시네이션에 효과적으로 대처할 수 있다. 물론 완전히 근본적인 해결책은 아니고 메모리, 연산 등 리소스도 더 많이 요구된다.

오순영　　챗GPT가 처음 출시된 후 항상 함께 언급된 부분이 1,750억 개의 파라미터로 구성되었다는 점이다. 즉, 상당히 큰 모델이라는 점, 그리고 더 크게 만들 수 있다는 사실 자체가 (상당한 투자를 전제로 하지만) 대단한 기술력과 경쟁력으로 강조된 것이다. 그리고 모두가 예상한 것처럼 경량화에 대한 수요와 도전이 계속되면서 '온디바이스 AI'라는 용어가 등장했다.

실제 산업에 AI를 도입할 때 '목적 정의', '협업 대상', '사용할 모델 결정' 등 많은 과정을 거치게 되는데, AI를 공급하는 기업들은 모델에 대한 강조를 많이 한다. 모델 선택이 도입 과정에서 어느 정도의 중요성을 가지는가? 이와 관련해 AI를 도입하는 기업 입장에서는 협업할 AI 개발 기업을 선택할 때 어떤 기준을 가져야 하는가?

하정우　　모델 기술이 결정에 굉장히 중요한 요소인 것은 확실하다. 모델의 중요성은 계단형 함수처럼 동작한다. 예를 들어, 2018년 10월 언어 모델인 버트BERT가 나왔을 때, 자연어처리 Natural Language

Processing: NLP 분야는 버트 이전과 이후로 나뉜다고 할 정도로 혁신적인 변화가 일어났다. 이후로 다양한 모델들이 나왔지만 연구로서의 임팩트는 있을지언정 산업계에서 큰 혁신으로 연결되지는 않았다. 그러나 GPT-3가 나오면서 또 한번 퀀텀점프가 일어났다. '계단형'이란 바로 이런 큰 도약을 의미한다.

모델들이 비슷한 수준일 때는 적용 문제의 특성에 맞는 모델을 선택하면 된다. 하지만 2014년 워드투벡 word2vec, 2017년 트랜스포머, 2018년 버트, 2020년 GPT3까지 퀀텀점프가 이어지면서 '어떤' 모델을 '빠르게' 도입하느냐가 성공을 크게 좌우하게 되었다. 현재 챗GPT API를 활용해서 만든 챗봇들과 과거 챗봇들의 수준을 비교해보면 바로 이해가 될 것이다. GPT-3가 등장하면서 인콘텍스트 러닝 in-context learning이 가능해졌는데, 과거에는 AI에게 데이터를 주고 학습시켜야했지만, 이제는 예시를 보여주는 것만으로 메모리에 저장된 컨텍스트 내의 내용을 학습해 유사한 결과물을 만들어내는 것이 가능해진 것이다. 이는 과거 모델에서는 불가능했던 기술이다.

가장 최근의 퀀텀점프를 가능하게 한 것은 모델의 크기와 방대한 학습 데이터를 활용한 이른바 '규모의 법칙'이다. 모델을 충분히 키우고 그만큼 데이터를 엄청나게 많이 학습시키면 과거에는 불가능했던 AI 기능이 발현된다는 것을 실험적으로 밝혀낸 것이다. 오픈AI에서 가장 최근 공개한 o1은 AI 모델이 글을 쓰는 과정에서 더 복잡한 추론을 수행하면서 할루시네이션을 크게 완화하고 박사 수준의 문제해결력을 보여주는 등 기존 언어 모델의 한계를 극복한 것으로 보인다.

이 기술은 데이터 중심의 규모의 법칙과는 다르지만, 추론에서 연산량에 따른 규모의 법칙으로 볼 수 있고, 이런 것들이 퀀텀점프에 해당할 수 있다.

이제 중요한 것은 문제에 맞는 모델을 선택하는 것이다. 적용하려는 문제를 해결하는 데 필요한 기능들을 보고, 그 기능을 제공할 수 있는 모델을 선택해야 한다. 모델의 '능력치'가 중요한 이유다. 가용 예산 규모, 협업 파트너의 신뢰도는 이후의 문제다.

오순영　　요약하자면 "AI 도입 목적을 정의하고, 그것을 수행하기에 가장 적합한 모델을 선택한다"는 것인데, 사용자 입장에서는 기술 자체보다 제공 가능한 서비스를 체험해볼 수 있는 기회가 더 필요하다. 관련 AI 기술을 활용한 새로운 서비스가 어떤 형태로 구현되는지 경험함으로써 모델에 대한 부족한 이해를 보완할 수 있기 때문이다. Character.AI 같은 챗봇 서비스의 경우 MAU(월간 활성 사용자)가 2023년 9월 기준 420만 명에 달하는데, MZ세대도 많이 사용하기는 하지만, 도입 기업 입장에서도 다양한 페르소나를 가진 캐릭터들과의 자유로운 대화가 어디까지 가능한지 확인하고 챗봇에 대한 다양한 가능성을 검토할 수 있었기 때문이 아닐까? 이와 관련해 AI 개발 기업 관점에서 기술 그 자체보다는 흥미롭게 써볼 만한 서비스들이나 현재 준비 중인 것들이 있는가?

하정우　　Character.AI는 라이터버디에서 조사한 가장 많이 방문한 AI 툴 순위에서 챗GPT 다음으로 전 세계 사용자 2위(2023년)를 차지한 서비스다. 더 놀라운 점은 일 평균 앱 체류 시간이 2시간이라는 사실이다. 현실적으로 가족들과도 하루 2시간 이상 대화가 쉽지 않은데, 이 서비스를 사람들이 2시간 동안 사용한다는 것은 단순히 재미를 떠나 의미하는 바가 많다. 최근 회사 사정이 어려워지면서 구글 브레인에서 대화형 생성 AI 람다를 만들었던 창업자들이 구글 딥마인드로 컴백했다는 소식이 전해지기는 했지만, 이는 서비스의 수익화에 대한 문제이므로 논외로 하자.

중요한 것은, 80점짜리 기술이라도 100점짜리 서비스를 만들 수 있다는 것이다. 사용자들이 원하는 것을 제공하고, 가려운 부분을 긁어줄 수 있도록 사용자 시나리오를 잘 설정하고, 사용하기 쉽게 만드는 것이 핵심이다. 이에 따라 네이버는 AI 모델 개발에서 끝나는 것이 아니라 해당 AI가 필요한 기능을 제공하고, 그 기능이 서비스화되어 사용자 만족까지 이어져야 한다는 취지에서 2021년부터 HCI Human Computer Interaction 연구팀을 만들어 운영하고 있다. 기술만으로는 불가능하기 때문에 기획자들의 역할이 매우 중요하다.

하이퍼클로바X팀의 경우에도 팀 내 기획자들이 엔지니어들과 함께 한 팀으로 일하며 직접 서비스를 만들고 있다. 그중 가장 성공적이고 의미 있는 사례는 '클로바 케어콜'이다. 클로바 케어콜은 2020년 초 팬데믹 초창기 시절, 코로나 환자들에게 하루에 두 번 전화를 걸어 열이 나는지, 호흡기 증상이 있는지를 물어보는 것에서 시작되었다. 예전에는 각 지자체의 보건소 직원들이 자가격리자들에게 하루에 두 번씩 전화해야 했는데, 확진자가 많아지면서 얼마 안 되는 인원이 수천 명의 자가격리자들에게 전화를 걸어야 했으니 물리적인 시간이 부족했다. 이를 AI가 해결한 것이다.

현재의 클로바 케어콜은 하이퍼클로바X가 적용되어 독거노인 어르신들에게 매주 두세 번 전화를 걸어 말벗이 되어드리고 있다. 한 번 통화하면 1~2분 정도 이야기를 나누고, 이전 통화 내용 중 주요 내용을 기억해 다음 통화 때 프롬프트로 활용해 대화 내용을 이어간다. 아무래도 자신을 기억하고 알아주는 느낌을 주기 때문에 외로움이 많은 독거노인분들의 만족도가 90퍼센트에 가깝게 매우 높다. 또한 과거 챗봇은 대화가 자연스럽지 않았지만, LLM이 들어가면서 자연스러운 대화가 가능해졌다. 이렇게 기획의 요소와 기술이 결합해 삶의 질을 크게 향상시킬 수 있고, 비즈니스 측면에서도 클라우드 기반의 생성 AI SaaS 상품으로 새로운 기회를 만들 수 있게 된 것이다.

오순영 케어콜 사례처럼 사용자가 'AI가 어디 있지?' 하고 찾는 것이 아니라 어느 순간 자연스럽게 AI를 사용하고 있는 것이 바람직하다. 사용자가 AI를 쓰는지 몰랐는데 알고 보니 AI였다는 것이 이상적인 방향인 것이다. 이런 관점에서 보면 이미 시장을 장악하고 있는 플랫폼 기업들, 예를 들어 네이버, 카카오, 애플, 삼성 갤럭시 등이 강점을 가지고 있지만, 지금까지는 현재 AI 기술의 강점들을 드러내는 AI 서비스들이 뚜렷하게 눈에 띄지 않는다. 사용자들의 기대치를 충분히 반영하지 못한 것 같고, 그 회사들의 가치에도 반영되지 않은 것 같이 느껴져서가 아닐까? 왜 AI가 중요한 지금 시점에 플랫폼 기업들이 가진 강점들이 아직도 뚜렷하게 드러나지 않을까?

하정우   구글은 이번 연례 개발자 행사에서 제미나이를 각 서비스에 녹여낸 발전을 보여줌으로써 가능성을 확인시켜줬다. 생성형 AI를 통해 광고주들이 광고 콘텐츠를 편리하게 만들 수 있게 하는 서비스가 특히 주목을 받았다. 야심차게 공개한 AI 오버뷰AI Overview가 다소 적절하지 않은 답변들을 하면서 곤란한 상황에 처하긴 했지만, 생성형 AI기반의 검색 서비스에서도 여전히 많은 가능성을 엿볼 수 있었다.

사용자 맞춤형 검색 결과를 제공 및 요약해주는 서비스에 대한 기대감이 컸는데 구글이 글로벌 AI 경쟁사들에 대한 부담이 컸는지 이번에도 불완전한 AI 서비스로 인한 각종 실수들이 드러났다는 점은 분명 아쉬운 부분이다. 하지만 이는 시간이 해결해줄 수 있는 문제다. 최근 오픈AI의 SearchGPT 공개도 같은 연장선으로 볼 수 있다. 애플 또한 WWDC에서 주목할 만한 변화를 이끌어냈다. 애플 인텔리전스, 그리고 시리와 챗GPT-4o의 연결이 대표적이다.

2024년부터 이러한 AI 기술의 확산이 더 가속화될 것이다. 지금까지 이러한 기술이 잘 보이지 않았던 이유는 기존 플랫폼 산업의 매출에 악영향을 주지 않으면서 AI를 잘 녹여낼 방법을 고민했기 때문이다. 잘못 통합하면 카니발리제이션cannibalization이 될 수도 있고, 비용 문제도 있다. 생성형 AI는 최적화를 하지 않는 경우 투입되는 비용이 일반적인 검색 처리 원가의 100배를 웃돈다. 따라서 아무 데나 무분별하게 적용했다가는 사용량이 늘어날수록 더 큰 적자를 초래하거나 심지어는 파산까지 할 수 있기 때문에 큰 모델을 쓰는 것을 부담스러워 하는 것이다. 그래서 상대적으로 작은 AI 모델들을 사용해야 하는데, 2023년까지는 소규모 언어 모델, 즉 sLM 기술이 지금처럼 발전되지 않았기 때문에 적용하기 어려웠다. 하지만 이후 능력 감소를 최소화하며 상대적으로 작은 AI 모델을 만드는 기술들이 많이 발전했고, 또 이러한 AI를 서비스에 적용하는 경험이 쌓이면서 더 많은 사례들이 가시적으로 나올 것으로 본다.

오순영　기술이 상용화되고 대중화가 되기 위해서는 합리적인 비용이 중요하다는 말에 모두 공감할 것이다. 플랫폼 이야기로 다시 돌아와서, 새로운 플랫폼으로 자동차가 주목받고 있는데, 모빌리티 분야에서도 혁신적인 변화를 기대할 수 있을까?

하정우　자동차는 두 가지 관점에서 볼 수 있다. 하나는 자율주행, 다른 하나는 자율주행 중에 차량 내에서 AI 비서가 운전자와 상호작용하며 다양한 기능을 제공하는 것. 이 두 가지는 분리해서 생각해야 한다. 테슬라의 완전자율주행 Full self-driving: FSD의 여러 사고 사례에서 알 수 있듯이 완전자율주행 기술이 아직 완전하지 않고, 사고가 발생하면 매우 심각한 문제가 되기 때문에 상용화되기까지 시간이 좀 더 걸릴 것으로 예상된다.

반면 생성형 AI를 활용한 AI 비서는 훨씬 더 현실적이다. 구글, 애플 등이 개발하는 생성형 AI 기반 비서 플랫폼이 자동차에 적용되는 것은 당연한 방향이다. 그래서 기대하는 부분은 스마트폰, PC, 자동차, 가전제품(냉장고, 에어컨 등), 로봇 등과 같은 다양한 디바이스에 나를 이해하는 AI 비서가 탑재되어 AI 비서들끼리 서로 커뮤니케이션하며 사용자를 이해하고 상황에 맞게 도와주는 것이다. 2024년이 이러한 변화의 시발점이 될 것으로 기대하고 있다.

오순영　　스마트폰, 자동차, 가전제품 등은 일상생활에 깊숙하게 들어와 있기 때문에 사용자들의 접근성도 상당히 높은 편이다. 생성형 AI, 그리고 AI 비서가 탑재되기에 상당히 좋은 플랫폼인 것은 분명하다.

앞서 언급했던 챗봇의 경우, 〈가트너〉의 하이프사이클에 따르면 2019년 정점을 찍었는데, 당시 웬만한 공공 서비스, 쇼핑몰 등은 모두 빠르게 챗봇을 도입했지만 AI의 성능과 사용성 모두 실망스러운 수준이었다. 챗GPT 이후 생성형 AI가 적용된 현재의 챗봇이 할루시네이션은 있을지언정 정말 웬만한 인간 달변가만큼 성능이 분명 좋아진 것은 사실이다. 하지만 UI/UX 관점에서는 성능과 사용성 모두 모바일, 키오스크 등에서 제공하는 챗봇, 콜봇, 아바타 같은 기존의 AI 서비스와 여전히 비슷한 수준에 머무르고 있는 것처럼 보인다. IT 업계에서 상당히 오랜 기간 개발을 해왔지만, 키오스크 앞에서는 여전히 긴장하게 된다. 생성형 AI 기술이 이제 멀티모달 AI까지 진행되었는데, 더 기대할 수 있는 사용자 경험이 있을까?

하정우　멀티모달 AI는 단순히 글만이 아니라 제스처, 이미지 인식, 영상 인식, 음성 인식 등을 통해 다양한 입력 방식을 지원하고, 인식만 하는 것이 아니라 콘텐츠도 생성할 수 있다. 이러한 멀티모달 AI의 가장 큰 장점은 사용자 편의성을 극대화한다는 점이다.

예를 들어, 멀티모달이 아니면 전부 다 채팅으로 입력해야 하는데, 채팅이 불편한 경우가 있다. 손가락이 둔하다면 오타가 많이 발생하고, 수정도 몹시 불편하다. 그런데 멀티모달 AI는 말로 하면 된다. 사진 한 장 찍어서 "이거 뭐야?"라고 물어볼 수 있다. 이처럼 멀티모달 기술은 발전된 추론 능력을 바탕으로 사용자의 의도를 AI 비서나 시스템에 가장 쉽고 효과적으로 전달할 수 있게 해준다. 그리고 사용자의 의도가 정확하게 입력되면 사용자에게 훨씬 더 정확한 결과물을 제공할 수 있다. 멀티모달 AI가 가져온 변화는 바로 이 부분이다.

오순영　멀티모달 AI는 AI가 사람의 커뮤니케이션 방식을 흉내 낼 수 있는 시작점으로 볼 수 있을 것 같다. 향후 멀티모달 AI를 기반으로 나올 AI 서비스들이 기대가 되는 이유다. AI 아바타, 디지털 휴먼에게 기대하고 상상했던 UI/UX가 바로 그런 것이다. 실제 사람 간의 커뮤니케이션에서도 그림만으로, 글만으로 충분히 설명이 안 될 때 모니터의 그림을 보면서 음성으로 설명한다던가 글로 설명하다가 관련 영상을 보여주는 등 두세 가지를 복합적으로 사용하는 것이 일상적이다.

하정우   시스템을 만드는 이유는 문제를 해결하거나 서비스를 제공하기 위함이다. 텍스트 형태로만 서비스가 제공되는 것은 아무래도 사용성에서 한계가 있기 때문에, 때로는 음성으로 설명하는 게 편할 수 있고, 그림 한 장 보여주거나 영상으로 보여주는 것이 더 효과적일 수 있다.

과거 AI는 텍스트만 지원했지만, 현재 AI 기술은 다양한 형태로 결과물을 제공할 수 있다. 제공하는 결과물의 형태가 글, 음성, 영상, 사진 중 어떤 형태가 될지는 사용자가 원하는 기능이나 달성하고자 하는 목적과 환경에 따라 달라질 수 있을 것이다. 예를 들어, 글씨가 잘 안 보이는 사람들에게는 음성으로 설명하는 것이 더 편할 수 있다. 점원에게 주문하면 커피를 만들어주는 것처럼, 멀티모달 AI는 사용자에게 기존보다 더 편리한 경험을 제공할 것이다.

오순영   과거에는 AI를 전체 업무 플로우에서 특정한 기능을 보조하기 위해 사용했지만, 이제는 범용적으로, 마치 IT 인프라 자원을 활용하는 것처럼 사용도 가능해지고 초거대 언어 모델과 같이 상당히 높은 수준의 지식도 갖추고 있어 활용 범위가 훨씬 다양해질 것이다. 멀티모달 AI도 이런 측면에서 이미 중요한 역할을 하고 있다.

최근에는 1인 1비서 시대에 대한 이야기가 많이 나오고 있는데, 주요 석학과 빅테크 경영진들은 짧게는 5~10년 안에 1인 1비서 시대가 올 것이라고 예측한다. 예전 SF 애니메이션에서 로봇이 초기화된 상태로 배달된 후에 사용자의 정보를 차츰 학습하면서 친구처럼 도와주는 스토리를 볼 수 있는데, 이를 현재의 AI 서비스에 적용해보면 1인 1비서 시대가 되기 위해서는 AI가 사용자에 대해 상당히 많은 정보를 알아야 할 것이다. 이처럼 나만의 AI 비서를 갖기 위해서는 (기업용 AI와는 다르게) 반드시 나의 정보를 상당히 다양한 형태로 제공해야 할텐데, 어떤 방법으로 어떤 단계를 가져가야 안정적으로 서비스를 안착시킬 수 있을까?

하정우   그것은 사용자나 사회가 어떻게 받아들일지, 즉 '수용성'의 문제다. 나를 잘 이해하고 차별화된 서비스를 제공받을 수 있다면 나의 데이터를 전송해도 상관없다는 사람들은 동의만 하면 된다. 하지만 모든 사람이 이렇게 흔쾌히 수용하지는 않을 것이다.

이 문제를 해결하는 방법 중 하나는 개인 데이터 수집을 최소화하는 것이다. 최근 생성형 AI 모델들은 퓨샷학습Few-shot Learning, 즉 아주 적은 양의 데이터로도 해당 데이터의 특징을 빠르게 파악해 상당히 비슷하게 따라할 수 있다. 예시 한두 개만 보여주더라도 그 예시를 잘 따라 하니 많은 개인 데이터가 필요하지 않다.

또한 데이터를 공유할 수 있으면 가장 좋겠지만, 법이나 규제 등으로 어려운 부분이 있다. 민감 정보의 활용이나 전송은 더 그렇다. 이를 해결하기 위한 방법 중 하나는 연합학습Federated Learning이다. 연합학습은 데이터 프라이버시와 보안을 중시하는 분산학습 방법으로, 데이터 자체가 전송되지 않고 학습된 모델 파라미터만 일부 전송/공유된다. 이렇게 하면 데이터 공유로 인해 발생하는 문제를 근본적으로 해결할 수 있다. 다만 전송된 모델로부터 데이터가 복원 및 추출되면 안 되는 조건이 있고, 생성형 AI에서는 눈에 띄는 성공 사례가 보고되지 않고 있다.

다른 방법으로는 데이터를 암호화하는 것이다. 동형암호와 같은 기술들인데, 과거에 비해 학습 속도가 상당히 향상되었다고는 하지만 상용화가 되려면 여전히 시간이 필요한 것으로 보인다. 우스갯소리로 예전에는 "오늘 실행 엔터키 치면 다음 생에 완료된다"고 했을 정도로 학습에 정말 오랜 시간이 걸렸지만, 이제는 1~2년 정도면 가능하다. 물론 아직 실효성은 많이 부족하다.

하이브리드 형태도 가능하다. 예를 들어, 기본적인 정보는 내 휴대폰에 탑재된 sLM 기반의 에이전트를 활용하고, 필요한 경우 개인정보를 제외한 데이터를 클라우드로 보내서 더 똑똑한 AI로부터 추가 정보를 제공받는 방식이다. 이렇게 하면 처음에는 간단한 질문을 던지고, 점차 정교하게 답변을 제공하는 방식도 가능해진다. 이러한 방식들은 AI 비서가 개인의 데이터를 안전하게 활용하면서도 더욱 똑똑하게 작동할 수 있도록 돕는다.

오순영　더불어 온디바이스 AI의 강력한 특징이 결국은 '가급적 휴대폰 안에서 모두 해결한다'는 것이니, 개인의 데이터가 휴대폰 안에서 운영된다면 그것도 합리적인 방법일 것이다. 정리하자면, 나만의 AI 비서를 가지는 시대가 온다면 우선은 사회적으로 수용되는 데이터 제공 범위 내에서의 활용에 대한 기획안이 나와야 하고, AI 방법론으로도 사용자의 특성을 식별할 수 있으면서 사용자 데이터의 보관이나 활용은 최소화할 수 있는 기법들에 대한 고민이 필요한 시기다.

어떻게 AI에 대한 신뢰를 확보할 것인가?

오순영　　딥페이크 콘텐츠의 위험성에 대한 경고는 상당히 오래전부터 계속되어왔다. 공인부터 일반인까지 대상이 되는 범위가 다양하기도 하고, 정치, 경제 관련 딥페이크의 경우 사회적으로도 부정적 파급효과가 너무 크기 때문이다. 오픈AI는 2023년 3월 이후부터 사용자 정보를 활용하지 않겠다는 정책을 공개하기도 했는데, 그전에는 챗GPT와 오픈AI API를 통해 들어온 사용자 정보를 학습에 활용했다는 내용을 GPT-4 관련 논문에서 언급하기도 했다.

이처럼 AI 개발 기업들이 데이터 보안과 개인정보 보호와 관련해 깊이 고민하고 있을 텐데, 실제로 어떤 준비를 하고 있는가? 그리고 AI를 도입하려는 기업이나 일반 사용자들에게 이러한 AI에 대한 위험성, 신뢰성 등과 관련해 어떤 정책으로 그들을 이해시키고 있는가?

하정우　　보안 관련 기술들의 발전 속도는 대단히 놀랍다. 물리적 망분리와 논리적 망분리는 거의 동등한 수준으로 운영이 가능할 정도다. 해킹과 방어는 AI 적용 여부와 상관없는 부분이지만, 이를 위해 사용자나 사회의 수용성과 신뢰성 문제는 여전히 존재한다. 디지털 기술이 처음 도입되었을 때, 사람들은 종이 문서나 책에 비해 전자책이나 전자문서를 신뢰하지 않았다. 그러나 지금은 그러한 불신이 완전히 사라진 상태다. 신뢰를 쌓아왔기 때문이다.

마찬가지로 AI와 관련된 데이터 학습과 보안 문제도 시간이 지나면서 상호 신뢰하는 문화가 형성되는 것이 필요하다. 네이버의 경우 클라우드에 데이터를 올리는 것이 부담스러운 기업들을 위해 뉴로클라우드Neurocloud라는 솔루션을 제공하고 있는데, 이는 컨테이너 박스에 GPU 서버와 하이퍼클로바X 같은 초거대 AI, 그리고 각 기업이 보유한 데이터를 쉽게 파인튜닝할 수 있는 솔루션을 넣어 고객 기업의 데이터센터에 배치하는 방식이다. 뉴로클라우드 방식은 기업의 데이터가 회사 데이터센터 방화벽 밖으로 나갈 일이 없기 때문에 보안 문제를 해결할 수 있다.

물론 이 방식이 근본적인 해결책은 아니다. 무엇보다 이 방식은 GPU를 빠르게 더 많이 확보하거나 모델을 즉시 업그레이드하는 이슈에 대해 유연하지 못하다. 핵심은, 이러한 방식으로 문제를 해결하면서 사용자들과 신뢰를 차근차근 쌓아나가는 것이다.

오순영　　AI 모델의 성능과 품질에 대한 이슈도 많은 논의가 필요해 보인다. 챗GPT 출시 이후 AI 주도권을 지키기 위해 글로벌 빅테크들은 자체 AI 모델들을 미친 속도로 출시했고, 모델들에 대한 성능부터 기능들에 대한 IT 기술 관련 미디어들의 분석들도 쏟아지다 보니 자연스럽게 AI 모델의 경쟁력에 많은 초점이 맞춰지고 있다. 이러한 상황에서 사람들은 자연스럽게 스포츠나 게임처럼 AI 모델에도 순위를 매기기 시작했고, 국내에서도 리더보드 Leaderboard가 활성화되면서 AI 관련 뉴스기사에서도 종종 언급되고 있다. 리더보드란 정확히 무엇이고, 그 순위는 신뢰할 만한 것인가?

하정우 　리더보드는 다양한 AI 모델들의 성능을 평가하고 순위를 매기는 시스템이다. 특정 문제에 대한 데이터를 만들고, 그 데이터를 얼마나 잘 처리하는지 정확도나 품질 등을 숫자로 평가하고 순위를 매기는 것이다.

"측정할 수 없으면 개선할 수 없다"는 피터 드러커의 원칙을 충실하게 따르는 리더보드는 AI 모델의 성능을 측정하고 개선하는 데 어느 정도 도움이 되는 것이 사실이다. 예를 들어, 수학 문제 풀이 능력, 질의응답 능력, 요약 능력 등을 평가하는 다양한 리더보드가 존재하는데, 글쓰기 AI의 경우 SAT 과목 문제 풀이를 얼마나 잘하는지 평가할 때 MMLU Massive MultITask Language Understanding(다중작업 언어 이해) 벤치마크 데이터가 널리 이용되고 있다.

신뢰도에 대해 결론부터 말하자면, 벤치마크 리더보드에 과도하게 의존해서는 안 된다. 리더보드에 사용되는 데이터는 이미 널리 알려져 있어서 그 패턴과 유사하게 데이터를 만들어 추가학습시키면 AI가 해당 패턴만 외워서 높은 점수를 받을 수 있기 때문이다. 일부 스타트업들이 특정 리더보드의 순위를 올리는 데만 집중해 (실제 성능과 상관없이) 좋은 평가를 받아 투자를 유치하는 사례가 문제가 되기도 했다.

진짜 문제는 리더보드 순위표에만 집중하다 보면 실제 응용 분야에서는 적용하기 어려울 정도로 성능이 나쁜 모델이 만들어질 수 있다는 것이다. 이는 토익 점수를 올리기 위해 문제 패턴만 외우면 토익 점수는 높일 수 있지만, 외국인 앞에서 영어 한마디 못 하는 상황과 비슷하다.

오순영　　AI 기반 소프트웨어, 서비스도 품질관리의 과정이 존재할 것이다. 개인적인 경험을 이야기해보자면, IT 인생 대부분을 보냈던 한글과컴퓨터에도 품질보증QA 부서와 품질관리QC 부서가 있었다. 이 두 부서를 통해 소프트웨어 개발 각 단계별로 필요한 품질과 관련된 활동들이 진행되고, 철저한 품질 테스트를 높은 점수로 통과해야만 출시가 가능했다.

이에 비춰 보면 현재의 AI 기반 서비스들에 대한 품질 평가는 상당히 모호한 것 같다. 대부분의 AI 기반 모델이나 서비스를 개발하는 회사들의 업력도 길지 않다 보니 이런 부분에 자체적으로 체계를 잡기도 쉽지 않아 보이기도 한다. AI 기술을 공급하고 관련 서비스 역시 제공하는 기업 입장에서 AI 서비스의 품질 평가에 대해 어떤 시각을 가지고 있고, 어떤 준비가 되고 있는가? AI를 도입하는 기업 입장에서는 어떤 준비를 해야 할까?

하정우   품질관리 또한 리더보드 문제와 일맥상통한다. 앞서 언급한 문제들을 이유로 리더보드 무용론을 주장하는 전문가들도 일부 존재하지만, 잘 만들어진 벤치마크와 리더보드는 반드시 필요하다. 측정할 수 있어야 개선할 수 있기 때문이다. 다만, 측정이 본질이 되는 것이 아니라 다양한 문제를 전반적으로 잘 해결할 수 있는지를 평가할 수 있어야 한다. 예를 들어, 영어 능력, 수학 능력, 과학 능력, 질의 응답 능력, 글쓰기 능력, 요약 능력, 번역 능력 등 다양한 측면에서 평가하고, 이와 더불어 혐오 표현이나 편향적 발언을 얼마나 잘 피하는지도 포함해서 벤치마크 데이터를 만들고 리더보드 결과를 고려해야 하는 것이다.

또한 리더보드가 유용해지기 위해서는 학계뿐 아니라 실제 산업계에서 적용할 수 있는 평가 방법과 데이터를 만들어서 운영해야 할 것이다. 어느 정도 규모가 있는 기업들은 자신들이 적용하려는 분야에 대한 리더보드를 여러 종류로 만들어서 가장 잘 반영할 수 있는 평가 데이터를 만들고, 다양한 모델을 평가할 수 있는 시스템을 구축해야 한다. 단순하게 정확도를 측정하는 것이 아니라, 해당 업계의 전문가들이 모델의 성능을 정성평가하고 상대평가를 도입하는 것도 필요하다.

오순영   KB의 금융 특화 리더보드 사례도 이해에 도움이 될 것이다. KB는 생성형 AI가 주목받기 전부터 이미 자체 금융 특화 언어 모델을 활용하고 있었다. 2023년 하반기에 내부적으로 다양한 대규모 언어 모델에 대한 정성평가를 금융 특화 정량평가 수치로 전환하기 위해 금융 태스크 기반의 자체 금융 평가 데이터셋과 리더보드 시스템을 운영했으니, 버티컬 특화 모델이 가지는 장점과 경쟁력에 대한 고민을 일찌감치 한 셈이다. 몇 가지 태스크에 대한 금융 평가 데이터셋을 만들고 실제 평가 시스템을 운영함으로써 새로운 AI 모델이 나올 때마다 그 성능을 금융 태스크 기반으로 확인해볼 수 있다는 것은 내부 목적에 맞는 AI 모델에 대해 독자적으로 판단할 수 있다는 점에서 정량적인 성능 평가에 대한 고민 해결의 실마리가 될 수 있겠다.

기존 소프트웨어 평가처럼 AI 관련 평가도 중요하다. 리더보드가 AI 모델의 성능을 평가할 수 있지만, 제품의 품질을 평가하기에는 한계가 분명하다. AI 서비스에 대한 품질 평가 테스트는 어떤 방법으로 하는 것이 좋을까?

하정우   예전의 분류 모델은 단순히 정확도를 체크하면 됐지만, 생성형 모델은 콘텐츠를 만들어내기 때문에 사람의 모니터링이 필요하다. 특히 품질 자체를 평가하는 것은 쉽지 않기 때문에 네이버의 경우 주로 혐오 표현, 편향된 표현, 사회적으로 민감한 내용을 얼마나 발화하는지에 집중해서 평가하고 있다. 이를 '레드 티밍 Red Teaming'이라고 하는데, 모델의 잠재적 취약성과 편향성을 테스트하기 위한 일종의 대항군 또는 화이트 해킹으로 이해하면 쉽다.

콘텐츠의 품질 자체에 대한 평가는 적용하려는 분야의 전문 그룹이 별도로 평가 체계를 만들어야 한다. 이는 데이터를 기반으로 하거나, 앞서 언급한 리더보드를 활용해 평가할 수 있다. 중요한 것은, 실제 적용하려는 분야를 대변할 수 있는 평가 체계를 만들어야 한다는 것이다.

이 과정에서는 AI 개발 기업의 기술적 지원이 필수적이다. AI 개발 기업은 관련 경험이 많기 때문에 도움을 줄 수 있고, 도입 기업은 자사 전문 분야의 지식을 제공해 협력하는 것이다. 이러한 평가 체계를 잘 구축하고 운영하는 것도 생성형 AI 시대의 새로운 비즈니스 모델이 될 수 있다. 신뢰할 수 있는 평가 체계를 얼마나 정확하게 만들 수 있는가는 경험이 필요하고 난이도도 높아서 진입장벽이 높은데, 앞으로 AI 안전성, 신뢰성과 관련한 규제 등을 고려하면 반드시 필요한 단계다.

오순영 　기업이 AI 서비스를 도입할 때, 서비스의 정확도뿐만 아니라 윤리적인 부분과 편향성에 대한 부분도 큰 고민이다. AI 도입을 위해서는 자사의 다양한 내부 데이터들을 활용해야 하는데, 가장 흔하게 부딪히는 문제가 데이터 간의 양적인 불균형, 그리고 데이터 중 일부가 오염된 '잘못된' 데이터가 섞여 있는 것이다. 이로 인해 데이터의 편향성이나 윤리적 이슈 등이 생긴다.

하정우 　각 기업이 보유하고 있는 데이터는 그것이 만들어지는 과정에서 편향이 생기기 마련이다. 이러한 문제는 특정 기업 혼자서 해결할 수 없다. AI 안전 연구소 같은 기관들이 만들어지는 이유가 바로 그것 때문이다.

편향적인 부분을 정확하고 효과적으로 측정하고 완화할 방법이 필요하다. 장기적으로 보면 각 기업이 AI 안전 거버넌스 조직을 만들어 운영하겠지만, 기존의 AI 개발 기업들이 선제적으로 AI 안전 거버넌스 조직을 잘 운영하고 있으니 초창기 단계인 현재에는 기업들이 이를 활용해서 함께 협력하는 형태로 나아가야 한다.

오순영 　다른 어떤 기술보다 AI 거버넌스, 안전성, 윤리, 책임감 등의 키워드로 대표되는 주제에 대해서는 각 개별 기업이 고민하기보다는 정부, 기관, 빅테크를 포함한 다양한 조직들이 모여서 함께 고민하는 과정이 필요하겠다.

하정우 　특정 기업이나 빅테크가 혼자서 할 수 있는 일은 아니다. AI나 엔지니어뿐 아니라 법, 사회과학, 인문학, 철학 등 다양한 분야의 전문가들이 함께 모여 공통의 규칙을 만들어야 신뢰성을 확보할 수 있다. 사회적 수용성을 높이기 위해 공감대 형성과 같은 노력도 함께 진행해야 할 것이다.

결론:
우리는 언제쯤 AI 기술을 저렴하게 쓸 수 있을까?

지난 6월 인텔 AI 서밋에서 하정우 소장은 AI가 비싼 이유로 "'많은'

'비싼' 하드웨어 리소스가 투입되기 때문"이라고 언급했다. 생성형 AI 비관론자들이 AI 겨울이나 거품론을 주장하는 가장 큰 이유들 중 하나가 바로 '비용' 문제다. 모델이 커지고 데이터를 많이 넣다 보니 GPU를 많이 사용하게 되고, 그로 인해 단가가 비싸진다. 현재 엔비디아 GPU가 AI 가속기 분야에서 거의 독점 수준의 점유율을 차지하고 있는데, 이렇게 특정 기업이 하드웨어를 공급하다 보니 공급에 제한이 생기고 장비 가격도 비싸진다. 성능을 높이기 위해 더 많은 에너지를 사용하면서 에너지 효율이 떨어지는 문제도 발생한다. 예를 들어, A100에서 H100으로 업그레이드할 때 성능은 50퍼센트밖에 좋아지지 않는데 에너지는 75퍼센트 더 많이 사용된다. 에너지 효율이 낮아지니 가격이 비싸질 수밖에 없다.

이를 해결하려면 하드웨어적인 노력이 필요하다. 물론 소프트웨어적으로 모델을 경량화하는 방법도 있지만, 그것만으로는 충분하지 않다. GPU 외에 다른 경쟁력 있는 선택지가 함께 개발되어야 한다. 예를 들어, 인텔은 가우디Gaudi라는 AI 가속기 반도체를 가지고 있는데, 가우디를 이용해 AI를 개발하기 위한 소프트웨어 생태계는 엔비디아 GPU용 병렬 프로그래밍 언어인 쿠다 기반 오픈소스 소프트웨어에 비해 턱없이 부족한 상황이다. 이를 해결하기 위해 인텔은 네이버와 국내 스타트업인 스퀴즈비츠, 카이스트, 서울대, 포스텍 등과 협력해 공동연구소를 설립했다. 이 연구소는 가우디를 손쉽게 활용해 AI를 개발하고 운영할 수 있는 소프트웨어를 개발하고, 이를 모두 오픈소스로 공개할 예정이다. 그러면 더 많은 사람들이 오픈소스를 활용하여 가우디를 사용하게 되고, 독점 상황이 어느정도 해소되면 전체 AI 생태계나 비즈니스 시장 규모가 훨씬 더 성장할 수 있다. 또한 자연스럽게 AI 활용 비용이 낮아지고, 가격이 낮아지면 사용자들이나 활용 기업에서 더 많은 시도를 할 수 있어 킬러 애플리케이션이 나올 확률도 높아질 것이다.

오픈AI가 독주할 때 메타가 오픈소스 기반의 모델 생태계를 만들어 많은 AI 스타트업들이 오픈소스 생태계에 합류하고, 이에 대한 시장 경쟁력을 키우는 것과 비슷하다. 오순영 위원은 전체적인 플레이어 수가 늘어나면서 실제 AI 모델 도입에 대해서도 오픈소스 기반 모델의 활용이 활발해지고, 폐쇄형 성능과도 비슷하게 올라가면서 AI를 도입하려는 기업 입장에서는 많은 선택지가 생겼다고 진단한다. 하드웨어 측면에서도 이러한 선택지를 늘려간다면 충분히 수요에 따른 공급량을 맞춰가며 합리적인 가격과 확보가 가능해질 수 있다는 것이다.

이에 대해 학계의 도움도 절실하다. '스케일링 법칙 Scaling Laws'이라고 하는 AI 규모의 법칙을 깨는 혁신적인 연구 결과물을 만들어주는 것. AI 개발이 돈의 전쟁으로 양상이 변모하는 것은 규모의 법칙이 큰 몫을 차지한다. 그래서 이 규모의 법칙을 깨는 연구를 우리나라에서 만들어낸다면 AI 분야 발전에 큰 기여를 하게 되고, 에너지나 환경 문제 등을 포함한 지속 가능성 측면에서도 엄청 큰 발전을 가져올 수 있다. 국내 AI 전공 연구자들의 분발이 필요한 시점이다.

AI는
어떻게
바뀌어야
하는가?

오순영이 묻고
하정우가 답하다

3장에서는 'AI는 어떻게 바뀌어야 하는가?'라는 주제로 활용 전문가의 관점에서 AI 개발 기업 전문가에게 다양한 질문을 던졌다. 대담에서 활용 전문가와 개발 전문가는 AI의 사용성과 기술적 발전, 사용자 중심 설계, 할루시네이션 문제, AI 비용 구조, 시계열 데이터 활용, AI의 설명 가능성 등 다양한 주제를 다루면서 현재 AI 기술이 직면한 문제점과 해결책, 그리고 앞으로의 가능성에 대해 폭넓은 시각을 제공한다.

AI 기술은 우리의 기대와 눈높이를 만족시키고 있는가? 그리고 앞으로 어떻게 변화해야 할까? 활용 기업은 AI 기술의 사용성과 기능에 대해 어떤 기대를 가지고 있는지, 그리고 개발 기업들은 이를 어떻게 실현해 나갈 수 있을지에 대한 깊이 있는 이야기를 들어보자.

AI 사용성 강화를 위한 조건

오순영　　파격적이라 할만큼 언어적 능력이 뛰어남에도 불구하고, 챗GPT를 포함한 최근의 AI는 사용성 측면에서 기존의 챗봇, 콜봇, 아바타 등과 비교해서 별 차이가 없는 것처럼 느껴진다. 멀티모달 AI까지 기술적 진보가 이뤄졌지만, 여전히 과거 서비스의 생김새와 크게 다르지 않아 보이기도 한다. 개발 기업 입장에서는 무엇이 문제라고 진단하는가?

하정우　　챗GPT가 챗봇에서 시작되었다는 점을 고려해야 한다. 사실 챗GPT는 완성된 제품/서비스로 보기는 어렵고, '인스트럭트GPT InstructGPT'라고 하는 논문의 웹 데모 정도로 보는 것이 정확할 것이다. 당시 인스트럭트GPT나 GPT3.5는 텍스트 입력과 출력만 가능했기 때문에 웹 데모로서 가장 간단하게 사용할 수 있고 사람들이 친숙하게 느낄 수 있는 '채팅' 방식을 선택했다. 추가적으로 구글 아이디나 페이스북 아이디를 연동할 수 있게 해서 미니멀리즘을 추구하고 많은 사람들이 편리하게 접근할 수 있도록 했는데, 챗GPT의 경이적인 사용자 증가는 어떤 설명 없이도 바로 사용해볼 수 있고 성능을 직접적으로 느낄 수 있었던 '접근성'과 '사용성' 덕분에 가능했던 것이다.

오순영　　시장이 반응한다는 것을 감지했을 때 사용자 중심으로 관점을 빠르게 이동하지 못했던 점이 아쉽다. 사업화에 능숙했다면 사용자의 니즈를 파악해 인터페이스나 UI/UX를 바꿔 사용성을 더욱 강화할 수 있었을 것이다.

하정우　　인터페이스나 UX를 바꾸기 위해서는 모달리티가 상당한 수준으로 변화해야 한다. 최근 출시된 챗GPT-4V는 모달리티에서 변화가 많았는데, 영상과 이미지를 업로드할 수 있고, 콘텐츠로 대화할 수 있으며, DALL-E 시리즈와 결합해 이미지도 생성할 수 있게 되었다. 챗GPT 앱 출시 당시 위스퍼라는 오픈AI 음성 인식 모델을 결합하면서 말로 대화하는 것도 가능해졌다. (아직 합성기가 결합되지 않아 질문은 말로 할 수 있지만 답변은 텍스트로 봐야 했다.)
이런 측면에서 봤을 때, UI/UX는 분명 사용자들이 더 편리하게 사용할 수 있도록 한 단계씩 발전하고 있다. 특히 챗GPT-4o는 엔드투엔드End-to-End 모델로, 음성 인식, 대화 모듈, 음성 합성 모듈이 따로 있는 것이 아니라 하나의 모델에서 음성을 인식하고, 생각하고, 글을 만들고, 음성을 합성하는 것까지 모두 처리한다. 이에 따라 훨씬 더 자연스러운 대화가 가능해졌는데, 목소리에 담긴 감정을 파악해 음성 합성 시 감정과 분위기를 반영할 수도 있다. 슬픈 내용이라면 목소리가 슬퍼지고 즐거운 내용이라면 목소리가 활기차지는 것이다. 종합하면, 과거 챗봇보다는 확실히 진일보한 것이다.

하지만 결국 구글, 오픈AI도 개발부터 출시까지 개발자/공급자 마인드 중심으로 진행했기 때문에 사용자 중심의 설계는 다소 부족하다는 평가도 당연하다. 이러한 아쉬움은 애플이 해소해줄 것으로 기대된다. 그들은 다른 테크 기업들보다 사용자들에게 혁신을 제공하는데 앞서 있고, 어떻게 하면 사용자가 더 편하게 쓸 수 있을지를 가장 잘 아는 기업이다. 최근 애플이 WWDC에서 애플 인텔리전스를 발표했고, 챗GPT-4와 결합하겠다고 했는데, 애플과 함께라면 한 단계 더 진화된 UX를 기대해볼 수 있지 않을까?

오순영　　생성형 AI 모델을 활용한 서비스를 구현할 때 기존의 서비스나 소프트웨어에서 활용하던 익숙한 UI/UX를 기반으로 하는 경우가 눈에 띈다. 예를 들어, 노트북, 모바일 디바이스처럼 키패드를 통해 텍스트를 입력하거나 목소리를 통해 음성으로 입력하는 방식이 대표적인데, 이제는 입력을 받는 방식들도 좀 더 다양한 시도들이 가능하지 않을까? 언제까지 우리가 손으로 직접 입력해야 할까? 사용자가 말로 지시하면 원하는 일련의 작업들이 바로 수행되는 기능이 구현되기까지 언제까지 기다려야 할까?

사용자가 기대하는 것은 어떤 질문이나 요청을 했을 때 (아주 명시적인 단어로 지시하거나 버튼을 비롯한 다양한 사용자의 입력을 받을 수 있는 개체를 터치하거나 스크롤하지 않고) AI가 알아서 사용자의 의도를 파악한 후 사용자의 요청에 맞는 콘텐츠들을 보여주는 것이다.

하정우   애플의 경우 2024년 말 출시를 준비하고 있고, 챗GPT 앱 같은 경우는 지금도 가능하다. 챗GPT-4o 사용자는 음성 지시를 통해 원하는 작업을 할 수 있긴 하지만, 그래도 결국 버튼을 누르는 과정을 없애지는 못했다. (얼마 전 공개된 챗GPT-4o 고급 음성 모드는 백그라운드에서도 대화할 수 있도록 개선되긴 했다.) 하지만 생성형 AI 기술, 특히 LLM과 LMM의 최근 발전 속도는 매우 빠르다. 이러한 기술 발전에 소위 HCI라고 불리는 사용자-(AI, 로봇을 포함한)컴퓨터 간 상호작용을 연구하는 분야도 점차 발맞추기 시작했다는 점은 변화의 가능성을 보여준다.

오순영   엔비디아의 GTC2024 키노트에서 젠슨 황은 미래의 컴퓨팅 경험과 AI로의 플랫폼 전환을 이야기하면서 다음 AI의 흐름은 물리적인 형태일 것이라고 예측하며 로봇공학의 발전을 강조했다. 그렇기 때문에 기존의 디바이스보다 훨씬 다양한 입력 방식과 인터랙션 방식이 나타날 것이고, 좀 더 인간에게 친숙하고 편리한 방향으로 UI/UX 분야에 대한 연구가 상당히 활발해질 것으로 예상된다. 물론 향후 전망 또한 상당히 밝은 분야가 될 것이다.

하정우   '인공지능 기술을 우리가 왜 만들었나?'라는 관점에서 생각해보자면, 결국 AI 기술도 사람이 편하기 위해서 만든 것이다. 인공지능의 지적 능력과 지식 추론 능력이 크게 향상되었고, 멀티모달 기술의 발전으로 인터페이스를 더 쉽게 만들거나 다양한 채널로 접근할 방법도 생겼다. 이제 남은 과제는 실제 사용자가 체감할 수 있는 인터페이스 방법, UX 방법의 개선이다.

이러한 부분은 HCI 분야에서 다루고 있는데, 네이버 HCI 연구 그룹이 2023년 최우수논문상을 받은 세계 최고 권위의 HCI 학술대회인 ACM CHI Conference on Human Factors in Computing Systems에 2024년 등록된 HCI 논문 중 대부분이 거대 생성형 AI와 관련된 것이었다. 생성형 AI를 활용한 서비스를 만들고 있는 기업이라면 이곳에서 발표하는 연구들을 주목할 필요가 있다.

HCI는 '100점짜리 기술로 80점짜리 서비스를 만들 것인가, 아니면 80점짜리 기술로 100점짜리 서비스를 만들 것인가'를 결정하는 핵심이다. 결국, 사용자들이 인공지능과 어떻게 잘 상호작용하게 할 것인가가 중요한 것이다. 상호작용이 잘 이루어져야 사용자들의 의도를 훨씬 더 정확하게 파악할 수 있고, 인공지능이 생성한 콘텐츠도 더욱 정확하고 효과적으로 전달될 수 있다. 또한 사용자들이 얼마나 만족하는지 평가도 제대로 할 수 있다. 따라서 HCI 분야의 연구와 기술 보유는 AI 서비스 기업과 AI 기술을 활용하는 기업들에게 매우 중요해진다.

오순영   현재 글로벌 빅테크들을 보면 엔비디아의 젠슨 황이 2024

년 3월 GTC 컨퍼런스 키노트에서 로봇 군단들과 함께 등장해 로봇 관련 풀스택을 갖추겠다고 선언했고, 테슬라도 꾸준하게 옵티머스를 업그레이드하며 3세대 옵티머스가 로봇공학과 인공지능 개발의 큰 도약이 될 것이라고 말한다. 사용 기업 관점에서도 HCI 분야에서의 연구 결과들이나 시도들이 앞으로의 새로운 미래 먹거리를 확장시키는 데 중요한 역할을 할 것으로 본다.

하지만 AI 반도체 정도를 제외하면 여전히 소프트웨어적인 접근이 대부분이고, 사용자 관점은 여전히 부족해 보인다. 심지어 한국의 경우 특정 임무 수행을 위해 특화된 로봇, AI 반도체를 제외하면 휴머노이드 대표 기업 혹은 연구를 떠올리기 어려운 실정이다. 산업은 물론이고, 스타트업에서조차 인공지능과 로보틱스 분야의 결합체를 보여주는 사례를 찾기 힘들다.

하정우   국내에도 로보틱스 연구와 관련 기업들의 활동이 꽤 오랫동안 지속되고 있지만 그들이 당면한 여러 어려움 때문에 생각보다 성장이 더딘 상황이다. 핵심은 로봇을 만드는 데 드는 비용이 AI를 비롯한 소프트웨어를 개발하는 데 드는 비용과 차원이 다르다는 것이다. 따라서 가격 또한 개인 소비자가 감당하기 힘든 수준이 되는데, 몇천만 원에서 몇억 원짜리 로봇이 사용자에게 주는 부가가치가 '얼마'인지 계산해보면 선택이 달라질 수밖에 없다. 예를 들어, 많은 사람들이 빨래 개는 로봇이나 설거지를 해주는 로봇을 원하지만, 이런 로봇은 가격이 굉장히 비싸다. 단순작업용 로봇을 어마어마한 액수의 돈을 지불하고 쓰라고 하면 과연 몇이나 구매할까? 사람들은 집안일을 하는 로봇이 나오면 반드시 쓰겠다고 말하지만 가격을 듣는 순간 RoI가 생각나고, 그 돈을 주고 살 바에는 직접 하겠다고 할 것이다.

오순영　투자의 규모나 난이도 등 여러 가지 환경적인 문제는 충분히 이해가 된다. 연구개발도 개발이지만, 실제 자동차나 가전처럼 대량생산 체제를 갖출 수 있고, 상용화의 기반이 되는 합리적인 가격 또한 인건비보다 로봇의 가격이 낮아지기 전까지는 달성이 불가능할 것이다. 이처럼 로봇이 가진 한계가 분명함에도 로보틱스와의 결합이 AI의 미래라는 관점은 여전히 유효한 것인가? 로보틱스와 AI가 나아가야 할 방향에 대해 산업에서는 어떤 고민을 하고 있는가?

하정우　궁극적으로는 몸체가 있는 로봇에 인지 능력을 가진 AI를 탑재해 외부 입력을 받고 상호작용하며 학습하고 적응하는 방식 Embodied Cognition으로 나아가야 한다. 하지만 단기적으로는 여전히 해결해야 할 물리적 문제와 높은 비용, 비즈니스적으로 고려할 사항들이 많다. 글로벌 빅테크 기업들은 자본이 풍부하기 때문에 이런 방향을 추진할 수 있지만, 국내에서는 대기업들조차 중장기적인 투자를 하지 않는 경향이 강해 투자했다가도 그만두는 경우가 다반사다. 발전이 더딜 수밖에 없는 이유다. 그럼에도 서울로보틱스 같은 스타트업과 한재권 교수 같은 연구자들이 활발하게 연구를 진행하고 있어 국내 로봇 분야의 발전은 기대할 만하다.

오순영   실제 로봇까지 갈 것도 없이 디바이스조차도 가격 문제가 큰 걸림돌이다. 애플의 비전 프로Vision Pro도 분기당 10만 대도 안 팔릴 정도로 판매량이 크게 부진한 상황인데, 물론 맞춤형 앱이나 연관 콘텐츠들이 부족한 것도 문제지만, 가격 경쟁력 또한 무시할 수는 없다. 애플이 2025년을 목표로 비전 프로 절반 정도 가격의 저가형 모델을 개발하고 있는 것도 가격 문제에 대한 대응 차원으로 보고 있다. 로봇 산업 분야 역시 가격 경쟁력과 현실적인 대중화를 위해서는 대량생산 및 양산이 핵심일테고, 양산에 대한 전략을 가진 로봇 회사가 궁극적으로는 이 산업을 선도할 것이다.

하정우   결국 로봇 산업도 기술 수준, 투자 규모, 비용, 적용 분야 등의 이슈로 발전하기까지는 다소 시간이 걸리는 것뿐이고, 생성형 AI의 강력한 추론 능력이 로봇에 자연스럽게 녹아드는 것은 당연한 수순일 것이다.
가격 문제와 관련해, 질문을 바꾸는 것도 방법이 될 수 있다. 네이버의 경우 '(사람처럼 생긴) 휴머노이드 형태로 만들어야 하는가?'라는 질문으로 그 답을 찾을 수 있었다. 네이버랩스는 2014년부터 로봇을 만들기 시작했는데 휴머노이드를 목표로 하지 않는다. 비용도 비용이지만, 인간처럼 작동하도록 만들기 위해서는, 예를 들어 로봇이 물건을 잡을 수 있도록 하는 것은 미션 난이도가 훨씬 높다. 네이버는 모든 상황에서 휴머노이드가 필요한 것이 아니라는 판단에서 현실적인 접근을 취했고 그 결과물로 자율주행로봇 '루키'를 발표했다. 루키는 커피를 나르고, 소포를 배달하며, 데이터센터에서는 서버를 운반하는 등 휴머노이드에게 기대하는 모든 작업을 처리하고 있다.

오순영　　휴머노이드에 대해 이야기할 때 많이 언급되는 것이 "계란을 잡는 로봇 손"이다. 로봇이 계란임을 인지하고, AI가 계란을 어떤 강도로 잡아야 깨지지 않을지 계산한 후, 압력센서가 힘의 세기를 조절해 로봇 손이 계란을 쥐고 드는 단순한 과정을 인간은 아무렇지도 않게 수행하지만, 로봇에게는 정밀한 계산이 요구되는 고도의 작업이기에 개발 비용에 대한 문제도 이해 가능하다. 그런 측면에서 네이버의 접근을 참고할 만하다.

할루시네이션이 왜 문제인가?

오순영　　생성형 AI 서비스가 산업계에 빠르게 확산되지 못하는 대표적인 이유 중 하나로 할루시네이션 Hallucination을 꼽는다. 할루시네이션 문제는 생성형 AI에 대해 다룰 때 어떻게든 등장하는데, 잘못된 정보를 자연스럽게 전달하기 때문에 국내에서는 '환각'이라는 용어로 자주 인용된다. 실제로 언어 모델은 문법적으로든 글의 흐름 면에서든 굉장히 자연스럽게 글을 '잘' 쓴다. 그런데 '틀린' 내용이 종종 발견된다. 하지만 누가 봐도 맞는 말처럼 보이기에 최근에는 할루시네이션을 "헛소리"라고 해야 한다는 의견도 나오고 있는 상황이다.

사실 활용하는 입장에서는 그것을 무엇으로 부르든 중요하지 않다. 확실한 것은 산업에 적용하는 데 치명적인 문제가 될 수 있다는 것이고, 이 문제를 해결할 수 있는 최적의 솔루션이 나오기 전까지는 상당히 보수적으로, 제한적으로 적용해볼 수밖에 없다는 것이다. 할루시네이션을 줄이기 위해 어떤 노력들이 진행되고 있고, 그 작동 원리는 무엇인가?

하정우　먼저 할루시네이션이 발생하는 이유에 대해 짚고 넘어가자. 첫 번째 이유는 딥러닝 모델의 데이터 생성이 확률적이기 때문이다. 최근 인공지능 기술은 기본적으로 딥러닝이라는 방법을 사용해 구현된다. 많은 사람들이 생성형 AI가 딥러닝과 다른 것이냐 혹은 새로 나온 것이냐고 자주 물어보는데, 엄밀히 말하면 그 둘은 별개 층위의 개념이다. 트랜스포머라는 모델은 인공신경망 모델의 한 종류이며, 트랜스포머의 층이 많이 쌓인 형태이기 때문에 딥러닝이라 부른다.

생성형 AI는 데이터를 생성해낼 수 있도록 학습된 딥러닝 모델을 의미한다. 즉, 생성형 AI는 콘텐츠를 생성할 수 있는 AI이고, 이를 구현하는 방법이 딥러닝인 것이다. 앞서 설명한 것처럼, 딥러닝은 데이터를 확률적으로 생성하기 때문에 항상 불확실성이 존재한다. 다시 말해, 기존의 정보를 그대로 가지고 와서 뿌려주는 데이터베이스가 아니기 때문에 확률적으로 틀릴 가능성이 있고, 이에 따라 할루시네이션이 발생할 수밖에 없다.

두 번째 이유는 응축된 데이터를 사용하기 때문이다. 인공신경망 트랜스포머 모델은 수조 개의 토큰을 압축하고 응축된 형태로 모델 파라미터에 저장한다. 이는 마치 여러 재료가 들어간 수프를 끓이는 것과 비슷하다. 다양한 재료가 수프에 녹아들어 하나의 요리가 되는 것처럼, 트랜스포머 모델은 많은 양의 데이터를 응축해 저장한다. 그리고 글을 쓸 때 원본 데이터가 아니라 응축된 정보로부터 다시 글을 만들어내기 때문에 이 과정에서 데이터 손실이 발생할 수 있다.

세 번째 이유는 인코딩, 디코딩 과정 때문이다. 트랜스포머 모델은 데이터를 데이터베이스에 그대로 저장하지 않고 최적화된 형태로 변환(인코딩)해서 저장한다. 그리고 이를 다시 사람이 알아볼 수 있는 형태로 변환(디코딩)하는 과정을 거친다. 이 과정에서 정보 손실이 발생해 할루시네이션이 발생하는 것이다.

마지막 이유는 언어 모델 학습이 사실을 보장할 필요가 없는 방식을 택했기 때문이다. 딥러닝 모델은 다음 토큰을 맞추는 방식으로 학습한다. 앞에 나온 토큰을 기반으로 다음에 나올 토큰을 예측하는 방식이기 때문에 사실 보장과는 관계가 없다. 방법론을 크게 바꾸지 않는이상 할루시네이션이 발생할 수밖에 없다. 결국 정확한 정보를 제공해야 할 때 없는 말을 지어내는 경우가 발생할 수 있기에 할루시네이션이 생기는 것이다.

오순영　　할루시네이션 문제를 근본적으로 해결하는 것은 아니지만, RAG 기술이 정확도를 높이는 꽤 괜찮은 접근 방식을 제공하면서 LLM 기반 비즈니스를 추진하려는 기업이나 도입하는 기업들이 2023년 초부터 주목하고 있다. 챗GPT-3가 출시된 2020년에 뉴립스에 발표됐던 기술이기 때문에 최신 기술로 보긴 어려운데, 산업계의 도입 니즈 때문에 재조명받고 있는 것이다.

RAG는 쉽게 말하면 "정답이 있는 상태에서 정답지를 검색한 정보를 바탕으로 글을 쓴다"는 기술인데, 이 기술을 할루시네이션 문제를 해결하는 최선책으로 볼 수 있는가?

하정우　　할루시네이션 문제는 100퍼센트까지는 아니지만 상당 부분 RAG로 해결 가능하다. 100퍼센트가 되지 못하는 것은 예상치 못한 질문들이 들어왔을 때 이를 정답과 매칭하는 과정에서 오류가 발생할 수 있기 때문이다. 또 커버하는 범위가 넓어질수록 오류가 발생할 가능성도 높아지고, 정답 문서를 만들 때와 질문이 들어왔을 때 사용하는 임베딩 모델의 성능이 좋지 않으면 역시 잘못된 답변을 할 수 있다.

RAG의 기본 원리를 살펴보면 이해에 도움이 될 것이다. 거대 언어 모델은 잘못된 정보를 생성하는 문제(할루시네이션)가 발생하기 때문에 정확한 답변을 제공하기 위해 사람들이 많이 물어볼 것 같은 질문에 대한 (정답을 포함한) 문서들을 데이터베이스에 저장해둔다. 이때 문서들은 인코딩 과정을 거쳐 인공신경망 또는 AI 모델이 정보를 효율적으로 저장할 수 있는 형태로 변환(임베딩)된다. RAG를 검색해보면 나오는 벡터 데이터베이스를 문서와 관련된 정보들이 저장된 데이터베이스라고 생각하면 이해가 쉽다. 예를 들어, 보험 약관에 따라 보험에 대한 정보를 모두 데이터베이스에 저장하는 식이다.

이후 사람들이 질문하면 그 질문을 토대로 문서들을 임베딩하는 모델을 사용해 또 임베딩하고, 들어온 질문이 임베딩된 것에 가장 가까운 정답에 해당하는 정보를 데이터베이스에서 검색한다. 이때 질문에 적합한 정답을 그대로 보여주는 것이 아니라 언어 모델의 프롬프트 입력을 활용한다. 이는 기본적으로 정답이 포함된 상태에서 프롬프트를 사용하기 때문에 언어 모델이 자연스럽게 답변을 생성해 사용자에게 제공하게 된다. 상상의 나래 속에서 글을 마구잡이로 쓰는 것이 아니라, 정답이 정해져 있기 때문에 그 정답을 가져와서 내용을 보완하고 확장하여 글을 만들어내는 것이다.

정보를 저장할 때 문서를 잘게 쪼개는 '청킹'이라는 과정을 거치는데, 청킹의 수준은 RAG를 적용하려는 문제에 따라 달라지며, 정확도에도 영향을 준다. 결국 "RAG를 사용하면 된다"라는 말의 뒷면에는 많은 노하우와 엔지니어링 요소들이 포함되어 있기 때문에 더 많은 경험이 필요하다. 그래서 기업마다 RAG를 활용하는 능력과 방식이 다를 수밖에 없다.

오순영　　RAG 기술에 대한 관심은 정확도를 향상하고자 하는 노력의 일환으로 볼 수 있는데, 이는 AI 도입 '목적'을 명확하게 하는 것이 얼마나 중요한지를 역설한다.

각 산업이 풀어야 할 문제들이 다르고 가지고 있는 내부 지식 데이터의 종류와 내용이 다르기 때문에 직접 부딪쳐서 경험하면서 노하우를 쌓을 수밖에 없는 상황에서 도입의 목적이 불명확하다면 RAG를 활용하기 위해 어떤 데이터베이스들을 준비해야 하는지조차도 파악할 수 없게 된다. 따라서 도입 목적을 이루기 위해서는 해당 도메인 전문가의 참여도 반드시 필요하다. 작업 난이도 역시 상당히 높다. 생성형 AI를 도입할 때 AI 모델의 성능 비교에 많은 시간을 들이는데, 이는 단지 시작일 뿐이다. RAG 기술은 적어도 정답을 찾기 위해 검색해야 하는 지식 베이스가 정해져 있기 때문에 모델이 엉뚱한 곳에서 정보를 만들어내진 않겠지만, 할루시네이션 문제를 근본적으로 해결하는 것은 아니기 때문에 여전히 우려되는 부분이 있다.

하정우   할루시네이션을 줄이는 또 다른 방법은 컨텍스트의 길이를 늘이는 것이다. 챗GPT, 제미나이, 클로바X 등 생성형 AI를 사용할 때 사용자들은 프롬프트, 즉 명령을 입력하고 생성형 AI는 명령을 바탕으로 글을 생성한다. 사용자가 추가 명령을 입력하면 AI는 그 명령을 보고 다시 글을 쓴다. AI는 이 과정을 반복하며 이전에 입력된 모든 프롬프트와 자신이 작성한 글을 입력받는다. 이전 대화의 맥락과 정보들을 모두 고려해 새로운 글을 작성하는 것이다. 같은 질문을 하더라도 앞뒤 맥락이 조금이라도 바뀌면 다른 답변을 생성하는 것도 이 때문이다.
컨텍스트의 길이를 크게 늘인다는 것은 활용할 수 있는 정보들이 많아진다는 의미다. 글을 쓰는 AI에게는 단어 하나하나, 철자 하나하나가 토큰이고, 멀티모달에서는 이미지의 경우 격자로 나눈 각각의 부분이, 음성의 경우 보통 20밀리초 길이의 웨이브가 토큰 하나가 된다. 컨텍스트의 길이가 길어진다는 것은 수백만에서 수천만까지 토큰이 확장된다는 것이고, A4 두세 장이 아니라 여러 권의 책에서 정답을 찾을 수 있게 되기 때문에 할루시네이션을 상당 수준 극복할 수 있다.

참고로 챗GPT와 제미나이를 비교해보면, 챗GPT-4의 경우 12만 8,000토큰을 커버하는데 제미나이1.5는 100만 토큰(구글 딥마인드 내 실험실 수준에서는 1,000만 토큰), 2.0은 200만 토큰을 커버하는 것으로 확인됐다. 실로 엄청난 차이라고 할 수 있다.

다만, 컨텍스트 길이를 늘이면 메모리 소모가 엄청나게 증가한다. 처음부터 끝까지 모든 데이터를 읽어야 하기에 효율적으로 설계되지 않으면 속도가 매우 느려지고 비용도 커지기 때문에 적재적소에 잘 활용할 필요가 있다. 좀 더 근본적인 해결 방법이 오픈AI 의 새로운 언어 모델인 o1에 적용되었는데, 바로 글을 생성하는 '추론'에 훨씬 더 많은 시간을 써서 절차적으로 추론토록 하는 것이다. 이를 테스트 타임 논증test time reasoning이라고 한다. 글을 쓸 때 과거 언어 모델은 한 번에 계속 토큰을 채워가며 쓰는 형태였다면, o1은 글을 쓰기 전에 시간을 많이 써서 논리적인 추론을 몇 단계 거치며 최종 결과물을 제공한다. 이러한 방법으로 올림피아드 수학 문제도 풀어내고 박사 수준의 전문 지식을 보유했다고 평가될 정도의 문제해결능력도 제공하고 있다.

이것을 가능하게 하기 위해 기존의 언어 모델과 달리 강화학습을 활용해 다량의 매우 긴 CoT 데이터를 학습한 것으로 알려져 있다. 오픈AI가 박사급 데이터 구축 인원을 대거 모집한 적이 있었는데, 이 학습 데이터를 구축하기 위한 것으로 보인다. 이제 언어 모델의 능력은 양질의 고급 데이터를 얼마나 많이 확보하느냐의 싸움으로 바뀌어가는 것 같다.

오순영　영화 〈매트릭스〉를 보면 주인공이 탈출을 위해 헬리콥터 조종이 필요한 순간, 주인공의 뇌로 헬리콥터 조종법 데이터가 순식간에 다운로드되어 헬리콥터를 조종하는 장면이 나온다. LLM을 범용적으로 활용할 수 있는 거대한 상식이라고 본다면, 영화와 같은 방식으로 특화된 전문 분야의 지식을 배울 수 있을까?

하정우　전문 분야와 일반 상식을 분리해서 살펴볼 필요가 있다. 먼저, 개별 전문성에 대해서는 '믹스처 오브 엑스퍼트Mixture of Experts'라는 방법론이 꽤 오래전에 나왔다. 최근에는 LLM 분야에서 많이 사용되고 있는데, 법률 전문 모델, 의료 전문 모델, 교육 전문 모델 등이 대표적이다.
각 분야에 특화된 모델은 사전학습과 파인튜닝을 통해 각 분야의 전문 지식을 효율적으로 학습해 만든 여러 전문 분야의 엑스퍼트Experts를 묶은 집합체 모델이다. 믹스처 오브 엑스퍼트 방식에서는 사람들이 질문을 하면 이 질문을 어떤 엑스퍼트에게 보낼지 라우팅Routing하는 단계가 필요하다. 챗GPT-4도 이러한 구조로 구성된 것으로 알려져 있는데, 매개변수가 1조 7,000억 개에 달하는 모델이 하나의 큰 통합 모델로 되어 있는 것이 아니라 여러 개의 전문 분야 모델들로 나누어져 있고, 필요할 때마다 적절한 엑스퍼트를 선택하는 모델을 활용하는 방식을 쓴다는 것이 정설이다.

속도 이슈를 해결하기 위해 엑스퍼트 모델을 나누어 쓰고 학습하는 형태로 운영하기도 한다. 사실 운영하는 측면에서도 전문성 모델이 나누어져 있는 것이 속도도 빠르고 비용도 적게 들어서 제일 나은 방법이다. 다만 모델의 배포와 운영 난이도는 단일 모델에 비해 높은 편이다.

오순영 실제로 경제 전문 뉴스를 서비스하는 블룸버그가 금융 특화 모델(블룸버그GPT)을 발표한 이후 산업에 맞는 모델을 만드는 '버티컬 특화 모델Vertical Model'에 대한 연구 및 검증이 많이 진행되었다. 특히 금융 분야의 경우 금융 특화 모델에 대해 LLM 이전에도 어느 분야보다도 활발하게 응용과 연구가 진행되며 실제 성과를 내기도 했다.

사용자의 요청에 가장 적합한 답변을 제공할 수 있는 전문가 모델에 프롬프트를 라우팅하는 방식은 일반적인 소프트웨어에서 각 기능 단위를 개발할 때 활용하는 개념과 유사한 것으로 보이기도 한다.

하정우 일반 상식 분야는 사정이 조금 다르다. NLP 분야 최고 전문가 중 하나인 최예진 워싱턴대학 교수조차 "상식을 녹여 넣는 것이

너무 힘들다"고 토로하기도 했다.

최근 한겨레와 함께한 디지털휴먼포럼에서 최예진 교수는 "현재 일반 상식은 건별로 데이터로 파인튜닝하거나 RLHF(강화학습을 통한 인간 피드백) 방식으로 계속 업데이트하고 있는데, 이 업데이트 속도가 매우 빠른 편"이라고 언급했다. 예를 들어, 최혜진 교수가 강연에서 현재 챗GPT-4가 특정 문제를 해결하지 못한다고 예시를 보여주면, 두 달 만에 그 문제가 업데이트되어 해결된다. 두 달 걸리던 업데이트가 최근에는 2주 만에 이루어지기도 한다.

이러한 방식은 하나를 해결하면 또 다른 문제가 튀어나오기 때문에 "두더쥐 잡기"라고 표현한다. 건별로 해결하는 방식으로는 모든 상식을 AI에 녹여 넣기 어렵기 때문에 다른 방법이 필요했고 실제로 몇 가지 연구 방법이 제시되긴 했지만, 현재의 LLM 학습 방식으로는 근본적인 해결이 어렵다. 최예진 교수는 이를 "암흑 물질 dark matter"에 비유한다. 암흑 물질은 빛을 비롯한 전자기 복사가 없어 그 자체로는 관측되지 않는 물질을 말하는데, 암흑 물질 같은 우리의 지식/상식을 언어 모델에 집어넣는다는 것은 상당히 어렵다고 얘기한 것이다.

AI 품질 평가의 목적은 무엇인가?

오순영　　소프트웨어 공학에서는 제품이나 서비스를 개발하는 과정에서 해야 할 일들, 즉 기획부터 요구 사항 분석, 설계, 구현, 출시까지 단계별로 명확하게 정의되어 있다. 출시를 위한 품질 관점에서 QA Quality Assurance 및 QC Quality Control 단계도 있다. 소프트웨어는 또한 기능의 범위가 명확하기 때문에 테스트 범위에 따른 테스트 항목 Test Case, TC을 도출해 품질을 정량적으로 측정하고 평가하고 있다.

하지만 AI 관련 제품이나 서비스의 경우 AI 모델뿐만 아니라 그 모델을 이용한 서비스까지 테스트되어야 하기 때문에 테스트의 범위 정의와 더불어 성능이나 품질에 대한 정량적인 테스트가 매우 어렵다. AI의 품질/성능을 평가한다는 것은 결국 신뢰성과 안전성 문제와 직결되는데, 이런 측면에서 AI 업계, 특히 빅테크는 품질 관리, 안전성, 신뢰성을 위해 어떤 준비를 하고 있는지, 그리고 서비스를 받을 때 어떤 형태로 검증된 제품을 제공받을 수 있는지 궁금하다.

하정우　　　평가 기준에 대한 명확한 답은 아직 나오지 않았다. 사실 명확한 답이 존재하기 어려울 수밖에 없다. 기존 소프트웨어 방법론을 보면 소프트웨어 공학의 역사에서 워터폴Waterfall 모델이 처음 나왔고, 최근 10년 정도는 애자일 Agile 방법론이 주목받아왔다. 애자일도 10년 동안의 노하우가 쌓이면서 창의적인 방법론이 만들어진 상황이다.

하지만 생성형 AI는 이제 1년 반 정도 됐다. 이 짧은 기간 동안 무엇이 가능하고 무엇이 불가능한지조차 명확하지 않은 상황에서 기술 발전 속도까지 매우 빠르기 때문에 이를 정확하게 평가하기는 매우 어렵다. 완전히 새로운 기능이 나왔을 때 이를 구체화하는 것이 물리적으로 불가능하다는 의미다.

그럼에도 평가와 검증은 반드시 필요하기 때문에 글로벌 빅테크 기업들에게 이는 매우 중요한 연구 주제다. 실제로 생성형 AI를 포함한 AI 시스템을 어떻게 평가하고 얼마나 신뢰할 수 있을지에 대한 다양한 방법과 지표가 연구되고 있다. 리더보드만 믿고 가기에는 한계가 있다 보니 다른 평가 방법이 필요하고, 현재는 부족한 지점이 발생할 때마다 또 다른 방법을 만들어내는 식으로 대응하고 있다.

오순영   KB에서 '아레나Arena'를 개발할 때 버티컬 특화 모델이 실제적으로 유의미하다는 판단이 이미 있었기 때문에 외부 범용 모델을 평가하기 위한 평가 데이터셋을 비롯한 자체 평가 기준이 내부에 있어야 한다는 것을 절감했다. 외부의 각 모델에 대한 평가 역시 그 평가 방식에 따라 다른 결과를 보여줬기 때문에 내부의 활용 용도를 기준으로 평가가 필요했고, 공급자의 평가 방식이 아니라 수요자인 활용 기업 입장에서도 평가 기준이 필요하다는 결론을 내렸다.

하정우   AI가 실제 서비스나 제품에 본격적으로 적용된 지 얼마 되지 않았기 때문에 우수한 사례들을 차근차근 모으면서 이를 바탕으로 신뢰성과 품질을 평가할 수 있는 체계가 조금씩 논의되고 있다. 네이버도 내부적으로 자동화된 벤치마크를 다양하게 만들어 돌리고 있지만, 내부 인원이 생성 콘텐츠의 품질을 정성적으로 검토하는 과정도 있어 조금씩 체계를 갖추기 시작한 단계. 상대적으로 앞서나가 있는 글로벌 빅테크는 이를 빠르게 정리해 표준화하려는 시도를 많이 하고 있지만, 이제 걸음마를 뗀 아이에게 당장 달리라고 요구하기보다는 여러 가지 좋은 의견을 많이 주는 것이 중요한 시점이다.

오순영　　관심을 가지고 적극적으로 의견을 내는 것도 중요하겠지만, 기능, 성능, 호환성, 사용성, 신뢰성, 보안성, 유지 보수성 등 다양한 측면에서 소프트웨어 품질을 평가하는 GS Good Software 인증과 같은 체계 및 관리 과정이 소비자 입장에서는 더 필요할 것이다.

마지막으로, 소프트웨어나 서비스 개발을 하다 보면 디지털 취약계층에 대한 고려도 반드시 필요하다. 한글과컴퓨터에서 제품 개발을 할 때도 시각이나 청각이 불편한 사용자들도 제품을 쓰는 데 불편함이 없도록 보조적인 기능들, 예를 들어 시각 장애인을 위해 DAISY Digital Accessible Information System(시각 장애인을 위한 국제 디지털 문서 형식) 문서 기능이나 문서 내용을 모두 점자로 바꾸는 기능이 포함되기도 했다.

같은 관점에서 AI를 생각해보면, 사람과 유사한 서비스를 제공해줄 수 있다는 점에서 좀 더 인간 중심적인 설계와 인터페이스가 필요하다. 예를 들어, 노인을 대상으로 한 케어콜 구현 시에는 콜봇의 말의 속도는 좀 더 느리게 해야 하고, 발음은 좀 더 또박또박하게 표현하는 것이다. 이처럼 AI를 구현할 때 해당 AI 서비스의 사용자를 배려하기 위한 특별한 장치나 기능들이 필요할 것 같은데, 어떤 기능들이 있으며, 어떻게 구현할 수 있을까?

하정우　　네이버의 케어콜 서비스를 예로 들면, 다른 국내 기업과는 다르게 스피커가 아닌 '전화'로 서비스를 구현한 것이 대표적이다. 케어콜 서비스의 목적이 독거노인을 챙기는 것인데, 이들은 와이파이를 사용하는 스피커의 전기세조차 아까워하는 경우가 많다. 독거노인 대부분이 기초생활보장 대상자인 경우가 많은데, 와이파이와 스피커가 계속 켜져 있으면 전기 요금 걱정부터 되지 않겠는가. 그에 반해 전화는 비용에 대한 부담이 훨씬 덜하다.

또한 애초에 스피커와의 상호작용 경험이 많지 않은 이들에게 UX 측면에서도 가장 익숙한 것을 선택할 필요가 있었다. 전화를 받는, 늘 하던 대로 하면 되는 일상적인 행위이기 때문에 작동법을 새로 배울 필요가 없었고, 이후 다른 회사들도 네이버를 따라 전화를 기반으로 케어콜을 도입하기 시작했다.

오순영　　익숙함이 주는 편리함은 상당한 메리트다. 그래서 오픈AI는 우리가 늘 사용하는 웹브라우저에서 URL을 통해 챗GPT에 접속해 쉽게 시작할 수 있게 한 것이 아닐까? 채팅 형태의 UI/UX를 제공한 것 또한 신의 한 수라고 생각한다. 케어콜 역시 전화를 디바이스로 활용하면서 가장 익숙한 방식으로 서비스한 것은 어떻게 보면 매우 상식적이기는 하지만 좋은 선택이었다.

하정우　　목소리는 다양한 합성 음성 성우 중 노인이 가장 알아듣기 쉬운 음성을 선택했다. 표현 방식도 노년층이 가장 잘 이해할 수 있는 시나리오를 고려해 하이퍼클로바X를 학습했고, 데이터 증강 과정에도 대부분 반영했다. 목소리 속도는 사용자 조사 결과를 토대로 가장 적합한 것을 선택했다.

오순영　　취약계층을 포함해 사용자를 충분히 고려해 UX에 신경 쓰고 있다는 것이 느껴진다. 특히 음성의 경우 중요성이 생각보다 크다. 금융사 채권추심 관련 콜센터 개발 당시 기술적인 부분도 중요했지만 이를 사용하게 될 사용자에게 적합한 목소리를 결정하는 데 오랜 시간이 걸렸다. 금융 분야에서도 특히 채권추심 영역에서는 목소리 톤이 중요한 역할을 하기 때문이다. 사용자의 요구에 따라, 예를 들어 "조금만 천천히 말해줄래?"라고 하면 목소리 속도를 조금 느리게 바꿀 수 있는가?

하정우　　지금 기술 수준에서는 스트리밍 형태로 합성해서 나가는 것이 가능하기 때문에 기술적으로 구현될 수는 있다. 하지만 상품으로 출시하는 것은 투자 대비 수익률을 비롯해 고려해야 할 사항이 많아지다 보니 논외로 봐야 할 문제인 듯하다.

AI 도입을 어렵게 만드는
비용 문제 접근 방식

오순영　AI 학습에도 상당한 투자가 필요하겠지만 도입 기업 입장에서는 AI 사용 비용에 대한 부담감이 더 크다. 초기 도입 시의 부담뿐만 아니라 어떤 서비스를 제공하느냐에 따라 운영 비용에 대한 부담도 상당할 것이다. 보통 토큰당 과금하는 형태인데, 챗GPT-4o의 경우 1,000토큰당 입력은 7원, 출력은 21원이고, 상대적으로 저렴하다고 하는 하이퍼클로바X의 Dash는 1,000토큰당 인퍼런스는 1원, 튜닝은 3원이다. 토큰당 가격은 적지만, 실제로 트래픽이 조금만 늘더라도 상당히 부담스러운 비용이 된다. 휴대폰 요금제를 보면 사용한 만큼 내는 요금제와 일정 금액을 내고 무제한으로 사용하는 요금제가 있는데, AI 서비스도 이런 다양한 요금제로 AI 과금 체계가가 제공된다면 기업에게 부담이 적을 것이다. 지금과 같은 토큰당 과금제 외에 기업체가 AI를 더 많이 사용할 수 있도록 다양한 과금제가 B2B로 한정으로라도 가능한 상황인가?

하정우　챗GPT의 경우 휴대폰 요금처럼 일정 금액(월 20달러)의 구독료를 지불하면 사용할 수 있는데, 시간당 API 요청 횟수에 제한이 있다는 것은 사용자 입장에서는 아쉬울 수 있는 부분이다. 처음에는 초거대 멀티모달 GPT-4에 3시간당 질문을 100회 할 수 있었는데, 발표한 지 일주일도 되지 않아 25회로 줄여버렸다.

오픈AI가 토큰 기반 과금을 결정한 것은 원가 계산에 중점을 둔 것으로 보인다. 토큰은 AI 모델이 입력을 받아 출력을 계산하는 포워드패스 과정을 거쳐 생성되는데, 이 과정에서 GPU 같은 고성능 하드웨어가 필요하다. 가장 합리적인 방법이지만, 지적한 것처럼 많이 사용할 경우 비용 부담이 커진다는 점이 문제다. 오토GPT의 경우 어떤 미션을 수행하기 위해 계획을 세우고 프롬프트를 계속 만들고 수정하는 과정에서 별다른 성과가 없었는데도 10만 원 정도의 비용이 발생하기도 했다. 통제가 되지 않는다면 비용은 기하급수적으로 증가할 것이 분명하다. 참고로 구글은 철자 단위로 과금하는데, 사용량의 변동성이 큰 토큰보다 예측이 더 쉽긴 하지만 근본적으로는 토큰 기반 과금과 비슷한 방식으로 볼 수 있다.

B2B 특정 요금과 관련해서는 네이버 뉴로클라이드 하이퍼클로바X 같은 클라우드 기반 익스클루시브 상품이 눈에 띈다. 이들은 특정 QoS Quality of Service를 보장하는데, 최대 분당 일정 토큰 수를 일정 범위 내에서는 월정액 요금제를 제공하는 것이다. 예를 들어, 동시접속자 수 얼마에 어느 부분까지 서비스 보장을 해준다는 등의 조건을 걸고, 사용량과 관계없이 정해진 요금을 지불하는 솔루션 형태로 제공된다. 조건을 통해 기본적으로 얼마만큼 쓸지 예측할 수 있기 때문에 가능한 방식이다. 하지만 대부분의 스타트업들은 API를 사용해 별도로 애플리케이션을 개발할 때는 사용량을 예측하기 어려워 토큰당 과금 형태를 선택한다.

사실 개발자 입장에서 가장 큰 고민은 GPU의 비싼 가격과 GPU 외에 다른 대안이 아직 현실적으로 부족하다는 것이다. 새로운 기술인 NPU와 같은 AI 반도체가 나온다고 하지만, 상용화까지는 아직 시간이 필요하다.

오순영　초거대 언어 모델 기반의 기술을 공급하는 입장이나 그러한 기술을 도입해 산업에 필요한 서비스를 준비하는 입장 모두 비용 문제 해결 방향과 방법에 대한 고민은 여전히 진행 중인 것으로 보인다. 사실 비용 절감과 AI 성능 향상 두 가지 목적이 최적화된 지점을 찾는 노하우는 빠른 시도와 많은 경험을 통해서만이 축적 가능하다. 그리고 최적화 지점을 빠르게 찾아내는 기업에게 또 다른 경쟁력이 생길 것이다.

하정우　비용을 줄이기 위한 노력은 지속 가능성을 위해서도 반드시 필요하다. 최근까지도 비용 절감을 위한 다양한 시도가 이어지고 있다. 예를 들어, 똑같은 성능을 유지하면서 모델 크기를 줄이는 '양자화Quantization' 같은 기술들을 사용한다거나 압축 기법들을 동원해 모델을 최대한 작게 만들어 원래는 GPU 여덟 장이 필요한 작업을 GPU 한 장으로 처리하는 식이다. 네이버를 포함해 빅테크 기업들이 AI 반도체 개발에 직접 뛰어드는 이유가 GPU가 너무 비싸기 때문인데, 더 저렴하고, 그러면서도 속도, 품질 등의 성능 저하를 막고, 비용을 줄이기 위한 AI 반도체 개발 성과는 연구 개발을 통해 점점 더 좋아질 것으로 예상한다.

AI 개발 기업들이 거의 이윤이 없는 수준으로 API를 공급하고 있는 상황에서 AI 사용 기업들이 AI 기술을 사용해 더 많은 애플리케이션을 만들고, 사용자들도 다양하게 AI를 활용할 수 있도록 하기 위해서는 정부의 지속적인 지원이 필요하다.

생성형 AI 도입의 방향성

오순영　　보통 생성형 AI를 도입하는 방향은 세 가지 정도로 정리할 수 있다. 첫 번째는 기존 AI 알고리듬의 고도화에 생성형 AI를 활용하는 것, 두 번째는 생성형 AI만이 가진 장점을 활용한 신규 AI 서비스를 개발하는 것, 세 번째는 기존 IT 인프라 자체에 생성형 AI를 도입함으로써 광범위하게 인프라로서 활용하는 것이다.

금융 분야의 경우 시계열 분석 알고리듬 고도화를 위해 생성형 AI를 도입하는 경우가 많다. 생성형 AI를 도입함으로써 기존의 분석 및 예측 방법들이 고도화될 것이라는 기대였는데, 유효한 접근으로 볼 수 있는가?

하정우　　"생성형 AI를 활용해 시세를 어떻게 예측할 수 있는가?" 강의를 다니다 보면 특히 금융, 증권 회사에서 종종 받는 질문이다. 질문의 의도를 들여다보면, 시계열 데이터 문제를 잘 푸는 생성형 AI가 없느냐는 뜻이다.

안타깝게도 최근까지는 LLM을 포함한 언어 모델에서 언어를 중심으로 한 데이터들에 대해서는 좋은 성과가 있었지만, 시계열 데이터에 대해서는 한계가 뚜렷했다. 의미가 있는 그림, 영상, 음성 등은 비슷한 형태의 정보를 담고 있어 언어 모델과 자연스럽게 결합할 수 있다. 그러나 시계열 데이터, 특히 센서 데이터의 숫자는 사람의 언어와 정보 표현 방식이 매우 다르기 때문에 언어 모델과 결합하는 데 어려움이 클 수밖에 없다. 2년 전 딥마인드의 '가토 Gato'라는 논문에서 글, 그림, 영상은 물론 로봇의 움직임을 시계열 데이터로 바꾸어 연구한 사례가 있지만, 로봇의 움직임 자체가 인간의 행동을 모방한 것이기 때문에 가능성이 있는 수준에 그쳤다.

하지만 시계열 데이터에 대한 연구는 확실히 발전하고 있다. 2023년 말 구글에서는 디코더 기반의 파운데이션 모델(GPT류)을 사용해 시계열 예측을 위한 거대 사전학습 모델 Pre-trained Model 연구를 진행했고, 세계 최고 권위의 기계학습 분야 학술대회인 ICML2024에 발표되었다. 과거에는 시계열 데이터의 사전학습, 파인튜닝이 거의 불가능했는데, 이제는 가능해진 것이다. 이러한 변화는 기존의 생성형 AI(글, 영상 등)와의 결합이 멀지 않은 미래에 가능할 것으로 보는 근거가 된다.

이 연구는 다양한 시계열 데이터 전체를 사전학습하는 방식이다. 예를 들어 합성 데이터, 전기 데이터, 날씨 데이터, 구글 트렌드 데이터 등 여러 시계열 데이터를 다 집어넣고 대규모 데이터셋을 사용해 모델을 미리 학습시키는 것이다. 그리고 우리를 둘러싸고 있는 외부 환경에 대한 다양한 지표들은 (생긴 것은 다르지만) 시계열이라는 공통점을 가지고 있으니, 모두 대상이 될 수 있다. 각 기업과 문제에 맞게 파인튜닝을 거친 시계열 데이터가 입력된 모델은 정상적으로 작동했다. 예측의 정밀도 향상을 기대하는 금융권의 기대를 만족시키지는 못하지만, 기술이 조금씩 발전하고 있기에 상황은 긍정적으로 보인다.

오순영　　인간은 눈앞의 자료뿐만 아니라 외부 환경 변화에도 민감하게 반응한다. 이 말은 정보를 복합적으로 인지한다는 의미고, 이는 AI에게는 분명 불가능했던 일이다. 하지만 생성형 AI가 멀티모달로 진화하면서 텍스트, 이미지, 영상 등 다양한 방법으로 외부의 변화를 감지하고 실시간으로 변화하는 정보를 분석할 수 있게 되었고, 양상이 바뀌기 시작했다. 시계열 정보의 경우에도 그것만 보고 판단하는 것이 아니라 인간의 언어나 지식 기반 정보를 융합해 인간처럼 복합적으로 보고 판단할 수 있게 된다면 기존의 AI보다 더 나은 성능을 발휘할 가능성은 높아질 것이다.

설명 가능한 AI란 무엇인가?

오순영　　얼마 전 참석했던 한 학회에서는 '설명 가능한 AI'에 관해 열띤 토론이 벌어지기도 했는데, 실제로 금융, 의료, 법률 등 많은 산업에서 AI의 설명 가능성을 주목하고 있다. AI가 어떤 예측을 하거나 콘텐츠를 생성했을 때 왜 이런 결과를 냈는지 설명할 수 있어야 사용자가 믿고 사용할 수 있기 때문이다. 특히 금융 분야에서는 결과에 대한 근거와 설명이 반드시 필요하다.

사실 챗GPT에게 왜 특정 글을 썼는지 물어보면 나름대로 설명은 한다. 문제는 챗GPT의 설명 자체가 할루시네이션일 수 있다는 것이다. 챗GPT 출시 후 상당히 많은 사용자들이 챗GPT의 그럴듯한 답변이 경우에 따라서는 할루시네이션 현상이 반영된 답변임을 경험했고, 생성형 AI 관련 교육 콘텐츠를 통해서도 챗GPT의 정확성 문제가 다양한 문제로 번질 수 있다는 우려가 확산되다 보니 답변의 근거, 즉 설명 가능성에 대한 관심이 높아질 수밖에 없는 상황이다. AI 활용 서비스를 도입하려는 기업 입장에서는 대부분의 활용 사례들이 답변의 정확성 자체가 상당히 크리티컬한 이슈가 될 수 있기 때문에 설명 가능한 AI에 대한 관심은 앞으로 더욱 커질 것으로 보인다.

AI, 그중에서도 딥러닝이 이런 부분에 있어서 소위 "블랙박스"라고 불릴 정도로 취약하고, 이는 초거대 AI로 갈수록 더 그렇게 느껴진다. 현재 AI의 설명 가능성 문제와 블랙박스 문제를 해결하기 위해 어떤 기술적 노력이 진행되고 있는가?

하정우　　설명 가능한 AI를 만들기 위한 노력은 꾸준히 진행되고 있다. 얼마 전 앤트로픽에서 발표한 기술이 좋은 예가 될 것이다. 앤트로픽이 AI서울서밋 직전에 발표한 이 기술은 글을 쓰거나 그림을 그릴 때 해당 콘텐츠가 어떻게 생성되었는지 시각화하는 것이었다. 예를 들어, 그림과 관련된 텍스트가 어떻게 연관되어 있는지를 시각적으로 보여주는 것이다. 또한 마인드맵처럼 모델 안에서 각각의 개념들이 어떻게 연결되어 있는지도 여러 언어로 시각화했다.

비슷한 시기에 다른 방법을 사용해 개념이 어떻게 추출되고 생성되는지 분석하는 도구들이 나오기도 했다. 앤트로픽 이전에는 오픈AI가 GPT-2가 생성한 글을 GPT-4가 찾아서 어떤 것이 영향을 주었는지 분석한 연구를 발표한 적도 있다.

답변의 정확성 문제와 관련해, RAG를 쓰거나 검색 브라우징을 통해 레퍼런스를 추가하는 등의 노력이 진행되고 있다. 아직 완벽한 수준은 아니지만, 과거에는 20~30점 수준이었다면 이제는 40점, 50점, 심지어 60점 수준의 성과들도 나오고 있는 상황이다. 이러한 연구를 기계적 해석 가능성Mechanical Interpretability 분야라고 하는데, 이 분야의 연구가 최근 활발하고 조금씩 의미 있는 결과들도 나오고 있으니 앞으로의 발전을 기대할 만할 것이다.

오순영　　AI 모델 결정이 도입의 시작점이다 보니 AI를 도입하려는 기업에서는 여전히 각 모델의 성능이나 경쟁력에 대해 고민이 깊다. 이제는 대부분의 AI 모델들이 상향평준화된 상태이고, 성능이 좋다고는 하지만, 도입 방향이나 도입 분야에 따라 AI 모델의 특성을 탈수 있다. AI 모델의 성능을 절대적인 수치로 표현하기에도 무리가 있다. 똑똑하고 큰 모델을 하나 잘 도입해 다양하게 활용할 것인가, 혹은 특정 용도에 맞게 최적화된 작은 모델들을 여러 개 조합해서 활용할 것인가. 기업에게 주어진 선택지는 이 두 가지 정도로 보인다.

하정우　　모델이 매우 커야만 풀 수 있는 문제들이 있다. 대표적인 예로, 특정 미션을 줬을 때 이를 매우 정확하게 계획하고 각 부분의 과업을 세부 절차로 쪼개어 수행하도록 하는 것, 혹은 스스로 개선을 위해 노력하는 것들은 작은 모델들은 처리할 수 없다. 반면 큰 모델은 이러한 작업을 어느 정도 수행할 수 있다. 멀티모달 모델로 넘어가면 그림, 음성, 영상까지 다뤄야 하니 더 큰 모델이 필요하다. 작은 모델 여러 개를 결합해 사용하는 방식으로 커버할 수 있지만, 작은 모델들을 더 많이 보탠다고 해서 계획 수립을 매우 잘하게 되는 것은 아니다.

큰 모델만 할 수 있는 일들이 있고 작은 모델들이 할 수 있는 일들이 있다. 이런 점들을 고려하면 응용 관점에서 내가 어디에 적용할 것인가에 따라 큰 모델을 사용할지, 작은 모델을 사용할지를 결정해야 할 것이다. 결국 사용 목적이 중요하다는 이야기로 돌아간다.

보유한 예산 또한 중요한 판단 기준이다. 예산이 부족하다면 작은 모델들이 할 수 있는 만큼 최대한 효용을 뽑아낸 뒤에 '작은 모델을 써서 이 정도로 잘될 수 있으니 더 많은 예산을 지원하면 더 혁신적인 도전을 할 수 있다'는 것을 보여주는 것이다. 이렇게 단계적인 절차를 밟아가며 예산을 투자해 더 큰 모델을 사용하고 혁신적인 결과를 만들어내는 것이 현실적인 방법이다.

오순영　100점 성능의 모델을 사용하려면 100억이 필요하지만, 80점 성능의 모델을 사용하는 데는 10억 필요하다고 가정한다면 어떤 것을 선택할까? 결국은 도입하려는 기업 입장에서 목적과 상황에 따라 100점 성능으로 전 영역에서 활용하거나 80점 성능으로 특히 성능이 좋은 영역에서 활용하는 등 전적으로 도입 기업의 판단이 중요하겠다. 하지만 결국 AGI 방향으로 나아가기 위해서는 큰 모델이 필수가 아닐까?

하정우　여기서 짚고 넘어갈 부분은 AGI와 큰 모델을 구분해야 한다는 점이다. 큰 모델은 문제 해결 방법을 제공하는 반면, AGI는 무엇을 해야 하는지를 정의한다. AGI는 특정 요구 조건을 충족하는 기능들을 수행할 수 있는 인공지능을 의미한다. 예를 들어, 문제를 스스로 정의하고, 그 문제를 해결하기 위한 절차와 후보군을 만들며, 자기가 잘했는지 못했는지 평가하고, 평가 방법도 스스로 판단해야 한다. 만약 잘못된 결과가 나왔을 때는 다시 계산할 수 있어야 한다. 이러한 과정을 잘 못 처리할 때도 있지만, 인간이라면 모두 할 수 있는 일들이다. 하지만 현존하는 거대 언어 모델은 이러한 과정들을 그저 따라 하는 것처럼 보인다.

많은 연구자들이 현재의 거대 언어 모델이 AGI의 모든 기능을 구현할 수 있다는 주장에 회의적이다. 설령 구현할 수 있더라도 원자력 발전소 수준의 막대한 에너지가 필요할 텐데, 이는 비용 대비 효과가 낮다.

오순영   "많은 사람 중에 30퍼센트가 생각하는 AGI를 커버하는 것이 가능할 것이다." 최예진 교수의 말처럼, 모두가 똑같은 AGI라는 용어를 사용하지만 사람마다 AGI에 대한 기대치가 다르고, 그렇기 때문에 누군가는 앞으로 10년은 걸릴 거라 말하기도 하고, 또 누군가는 3년이면 AGI 시대가 도래한다고 말한다. 중요한 것은 AGI가 무엇을 할 수 있는지, 그리고 우리는 무엇을 기대하는지에 대한 명확한 정의와 이해다.

내부의 데이터들을 어디까지 활용할지도 고민해야 한다. 데이터 접근이 가능한 사람의 범위에 따라 달라질 수 있고, 기술적으로도 상당히 복잡한 문제라 해결이 쉽지 않겠지만, 데이터 학습, 데이터의 접근 권한 등 각 상황들을 어떻게 검토하고 관리할지에 대해서도 고민이 필요하다.

하정우   AI가 스스로 판단하게 할 것인지 아니면 사용자가 직접 판단할 것인지에 대한 사회적 합의와 공감대가 무엇보다 필요하다. AI가 모든 판단을 자동화하면 편리하겠지만, 그로 인한 리스크는 기업이 모두 감수해야 하기에 굉장히 부담스러울 것이다. 또한 내부 규정과 데이터 보안 정책에 따라 데이터가 이미 구현 단계에서 구분되어 있으니, AI가 직접 판단하게 하는 것은 매우 위험한 문제가 될 것이다.

결론:
사용자 관점의 AI 접근 방식,
AI 리터러시

오순영　　챗GPT 등장 이후 전 세계적으로 챗GPT 이야기가 없던 날이 없었다. 국내에서도 AI에 대한 전 국민적 관심이 일면서 AI 도입에 적극적인 분위기가 조성될 것으로 기대했는데, 기업의 경우 경영진의 관심에 발맞춰 도입 및 활용을 위한 준비를 하고 있긴 하지만, 직장인, 학생, 주부 등 대중적인 사용 현황은 기대치를 한참 밑도는 것으로 보인다.

AI 기술을 잘 이해하고, 그 기술을 의미 있고 책임감 있게 사용하는 능력 자체를 'AI 리터러시'라고 부르는데, 이러한 AI 리터러시가 개인 간 격차를 만들어낼 것은 분명하다. 그리고 그렇게 발생한 격차는 사회적 격차, 불평등으로 이어질 수 있다. 그래서 AI를 공급하는 기업과 AI를 도입하는 기업 모두 국민들이 AI를 좀 더 잘 사용할 수 있고 이에 대한 혜택을 받을 수 있는 환경을 조성하는 데 관심을 많이 가져야 한다. 특히 대중이 모이고, 즐겨찾고, 활용을 많이 하는 플랫폼 기업들이 적극적으로 나서서 AI 활용을 촉진하는 데 앞장선다면 효과가 클 것으로 보인다.

하정우　　정부뿐만 아니라 기업과 학계까지, AI 업계에 몸담고 있는 모든 이들이 국내 AI 생태계 및 시장 활성화, 그리고 이를 바탕으로

한 글로벌 시장 확장까지 노력하고 있다. 네이버의 경우 AI 사용 범위 확산을 위해 가능한 한 많은 서비스에 AI를 결합하려고 노력하고 있다. 누구나 네이버 아이디만 있으면 챗GPT처럼 사용할 수 있는 클로바X는 물론, 최근 네이버 웹툰에서 공개한 '캐릭터 챗' 같은 서비스들을 만든 이유도 그렇고, 네이버 쇼핑 플랫폼에서 소상공인들이 쉽게 사용할 수 있는 도구들을 제공하는 것도 비슷한 맥락이다. 또한 네이버 내 비영리 단체인 커넥트재단과 네이버클라우드에서는 집필을 위한 전문가용 자료부터 수업 시간에 자유롭게 사용할 수 있는 생성형 AI 관련 다양한 교육 자료까지 생성해 배포하고 있다. 이와 별개로 정부와 협력해 AI 사용료 부담을 줄이기 위한 노력도 진행 중이다.

오순영 생성형 AI의 강점을 가장 잘 드러낼 수 있는 부분이 마케팅과 세일즈 부분이기도 하고, 정확도보다는 다양한 표현과 창의적인 기획안이 필요한 영역이기도 해서 생성형 AI의 도입을 검토하기 적절한 분야로 보인다. 여러 산업 분야 중 생성형 AI를 좀 더 적극적으로 활용하려는 시도를 하는 분야는 어디인가? 금융 분야의 경우는 정말 발빠르게 움직이고 있다고 생각하는데, 다른 산업 분야로는 어디가 있는가?

하정우 하이테크 분야는 당연히 많이 활용하고 있고, 그 분야를 제외하고 나면 확실히 금융이 가장 앞서나가고 있다. 그리고 언급된 것처럼 거의 모든 분야의 마케팅/세일즈 분야에서도 빠르게 생성형

AI를 도입하고 있다. 예를 들어, 현대백화점의 경우 루이스라는 AI 카피라이팅 시스템을 빠르게 도입해 현장에서 활용하고 있다. 아무래도 마케팅/세일즈에서는 할루시네이션에 대해 부담이 조금 덜하기 때문으로 보인다.

교육 분야에서도 점차 활용도가 높아지고 있다. 챗GPT 에듀케이션 버전을 따로 만들어서 각 대학과 협력하기 시작했고, 대학 교육에서 생성형 AI를 도입해 교육 콘텐츠와 커리큘럼을 만드는 작업이 진행되고 있다. 법률 분야는 세계 시장은 꽤 빠르게 움직이고 있지만, 국내에서는 아직 눈에 띄는 성과가 부족한 상황이다. 내부적으로 나름 노력을 하고 있다고 듣긴 했지만, 조금 더 적극적일 필요가 있다.

오순영　지금까지는 빠르게 발달하는 AI 기술과 그에 따른 활용 방안을 도출하기 위해 산업계와 학계, 즉 공급자들이 중심이 될 수밖에 없었다. 하지만 AI가 우리 삶에 다양한 형태로 적용되고 있는 지금 이 순간부터는 사용자 관점의 접근이 필요하다.

AI 활용률을 높이기 위해서는 결국 공공, 학교, 기업 등에서 적극적으로 사용 환경을 조성하고, 대단한 기술로서가 아니라 일상생활에서 좀 더 편리함을 제공해줄 수 있는 유용한 기술로서 접근할 수 있도록 AI 리터러시 향상을 위한 노력들이 진행되어야 한다.

다시 기술의 본질을 생각하라

AI 대전환 시대의 개발 원칙

하정우

거대 생성형 AI나 파운데이션 모델과 같은 범용 AI의 주요 특징은 방대한 데이터를 활용한 사전학습을 통해 강력한 범용 목적의 지식 이해, 추론, 콘텐츠 생성 능력을 갖추고 있다는 점이다. AI 개발 기업들은 범용 생성형 AI의 무한한 잠재 능력을 고객들이 문제를 해결하거나 새로운 사업 기회를 만드는 데 효과적으로 활용할 수 있도록 다양한 방법을 제공할 때 도입 비용 이상의 가치를 만들어낼 수 있다. 이는 지속 가능한 AI 비즈니스 기회를 창출하는 핵심이 된다.

이 목표를 달성하기 위해서는 AI 기술의 개선뿐 아니라 사용성, 접근성, 확장성까지 모두 고려해야 한다. 이번 장에서는 AI 개발 기업이 고려해야 할 LLM을 포함한 생성형 AI의 특징과 성공적 비즈니스를 위한 원칙들을 항목별로 짚어본다.

원칙1.
다목적 기술을 기업의 실용 솔루션으로 특화하라

LLM과 같은 사전학습된 생성형 AI는 '육수'에 비유할 수 있다. 큰 솥에 다양한 재료를 넣고 오랜 시간 끓여낸 육수는 (그 자체로는 음식이라 하기에는 애매하지만) 음식의 맛을 결정하는 중요한 요소가 된다. 맹물로 만든 냉면과 육수를 사용한 냉면의 차이를 떠올려보면 이해가 쉬울 것이다.

포스트트레이닝, 컨티뉴드트레이닝, 파인튜닝 등으로 불리는 다양한 사후학습 과정은 음식을 만드는 '조리' 과정과 유사하다. 맛있는 음식(응용 분야/서비스)을 완성하기 위해서는 잘 끓인 육수(사전학습된 생성형 AI)에 필요한 신선한 재료(응용 분야에 맞게 가공된 양질의 학습 데이터)를 손질하고 이를 레시피에 맞춰 조리(사후학습)하는 과정이 필요하다.

사후학습의 중요성은 업무 자동화 등 생산성 향상 도구로 생성형 AI를 활용하려는 산업 현장에서 특히 두드러진다. 외부에 공개된 데이터가 거의 없는 금융, 법률, 의료, 교육, 공공, 제조, 건설, 화학 분야가 대표적이다. 이들이 보유한 전문 지식 데이터는 대부분 대외비로 묶여 있어 생성형 AI가 사전학습이 거의 불가능하다. 따라서 생성형 AI가 업무에 바로 적용할 수 있는 고품질의 결과를 생성하기 위해서는 개별 기업이 보유한 전문 지식 데이터에 대한 사후학습이 반드시 필요하다. AI 개발 기업 입장에서는 사전학습이 잘된 기존의 70점짜리 모델에 고객 기업이 제공한 데이터를 가공해 추가학습한 90점짜리 모델을 제공하는 것이 하나의 대안이 될 수 있다.[1] 챗GPT, 제미나이, 클로드3, 클로바X와 같은 B2C 서비스들의 경우에도 사용자들의 제로샷Zero-shot[2] 요청 프롬프트에 대해 추가적인 가공을 통해 상식, 지식, 단계별 추론 능력 등을 강화한 정교한 고품질 데이터를 학습에 활용하고 있다.

사후학습은 크게 PEFT Parameter Efficient Fine-tuning[3], SFT Supervised Fine-tuning, FP Further Pre-training, 사용자 피드백학습(선호도학습 Preference learning)으로 나뉜다. 각각의 파인튜닝 기법은 데이터 양, 가공 형식, 학습에 필요한 GPU 규모에서 차이가 있는데, 데이터 양과 GPU 규모는 예산 문제와 직결되기 때문에 문제나 목적뿐만 아니라 예산에 따른 적절한 선택이 요구된다. 예를 들어, FP의 경우 입력-출력 형태의 가공이 필요없고 사전학습 데이터 형식의 다음 토큰을 예측하는 방식으로 학습하기 때문에 생성형 AI의 부족한 전문 분야 이해도를 해결하는 데 적합하다. 다만 한국어로 표현된 전문 지식 데이터를 주입하기 위해서는 최소 수십억 개의 토큰이 확보되어야 하기 때문

표 4-1 사후학습의 종류와 특징

구분	PEFT	SFT	FP	사용자 선호도학습
의미	모델 기본 능력을 유지한 채 적용할 문제의 답변 능력 강화할 때 사용	사용자 명령 수행 능력 향상을 위해 다량의 질문-정답 가공 데이터 추가학습	사전학습 모델에 부족한 전문 지식 주입을 위해 대규모 전문 분야 문서를 추가학습	모델 답변의 품질 개선과 운영 정책 반영을 위한 학습(RLHF 혹은 DPO가 널리 사용)
모델 학습 범위	모델 파라미터 (극히) 일부	모델 전체	모델 전체	별도 모델 (보상 모델)
필요 데이터	소량의 전문가 제작 명령-정답 데이터	다량의 전문가 제작 명령-정답 데이터	대규모 전문 분야 지식 포함 문서 (보통 수십억 토큰 이상 데이터)	사용자 피드백 혹은 선호도 (선택/거절) 데이터
필요 GPU와 학습 시간	소량 GPU에 수시간	상대적 소량 GPU에 수일	대량의 GPU에 수일	소량 GPU에 수시간
필요 예산	적음	많음	아주 많음	적음

에 다량의 GPU가 연결된 인프라가 필요하다. (참고로 해외 빅테크 sLM, LLM의 경우 사전학습 데이터에서 한국어 데이터가 차지하는 비중은 대단히 낮은 편이다.)

사후학습 방법은 사전학습 모델의 발전 수준에 따라 달라질 수 있다. 하지만 성공적인 사후학습 노하우는 실제 AI 도입 기업과 개발 기업만이 가지게 된다. 파인튜닝 파이프라인을 성공적으로 구축하기 위해서는 ① 예산 규모를 고려해 어떤 분야에 적용할지 문제 정의가 선행되어야 하고 ② 파인튜닝에 활용할 데이터를 학습 스타일에 맞게 가공해야 하며(보통은 질의-응답 혹은 기대하는 입력-출력 형태) ③ 생성형 AI 앞쪽(데이터 정제, 가공, 배치 처리 등)과 뒤쪽(결과물 스트리밍 처리, 시각화, 사용자 피드백 입력 UX 등)에 필요한 기능들도 소프트웨어로 구현해야 한다. 이 과정은 단순하지도 않고, 쉽지도 않다. 내부 조직과 역량만으로 데이터 가공, 문제별 성능 평가, 사용자 피드백학습을 포함하는 파인튜닝 파이프라인을 구축할 수 있는 기업도 아직까지는 거의 없다.

전체 모델 파라미터에 대해 학습이 진행되는 SFT나 FP 과정에서 학습이 잘못 수행될 경우 기존 사전학습 때 주입해둔 지식이나 추론 능력, 명령 수행 능력이 사라지는 경우가 발생할 수도 있다. 실제로 라마2 모델에 한국어 의료 데이터나 법조계 판례 데이터를 파인튜닝할 때 기존의 추론 능력이 약해지거나 멀티턴 대화 능력이 감소하는 등 결과물의 품질 저하 현상이 발생하기도 했다. 그래서 AI 활용 경험이 충분한 기업이 많지 않은 현시점에서는 AI 개발 기업이 도입 의사가 있는 고객 기업을 위해 문제 정의부터 데이터 구축, 모델 평가 시스템, 파인튜닝 파이프라인 구현과 운영, 활용 교육까지 적극적으로 제공할 필요가 있다. 각 기업의 모델을 쉽게 활용할 수 있도록 하는 문서화나 다양한 예제를 포함한 쿡북Cook Book 제작 및 제공은 필수다. 도입 기업 또한 당연히 이에 대한 적절한 가치를 투자 비용에 포함해야 한다.

정리하면, AI 개발 기업은 도입을 원하는 기업이 풀고자 하는 문제를 명확히 도출할 수 있도록 기술 자문을 제공하고, 각 문제에 적합한 파인튜닝 기법과 데이터 준비 방법을 함께 논의하며 최종적으로 예산 규모에 대한 예측치도 제시할 수 있어야 한다. 이렇게 도입 기업의 필요를 세심하게 채워주는 것이 AI 개발 기업의 차별화된 역량이 될 수 있다. 이것이 필자가 AI 개발 기업들에게 AI 기술 컨설팅 및 교육 역량 강화를 주문하는 이유다. AI를 활용하는 기업이 70점짜리 사전학습 모델을 기반으로 자체 인력과 데이터, 기술을 통해 스스로 90점짜리 모델을 만들 수도 있겠지만, 이는 자체적으로 높은 IT와 AI 역량을 갖춘 소수의 대기업들로 한정된다. 생성형 AI 산업이 성숙기에 진입하기 전까지는 AI 개발 기업의 역할이 여전히 중요할 수밖에 없으며 AI 개발 기업의 이러한 노력들이 AI 성숙기 진입을 더 빠르게 할 수 있다.

원칙2.
100원짜리 상품이 50원어치 가치를 제공하는 현실을 극복하라

2024년 하반기에 들어서며 언론에서 매일 같이 쏟아내는 AI 시장 성장 가능성에 대한 부정적 전망 기사들은 AI 거품론을 잘 보여준다. 1장에서 기술 트렌드로 지속 가능성을 소개하며 AI 거품론의 중심에 고가의 생성형 AI 도입 및 운영 비용 문제가 있다고 설명했다. 이 AI

거품론은 AI 개발 기업의 가장 큰 고민거리다. 해결이 쉽지 않은 현실적 문제이면서, (실체가 모호하더라도) AI 기술을 주력으로 하는 기업들의 미래 전망에 악영향을 끼치고, 주가에도 영향을 미치기 때문이다. 실제로 AI 거품론의 영향으로 2024년 7월 마이크로소프트, 알파벳, 엔비디아 등 빅테크 기업들의 주가가 하락하기도 했다.

이 문제는 엄밀히 말하면 비용 대비 효과의 문제로 설명할 수 있다. 학습 데이터의 저작권 문제, 안전성 보장, 강력한 규제 등 굵직한 문제도 산재하지만, 기술-비즈니스 관점에서 봤을 때 가장 근본적으로 해결해야 하는 문제가 바로 이 RoI를 현실화하는 것이다.

가격이 다소 비싸더라도 그 가격 이상의 새로운 가치를 창출하거나 비용 절감이 보장된다면 도입을 결정하는 것이 어렵지 않다. 그러나 현재 생성형 AI의 주요 응용 분야가 그 정도의 가치를 만들어내는지에 대해서는 여전히 회의적인 의견이 지배적이다. 예를 들어, LLM의 주요 응용 분야는 대고객용 챗봇, 사내 검색 질의응답 시스템, 업무 보고서 작성이나 마케팅 문구 작업 보조 도구, 코딩 어시스턴트 등이 있으며, 텍스트를 이미지로 변환Text-to-Image하는 기술은 디자인 도구로 활용되고 있다. 이 중에서 직접 비용으로 환산 가능한 코딩 어시스턴트를 제외하면 다른 응용 분야는 비용 대비 효과가 충분하지 않다는 평가를 받고 있다. 쉽게 표현하면 생성형 AI 사용료는 100원인데, 실제 효과는 50원에 불과하다는 것이다. (물론 이를 정확하게 측정하려면 실제 단축된 업무 시간과 품질 등을 정교하게 평가해야 한다. 하지만 현재로서는 정성적인 설문조사 형태가 대부분이라 100원 대비 50원이라는 액수는 상징적인 의미로 보는 것이 타당하다.)

또한 미국과 달리 고용과 해고 등 노동 시장 유연성이 부족한 한국에서는 생성형 AI 도입을 통한 업무 생산성 향상이 직접비용 절감으로 이어지기 어렵다. 대신 간접적으로 절약한 인적·물적 자원을 다른 업무나 새로운 비즈니스에 투입해 새로운 매출을 창출하는 효과를 측정해야 하는데, 이는 기본적으로 시간이 필요하고 다른 요인들의 영향을 많이 받기 때문에 정확한 측정이 어렵다.

AI 개발 기업에서는 이러한 RoI 문제를 해결하기 위해 두 가지 접근법이 필요하다. 첫 번째는 최적화를 통해 원가를 낮추는 방법이다. 널리 사용되는 유사한 능력을 가진 작은 모델을 개발하고 활용하거나 양자화 등의 압축 기법을 통해 운영 비용을 줄이는 방법 등에 관해서는 1장에서 다뤘다. 1장에 언급하지 않은 방법들 중에서는 GPU를 훨씬 효율적으로 사용하는 방법이 있다. 예를 들어, H100 GPU를 AI 서비스를 위한 인퍼런스에만 활용하는 것은 자원 낭비가 될 수 있다. H100 GPU는 그 자체로도 비싸지만, 전력 소모도 많고 발열량이 높아 AI데이터센터의 냉각 시스템 운영 비용도 증가하기 때문이다. 특히 액침냉각 기술은 훨씬 높은 운영 비용이 필요한 것으로 알려져 있다.

이 문제를 해결하기 위해 마이크로소프트는 스플릿와이즈Splitwise [4]라는 연구를 통해 LLM 서비스 적용 시 H100을 사용할 때 연산 중심의 입력 프롬프트 처리와 메모리 중심의 글 생성 단계를 분리해 비용을 최적화하는 기법을 발표했다. 이 방법은 실제로 마이크로소프트

애저 클라우드에서 비용 절감에 활용되고 있다. LLM 모델을 배포하고 서비스를 제공하는 AI 개발 기업들이 주목할 만한 방법이다.

또 다른 GPU 활용 최적화 방법은 학습 GPU와 서비스를 위한 인퍼런스 GPU를 유연하게 사용하는 것이다. 이는 GPU 자원의 오케스트레이션 역량을 필요로 하는데, 간단히 설명하면 파인튜닝을 위한 GPU와 사용자 서비스를 위한 인퍼런스 GPU 풀을 공유하는 것이다. 일반적으로 근무 시간에는 사용자들이 인퍼런스를 많이 활용하므로 인퍼런스용 GPU를 많이 할당하고, 파인튜닝은 밤에 실행되도록 스케줄링해 인퍼런스 GPU의 상당수를 훈련용으로 유연하게 배정하는 방식이다. 이러한 오케스트레이션 솔루션은 클라우드 기반의 AI 개발 공급 기업이 반드시 확보해야 하는 기술로, 이를 통해 GPU 활용도를 높여 전체 비용을 감소시킬 수 있다. 비슷한 맥락에서 글로벌 AI 서비스 사업자가 유리한 측면이 있는데, 글로벌로 서비스를 제공하는 경우 시차를 반영하면 GPU가 항상 높은 활용률을 유지할 수 있어 전체 투자 대비 효용을 극대화할 수 있다.

이러한 원가 절감 노력은 이미 가시적인 성과를 거두고 있다. 다음 그래프에서는 시간의 흐름에 따라 생성형 AI의 능력치가 더 좋아짐에도 불구하고 사용료가 지수적으로 감소하는 것을 확인할 수 있다. 눈에 띄는 것은 오픈소스 생성형 AI인 라마3.1 405B 보다 GPT-4o의 가격이 더 저렴하다는 점이다. 결론적으로 이 부분은 생각보다 빠르게 개선되고 있어 희망적이라 볼 수 있다.

두 번째 접근 방법은 가격 이상의 가치를 제공하는 기능을 개발하

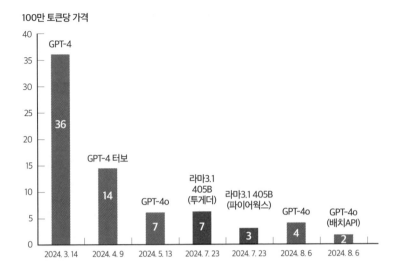

100만 토큰당 가격

그림4-1 생성형 AI별 시간당 사용료
(출처: https://www.deeplearning.ai/the-batch/issue-264/)

는 것이다. 최근 안드레이 카르파티가 극찬하며 유명해진 생성형 AI 기반 코딩 도구인 커서Cursor가 대표적이다. 생성형 AI는 작업자들의 과업 일부를 자동화해 생산성을 향상하는 역할을 한다. 따라서 코딩 작업처럼 작업자들의 시간당 인건비가 비쌀수록, 많은 시간과 사람을 필요로 하는 과업일수록 자동화의 효과가 커진다. IT 개발자들의 평균 임금 수준이나 레거시 시스템 코드 분석, 디버깅, 기능 테스트 과정에서 소요되는 시간을 고려하면 커서와 같은 코딩 어시스턴트의 도입은 충분히 타당하다고 볼 수 있다. 비슷한 원리로 챗GPT의 고급 데이터 분석Advanced Data Analysis 기능은 데이터 분석가들의 시간을 소모하는 초중급 데이터 분석 및 시각화를 자동화할 수 있어 높은 부가 가치를 제공할 수 있다. AI 도입 기업에게는 생성형 AI를 어떤 과업 또는 문제에 적용할 것인지가 가장 중요한 요소가 될 수밖에 없다.

킬러 애플리케이션 개발에서는 다양한 과업과 연계된 기업 생산성 향상 사례를 많이 발굴하는 것이 핵심이다. 여기에는 응용 분야 도출, 적용 과업 정의 등이 포함되는데, 이 미션을 도입을 원하는 AI 활용 기업에게만 의존해서는 안 된다. AI 개발 기업의 엔지니어들이 도입 기업의 도메인 전문가들과 함께 적극적으로 발굴해야 한다. 일반적으로 AI 개발 기업은 다양한 산업 도메인의 기업 고객과 협업하며 프로젝트를 진행하기 때문에 다른 도메인에서의 경험이 중요한 힌트가 될 수 있고 베스트 프랙티스로 활용될 수 있다. 예를 들어, 금융 산업의 망분리 환경에서의 생성형 AI 프로젝트 경험은 망분리 환경이 필수적인 공공 분야 AI 도입 프로젝트에 도움될 수 있다. 킬러 애플리케이션 개발과 성공적인 실현 및 운영 경험이 AI 개발 기업의 지속가능성에 중요한 요소라는 점을 기업 구성원 전체가 인식할 필요가 있다.

지속 가능한 비즈니스 성장을 위해 고려해야 할 또 다른 중요한 점은 AI 개발 기업이 스스로 합리적인 가격 정책을 수립하고 고객들과 협의해야 한다는 것이다. 생성형 AI는 지속적으로 많은 투자가 필요하다. 그렇기 때문에 많은 시스템 구축 프로젝트에서 과도한 적자를 감수한 저가 수주 행태에 의해 시장이 왜곡되는 사태가 다시 발생하지 않도록 주의해야 한다. 이러한 시장 왜곡은 개발 기업에게 재정적 부담을 줄 뿐만 아니라 도입 기업에게도 저품질의 생성형 AI 시스템을 제공해 생산성 향상이나 새로운 가치 발굴 효과를 제한할 수 있다. 이는 국내 AI 비즈니스 기회 자체를 망가뜨릴 우려가 있으며, 국가 산업 경쟁력 약화나 해외 AI 기업에 대한 기술 종속으로 이어질 수 있다.

기존 SI System integration는 개발 단계에서 90퍼센트 이상의 기능을 모두 정의 후 완성하고 이후는 단순 운영 형태로 진행되었다. 그러다 보니 전체 개발 비용 대부분을 초기에 투입하고 유지 보수 및 운영 계약은 상대적으로 작은 금액으로 진행하는 것이 타당했다. 그러나 생성형 AI는 기술 발전이 매우 빨라서 텍스트, 이미지 멀티모달, 음성 멀티모달, 에이전트 개발 기능, 영상 이해 생성 기능, 로봇 혹은 디바이스 연계 등 주기적으로 거의 새로운 프로젝트급으로 메이저 업그레이드가 필요할 수 있다. 그러므로 메이저 업그레이드를 보장받기 위해서는 기존 SI에서 자주 쓰이는 구축-유지 보수 형태의 계약 구조는 적절하지 않다. 계약서 항목을 활용하거나 SLA Service Level Agreement를 작성해서 그것을 근거로 계약 보증 기간 전체의 가격을 산정하고, 이를 구독 형태로 지급하는 계약이 AI 도입 기업과 AI 개발 기업 양측 모두에게 합리적인 대안이 될 수 있다. 또한 AI 도입 기업의 재무팀에서도 변화한 기술적 개발 방법론의 특징을 이해할 필요가 있다. 따라서 AI 개발 기업은 고객 기업의 기술팀, 사업팀뿐 아니라 재무팀의 의견에 대해서도 적극적으로 대응할 필요가 있다.

원칙3.
생성형 AI가 바꾼 개발 방법론을 적극 활용하라

———

　오픈AI 공동창업자이자 테슬라 AI 총괄을 지낸 뒤 현재 AI 교육 스타트업 유레카랩스Eureka Labs를 창업한 안드레이 카르파티는 2017 년에 '소프트웨어2.0'을 소개한 바 있다. 5) 소프트웨어2.0의 중심에는 AI가 자리하고 있다. 소프트웨어1.0이 인간 프로그래머가 설계한 대로 구현한 로직을 중심으로 한다면 소프트웨어2.0은 데이터와 기계학습 중심의 소프트웨어 개발 방법론을 의미한다.

　실제로 딥러닝 기술의 발전, 특히 사물 인식과 음성 인식 모델의 성능이 사람 수준 이상으로 비약적으로 향상됨에 따라 많은 소프트웨어와 서비스에 딥러닝 모델 기반의 AI가 통합되었고, 이로 인해 지속적으로 AI 모델 성능을 개선하기 위해 데이터와 학습 파이프라인을 망라하는 MLOps가 소프트웨어 서비스의 중요한 요소로 자리 잡기 시작했다. 자율주행 자동차의 소프트웨어, 쇼핑이나 동영상 추천 시스템, 번역 앱, 음성을 글로 변환하는 클로바노트 같은 서비스들이 모두 소프트웨어2.0의 산물이라 할 수 있다.

　그러나 소프트웨어2.0의 혁신적 변화에도 불구하고 몇 가지 한계점이 존재한다. 첫 번째로, 기계학습이 중심에 있다 보니 AI 서비스를 개발하기 위해서는 충분한 데이터가 필요하다. 특히 딥러닝은 학습에 많은 데이터를 요구하기 때문에 대량의 학습 데이터 축적이 어려운 분야에서는 적용이 힘들다. 두 번째로, 서비스 운영 중에도 지속적인 데이터 축적과 학습이 필요한데, 이 과정에서 정답 레이블을 다는 등 데이터 가공 비용이 꾸준히 발생한다. 세 번째로, 딥러닝 기반 AI는 확률적 특성을 가지며 AI 도입을 통해 얼마나 새로운 가치가 창출될지 정량적으로 예측하기 어려워 경영진이 적절한 투자 규모를 결정하는 데 부담을 느낄 수 있다.

거기에 더해 많은 딥러닝 연구 결과들이 오픈소스로 학습 코드와 모델 형태가 공개되어 있긴 하지만 실제 각 서비스에 적용하려면 공개된 모델 구조를 상당히 많이 수정하고, 수정된 모델을 다시 자체 데이터로 학습해야 한다. 이를 위해서는 모델링에 능숙한 AI 엔지니어가 반드시 필요하다. 이로 인해 AI를 활용한 새로운 서비스 프로토타입 프로젝트를 진행하려면 데이터 축적, 데이터 가공 작업, 경험 많은 딥러닝 엔지니어, 서비스 기획자, 서비스 프로토타입을 위한 기능과 시나리오가 모두 준비되어야 하며 프로젝트 하나당 최소 1개월 이상의 시간이 소요될 수밖에 없었다.

그러나 초거대 생성형 AI, 특히 LLM이 등장하면서 이러한 개발 방법론에 큰 변화가 일어나기 시작했다. AI를 활용하는 기업이나 조직의 입장에서 보면 사전학습된 LLM을 도입한 후 해당 기업의 전문 지식을 주입하는 FP나 SFT 과정을 거친 기업 특화 LLM을 AI 개발 기업이 제공한다. AI 활용 기업 내 다양한 부서의 직원들이 프롬프트 엔지니어링 등 LLM 활용 역량을 보유하고 있다면 이들이 각 부서에서 생산성을 높일 수 있는 다양한 문제를 도출하고, 그들이 직접 서비스 형태에 맞는 입력과 응답 데이터를 가공해 준비할 수 있다.

LLM은 기본적인 지식 이해와 추론 능력이 뛰어나기 때문에 소프트웨어2.0 시대보다 훨씬 적은 데이터만으로도 빠른 시간내에 꽤 괜찮은 품질의 AI 서비스를 만들 수 있다. 또한 파인튜닝 과정은 노코드No Code 방식으로도 진행이 가능하다. CoT Chain of Thought 같은 고급 프롬프트 엔지니어링이나 랭체인, 라마인덱스 같은 툴을 활용하면 도메인 전문가나 기획자들끼리 AI 개발자의 도움 없이도 프로토타입 프로젝트를 얼마든지 수행할 수 있다. 필요한 기능을 일상 언어로 구체적으로 잘 입력하면 LLM이 그 기능을 실행하는 코드까지 어느 정도 작성해주므로 로코드Low Code 방식으로도 원하는 기능을 신속하게 개발할 수 있다.

이렇게 LLM이 AI 서비스 개발의 진입장벽을 낮추고 접근성을 크게 향상시키면서 이제는 한 달에도 수백 개의 파일럿 프로젝트를 동시에 진행할 수 있다. 그 파일럿 프로젝트들의 결과와 영향력, 시급성, 위험성 등을 고려해 우선순위를 정하고 우선순위가 높게 책정된 프로젝트에 개발자와 기획자들을 더 투입해 본 프로젝트를 진행하면 성공 가능성을 크게 높일 수 있다.

LLM을 활용해 이미지, 음성, 문서, 영상, 수치 등 다양한 소스의 멀티모달 데이터를 결합한 멀티모달 생성형 AI 기반 AI 에이전트가 원하는 기능의 프로그램을 만들어내는 개발 방법론은 '소프트웨어 3.0'으로 불리기도 한다. 엔비디아의 CEO 젠슨 황도 2023년에 이 개념의 중요성에 대해 언급한 적이 있다. [6] AI 개발 기업의 입장에서 보면 AI를 활용하는 기업과 조직에 소프트웨어3.0 개발 방법론이 가져올 혁신을 정확하게 설명하는 것이 비즈니스 기회를 창출하는 핵심이라고 할 수 있다. 이를 위해 AI 활용 기업의 도메인 전문가인 직원들이 쉽게 사용할 수 있는 노코드 및 로코드 툴을 제공하고, AI 활용 사례들이 정리된 쿡북을 포함한 AI 교육 프로그램도 함께 제공해 직원들의 AI 활용 역량을 높여야 한다. 이를 통해 소프트웨어3.0 전환을 성공적으로 실행하고, 그 과정에서 킬러 애플리케이션을 발굴함으로써 지속적인 비즈니스 성장을 이룰 수 있다. 현재 기술 수준으로 충분히 해결 가능한 문제와 해결이 어려운 문제를 정확히 진단하는 것 역시 필요하다.

원칙4.
AI 도입 효과를 측정할 수 있는 정량 지표를 만들어라

"실제로 생산성이 얼마나 좋아져요? 숫자로 나오나요?" AI 개발 기업이 생성형 AI 솔루션을 고객 기업에 판매할 때 거의 마지막 단계에서 항상 받는 질문이다. AI 기술은 도입 시 대규모 투자가 수반되기 때문에 이사회뿐만 아니라 재무 조직 등의 승인이 필요한데, 정량적으로 표현된 효과를 경영진에게 제시하지 못한다면 합리적인 규모의 계약을 체결하는 데 어려움이 따를 수밖에 없다. AI 개발 기업에서는 "생성형 AI가 거의 모든 산업에서 생산성 향상을 가져올 수 있으며, 그 규모는 수백조에서 수천조 원에 이른다"는 글로벌 컨설팅 업체의 보고서를 인용하며 경영진을 설득하지만, 문제는 정성적인 경험이나 사용자 만족도 평가는 대규모 투자 결정의 근거로 충분하지 않다는 것이다.

AI 개발 기업이 고객 기업을 설득하고 비즈니스를 성공적으로 확산하기 위해서는 생산성 향상을 정량적으로 평가할 수 있는 방법과 지표를 발굴해야 한다. 간단하게 생각해볼 수 있는 정량적인 측정 방법들은 다음과 같다.

1) 동일한 직원이 동일한 업무에 대해 생성형 AI를 활용했을 때와 활용하지 않았을 때 업무에 소요되는 시간 및 품질 평가
2) 동일한 인원이나 팀 단위로 일정 기간 동안 완수하는 업무의 양과 질(한 달간 전체 작성 보고서 수, 보고서당 페이지 수 및 품질, 반려 횟수나 비율 등)
3) 생성형 AI 도입 전후 동일 업무에 대해 투입되는 인원의 수와 완료되는 시간 비율
4) 생성형 AI 도구를 활용함으로써 특정 업무 수행 가능 인원의 증가 여부 및 규모(포스터 디자인 초안이나 홍보를 위한 문구, 티저 영상 초안을 만들 수 있는 인력의 수 등)
5) (대고객 서비스의 경우) 생성형 AI 기술을 도입했을 때 고객들의 서비스 대기 시간 및 서비스 완료 시간, 성공 대응 건수 등

이는 대부분의 산업에 적용 가능한 일반적인 내용들이다. 그림4-2

는 스탠퍼드 AI 인덱스 보고서에서 제시한 항목1과 관련된 생산성 향상 측정 결과다. 이에 따르면 미팅 회의록 정리나 코딩 생산성에서는 두 배 이상 증가되는 것을 확인할 수 있고, 정보 검색은 약 30퍼센트 정도 향상되어 적용되는 업무별로 생산성 향상 정도가 다름을 알 수 있다. 오픈AI의 경우도 생산성 향상의 척도로 시간 감소량을 사용한다.

업무 절차는 산업별, 기업별로 다양하기 때문에 각 기업의 업무 절차에 특화된 내용으로 평가지표를 구체화하는 것이 중요하다. 여기에 더해 업무 담당 인원의 시간당 인건비, 인력 및 자원 투입 규모, 품질 저하가 미치는 파급력 등의 위험성 요소들도 함께 가중치로 활용할 수 있어야 한다. 이런 것들이 준비되어야 생산성 향상을 체계적으로 정량화하고 직간접적인 비용 감소 효과를 측정해 투자 규모 대비

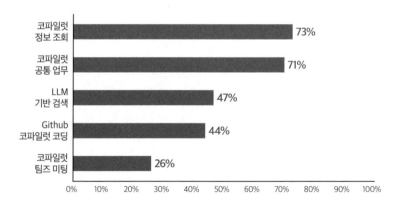

그림4-2 **마이크로소프트 코파일럿을 활용했을 때와 활용하지 않았을 때를 비교해 단축된 업무 완료 시간** (출처: Stanford AI Index Report 2024)

효과를 정확하게 예측할 수 있고, 도입을 원하는 고객 기업 경영진과 재무팀을 성공적으로 설득하고 매출로 이어질 수 있다.

생성형 AI가 본격적으로 도입되기 시작한 것이 1년 남짓이라 생산성 향상을 체계적으로 정량평가하기 위한 연구는 본격적으로 진행되지 않은 상황이다. 그러므로 AI 기업과 학계, 산업공학, 혹은 경영, 경제학, 사회과학 분야 전문가들이 협업을 통해 합리적인 지표와 평가 방법을 만드는 것이 필요하며, 이러한 생산성 향상 측정 능력이 AI 개발 기업의 차별화된 능력이 될 수 있다.

원칙5.
전체 가치사슬 관점에서 최적화하라

AI 거품론을 극복하기 위해서는 앞서 살펴본 것처럼 90점짜리 AI를 제공하고, 가치 있는 서비스를 발굴하며, 원가를 낮추고, 소프트웨어3.0 개발 방법론을 확산시키는 등 여러 어려운 미션들을 통과해야 한다. AI 개발 기업이 단독으로 이 모든 것을 실현하는 것은 구글이나 마이크로소프트 같은 극히 일부의 빅테크를 제외하고는 사실상 불가능하다. 예를 들어, 클라우드 기반 생성형 AI를 API 형태로만 제공할 경우 원가가 비싸기 때문에 마진을 확보하기가 쉽지 않다. 마진을 남기기 위해서는 컨설팅과 AI 시스템 개발까지 진행해야 하는데, 이는 다양한 산업 분야에서의 도메인 경험 축적과 AI 도입 기업에 이미 구축된 레거시 시스템이나 데이터베이스와 생성형 AI 시스템의 연결 등 과업 수행이 필수적이다.

현재 생성형 AI 시스템 개발 과정은 아직 체계화되어 있지 않기 때문에 튜닝부터 RAG 시스템 결합까지 대부분 엔지니어링 경험에 의존하고 있다. 적용하고자 하는 문제나 기능에 따라 구현 방법도 천차만별이다. 만약 표준화된 공정이 존재한다면 이를 시스템화해 스케일아웃을 진행함으로써 비용이 선형으로 증가하지 않을 수 있겠지만 아직 그 단계에 도달하지 못했다.

그렇다고 저 많은 다양한 과업들을 생성형 AI 개발 기업 단독으로 구현하고 진행하는 것은 현실적으로 어렵다. 클라우드 운영 laaS, PaaS, SaaS, 도입 기업의 사내 레거시 시스템과 연결, 프로젝트 전체에 대한 컨설팅과 교육, 생성형 AI 개발, 튜닝, 배포 및 운영 비용 최적화, 학습 데이터 가공 등은 모두 다른 영역에서 출발한 것들이고 각자 전문성을 요하는 업무들인데 어느 하나라도 부족하면 성공적인 프로젝트가 되기 어렵기 때문이다. 구글과 마이크로소프트의 경우 이러한 SI에 가까운 기존 고객 기업의 레거시 연동과 같은 프로젝트는 수행하지 않는다.

이 문제를 해결하기 위해서는 파트너십과 생태계를 적극 활용할 필요가 있다. AI 개발 기업은 데이터 가공, 컨설팅, RAG나 파인튜닝 같은 생성형 AI 활용 시스템 개발, 도입 기업 직원들에 대한 생성형 AI 활용 역량 핸즈온 Hands-on 교육 등 각 항목에 대해 신뢰할 수 있는 파트너 기업 네트워크를 구축해 이들과 함께 시장을 확대하는 것이 중요하다. 특히 지역별, 산업 도메인별로 역량 있는 스타트업이나 기업들과의 얼라이언스를 형성하는 것이 효과적일 수 있다. AI 도입 기업 입장에서 보면 도입 기업과 시스템 구축 및 운영 경험이 많은 파트너 기업이 AI 개발 기업과 협업해 생성형 AI 개발 및 운영 역량을 강화하도록 하는 것도 좋은 방법이 될 수 있다.

AI 모델 성능 개발 과정도 이와 비슷하다. 오픈소스 혹은 오픈 바이너리 생성형 AI 모델을 활용해서 전 세계 많은 대학 연구실이나 스타트업, 기술 기업들이 더 나은 학습 기법, 최적화 기법 등을 만들어낼 수 있고, 혁신적인 서비스나 킬러 애플리케이션도 만들어낼 수 있다. 메타가 공개한 라마를 통해 다양한 파인튜닝 기법들에 대한 연구가 오픈소스 생태계로부터 나올 수 있었다.

거대 생성형 AI의 운영비를 줄이기 위해서는 소프트웨어적인 접근 외에 하드웨어, 즉 AI 반도체 기술 개선도 필요하다. 특히 핵심 하드웨어인 AI 반도체 제작 시 클라우드나 온디바이스의 다양한 실제 서비스 적용 시나리오에서 효과적으로 작동할 수 있도록 설계 단계부터 팹리스 기업들과 고려사항을 공유해야 한다. 대표적인 것이 AI 반도체의 속도나 쓰루풋 Throughput을 측정할 때다. AI 반도체 평가를 위한 벤치마크는 일반적으로 최대 배치 사이즈를 1로 하거나 토큰 길이를 맞춰서 평가한다. 그러나 실제 서비스 환경에서는 입력 토큰 길이가 들쑥날쑥하고 배치 사이즈도 1이 아닌 많은 요청을 한꺼번에 처리해야 한다. 그리고 이런 실제 환경 하에서 AI 반도체의 속도나 쓰루풋을 평가하면 벤치마크 평가와는 전혀 다르게 매우 낮은 성능을 보여주는 경우가 종종 발생한다. 이런 논의가 적극적으로 진행되어야 클라우드나 AI 개발 기업이 실제로 사용할 수 있는 AI 반도체가 만들어질 수 있다. (AI 반도체 설계 및 생산과 관련된 구체적인 이해를 원하는 독자들은 《AI 반도체 혁명》(권순우, 이동수, 권세중, 유지원 공저)을 정독하기를 권한다.)

AI 개발 기업 혼자서 잠재 시장을 모두 차지할 욕심으로 모든 것을 다 하는 것은 어리석은 전략이다. 애당초 불가능한 일이거니와 빠르게 변해가는 기술에 대응하는 것도 쉽지 않다. 지속 가능한 성장을 위해서는 아래로는 반도체, 하드웨어, 클라우드 인프라, 위로는 B2C, B2B에서 킬러 애플리케이션 발굴 및 다양한 산업 확산을 포함하는 전체 밸류체인 확대를 위해 파트너십을 적극 활용하는 것이 합리적인 방법이다. 작은 파이를 독차지하기보다 점유율이 줄어들더라도 파이를 키우는 것이 몫의 크기를 키우고 지속 가능한 성장이 가능하다는 것을 명심하라.

원칙6.
AI 에이전트 시대를 대비하라

AI 에이전트를 주제로 한 연구 논문이 급격하게 증가하는 것은 물론이고, 실제 프로젝트나 제품과 직접 연관된 지표인 오픈소스 저장소 수치, 채용 공고에서 AI 에이전트가 언급되는 횟수가 폭발적으로 증가하고 있다는 것은 AI 에이전트 시대의 도래가 임박했음을 보여주는 증거다.

AI 에이전트 시대를 앞당기고 있는 것은 강력한 언어 모델의 멀티모달의 확장이다. 구글은 2024년 8월 제미나이 라이브를 출시했고, 애플은 하반기 iOS18을 발표하며 시리와 챗GPT-4o 연동을 선언했다. 거기다 오픈소스 sLM 모델의 발전은 더 작고 강력한 모델들이 사용자 접점의 디바이스에 탑재되어 AI 에이전트 발전을 가속할 것이다. 이에 따라 앞으로 검색, 모바일 플랫폼이 멀티모달 생성 AI 에이전트를 중심으로 스마트폰, PC, 로봇, 가전, 모빌리티, 홈 환경, 오피스 등에서 모든 기기가 연결되는 시대가 빠르게 다가올 것이다. 마이크로소프트의 파이-3.5는 물론이고 10억 개 매개변수를 가진 메타의 라마3.2의 등장은 이런 흐름을 가속화하고 있다.

이는 최종 사용자 혹은 잠재 구매 고객과의 접점이 기존 검색 기반의 온라인 플랫폼이나 모바일 앱 형태를 넘어 AI 에이전트라는 새로운 UX를 중심으로 바뀌게 될 수 있다는 의미다. 이러한 변화는 금융, 교육, 법률, 건강, 커머스, 의료, 컨텐츠, 여행 등 거의 모든 서비스의 사용자 시나리오에 영향을 끼치게 될 것이다. 모든 기기가 AI 에이전트를 중심으로 연결되는 'AI 에이전트 플랫폼' 시대가 도래하고 있는 지금, 지금부터 당장 적합한 서비스 제공 방법을 치열하게 고민하지 않으면, 2000년대 중후반 모바일 전환기에 대응이 늦었던 기업들이 그랬던 것처럼, 모든 기업들이 큰 위기를 맞이할 수 있다.

이러한 흐름 속에서 AI 에이전트 플랫폼 기업의 과제는 무엇일까?

먼저 광고 비즈니스 최적화에 대한 고민이 필요하다. 현재 검색 플랫폼에서는 검색 결과와 광고성 정보가 밸런스를 맞추고 있으나 향후 AI 에이전트가 사용자의 최접점에서 광고를 제공할 때 어떤 형태여야 고객에게 신뢰성을 잃지 않으면서 광고 매출을 일으킬 수 있을지 답을 찾아야 한다. AI 에이전트 플랫폼 기반의 서비스 생태계에서 각 기업만의 경쟁력을 위해 어떤 사용자 데이터를 꾸준히 축적할 것인지에 대한 고민 또한 필수다. 기술이 대동소이해질 가능성이 높기 때문에 사용자에게 차별화된 기능과 서비스를 제공하기 위해서는 사용자 데이터 활용 방법과 UX로 차별화해야 한다. AI 에이전트 생태계에 참여하는 파트너들을 위해 강력한 AI 에이전트의 근간이 되는 파운데이션 모델도 확보해야 하고, 그 파운데이션 모델을 활용해 누구나 쉽게 사용할 수 있는 개발 도구를 함께 제공함으로써 생태계 내 영향력도 키워야 한다. 마이크로소프트의 오토젠스튜디오AutoGen Studio[7]나 애플의 툴샌드박스Tool Sandbox[8] 등은 AI 개발 기업들에게 좋은 예가 될 수 있다.

AI 에이전트가 다수의 AI 에이전트와 상호작용하는 구조에서는 몰웨어나 외부 공격 시도에 의해 일부 에이전트가 오염되는 경우에 대한 대비도 필요하다. LLM에 대한 탈옥 사례들이 최근 계속 증가하고 있고, 외부 API를 통한 자연어 명령으로 오동작을 유발할 수 있는 가능성 또한 여전한 상황에서 AI 에이전트와 다양한 기기들 간의 '초연결성'은 위험의 크기와 복잡도를 크게 증가시킨다. 따라서 AI 에이전트를 위한 보안 기술이 더욱 중요해질 것이고, AI 개발 기업은 보안 분야에 더 많은 투자를 통한 기술 경쟁력 강화가 필요하다. 다양한 기기와 에이전트들이 서로 커뮤니케이션할 수 있도록 데이터, 통신 규약 등의 표준화가 필요할 수도 있다.

현재 AI 에이전트는 B2C 서비스 중심으로 논의되고 있으나, 특히 2024년 초부터는 기업을 위한 에이전트 기반의 업무 자동화 솔루션들이 본격적으로 등장하기 시작했다. 세일즈포스에서 제공하는 LAM Large Action Model 솔루션 xLAM이 대표적이다. xLAM은 데이터 준비, 합성, 결합 및 가공, 모델 학습 및 평가, 서비스 품질 평가 등의 절차를 반복적으로 수행하는 파이프라인을 구축함으로써 기업의 지속적인 성능 개선 요구에 부응한 AI 에이전트 플랫폼이다. 클라우드 기반의 기업형 솔루션을 제공하고자 하는 AI 개발 기업이라면 단순한 API가 아니라 xLAM과 같은 AI 에이전트 솔루션 형태를 제공해야 더 많은 가치를 창출할 수 있을 것이다.

에이전트는 높은 전문성을 바탕으로 다양한 난이도의 업무를 수행하는데, 높은 전문성이 필요한 영역에서는 할루시네이션이 큰 위험 요소가 된다. 이러한 고난이도 전문 분야 문제해결력 강화를 위해 등장한 것이 인퍼런스 타임에 많은 계산량을 활용하는 기법이다.

'인퍼런스 타임 규모의 법칙 Scaling in inference time'으로 정의되는 이 기법은 2024년 상반기부터 주목받기 시작했다. 기존 규모의 법칙이 사전학습 혹은 사후학습에 연산량을 많이 사용하는 것이었다면, 인퍼런스 타임 규모의 법칙에서는 인퍼런스 타임에 많은 계산량을 활용한다. 즉, 문제가 주어졌을 때 가진 지식을 활용해 오래 생각하고 추론

하는, 사람으로 비유하자면 "곰곰이 생각해서 문제를 푸는 것"이다.

데이터 중심인 규모의 법칙과 궤를 달리하는 인퍼런스 타임 규모의 법칙이 새로운 핵심 트렌드가 될 수 있으므로 AI 기술 개발 기업은 관련 기술의 내재화가 매우 중요할 것으로 보인다. 향후 다양한 업무 역량을 갖춘 전문 에이전트를 제공하는 솔루션을 확보하는 것이 AI 개발 기업의 필수 B2B 모델이 될 수 있다는 것을 증명하는 사례는 오픈AI o1이다. o1은 강력한 테스트 타임 추론 능력을 바탕으로 수리, 과학, 개발 등 고난도 문제에 대해 박사급 전문가 업무를 돕는 에이전트로서의 가능성을 보여주고 있다.

원칙7.
중장기 연구에 투자하라

AI 기술 발전 속도에 효과적으로 대응하기 위해서는 R&D 투자가 필연적이다. 구글의 딥마인드, 마이크로소프트의 마이크로소프트리서치MSR, 메타의 FAIR Fundamental AI Research [9], 화웨이의 노아의 방주 연구소Noah's Ark Lab처럼 별도의 이름을 가진 조직도 있고, 엔비디아나 테슬라, 아마존 AWS처럼 특별한 명칭 없이 연구소를 운영하는 경우도 있다. 실리콘밸리의 주요 스타트업들 또한 대규모 AI 선행 연구조직을 운영하고 있다.

국내 AI 개발 기업들을 살펴보면, 연구R보다는 개발D에 비중을 두는 경우가 많다. 즉, 중장기 관점보다는 단기적으로 상용화 가능성이 높은 연구나 개발 중인 기술들을 빠르게 제품화하는 데 집중하는 경향이 많다는 의미다. 이 자체가 문제가 있다는 뜻은 결코 아니다. AI는 다른 어떤 과학 기술 분야보다 선행 연구와 제품화의 시간 간격이 좁으며, 생성형 AI 시대에는 연구팀과 제품팀이 얼마나 긴밀하게 협력하는지가 그 회사의 AI 기술과 제품 경쟁력을 결정하기 때문이다.

그러나 중장기 연구는 기업의 지속 가능한 성장에 매우 중요한 요소다. 특히 AI 개발 기업에서 중장기 연구가 중요한 이유는 첫째, AI 기술 변화 속도가 대단히 빠르고 매일같이 새로운 기술들이 등장하기 때문이다. 연구소는 쏟아지는 기술들 속에서 반드시 내재화하고 대응해야 할 기술들을 정확히 파악함으로써 전략 수립과 투자 의사 결정에 도움을 줄 수 있다.

중장기 연구가 중요한 두 번째 이유는 기존과 다른 형태의 기술이 갑작스럽게 등장하더라도 이를 빠르게 내재화하고 서비스개발팀에 전파할 수 있도록 준비할 수 있기 때문이다. 예를 들어, 선행 연구팀은 트랜스포머, BERT, GPT-3, 디퓨전 모델 등과 같은 혁신적인 기술이 새롭게 공개되었을 때 이미 관련 기술을 파악하고 이를 가장 먼저, 가장 빠르게 내재화할 수 있다. 또한 다양한 데모를 통해 실현 가능성을 검증하며 필요 시 전체 조직이 신속히 대응할 수 있도록 지원한다.

논문, 특허, 글로벌 스케일 경진대회, 각종 학술대회 발표 등을 통해 기업의 기술 경쟁력을 국내외, 특히 글로벌 시장에 널리 알리고 인지도를 높일 수 있다는 점 또한 중요한 요소다. 이를 통해 기업이 최고의 인재를 채용하고 글로벌 사업 기회를 강화하는 데 크게 기여할 수 있다. 모든 회사들이 자사 기술이 최고라고 주장하는 상황에서 언론 보도자료나 회사 자체 행사에서 "우리 기술이 최고입니다!"라고 주장하는 것만으로는 국내외 AI 전문가들의 인정을 받기 어렵다. 완성도 있는 제품을 통해 고객들의 평가로 성과를 증명하는 것이 가장 확실한 방법이겠지만, 중장기 기술 역량은 바로 제품화되기 어렵기 때문에 다른 방법이 필요하다. 따라서 회사 외부의 신뢰도 높은 기관으로부터 기술적 역량을 검증받아 공신력을 높이는 것이 중요하다.

최고 권위의 학회에서 논문 발표나 수상 실적을 쌓는 것은 자사의 AI 기술력을 널리 알리고 AI 제품에 대한 신뢰와 가치를 높일 수 있는 효과적인 방법이다. 네이버가 국내 최고의 AI 기업으로 인식되기 시작한 시점은 2018년에서 2019년 즈음이었는데, 이 시기에 뉴립스, ICLR, CVPR과 같은 최고 권위 AI 학회들에서 다수의 논문을 발표하며 글로벌 수준의 기술 경쟁력을 객관적으로 인정받았기 때문이다. "회사가 연구소냐? 논문이나 쓰고 있네"라는 생각은 이러한 효과를 이해하지 못했기 때문에 발생하는 일이다.

"논문은 연구자가 학교로 옮기기 위한 수단"이라고 생각하는 관리자들도 있다. AI 개발 기업 평균 근속연수를 고려해보면 네이버가 7년으로 긴 편이고 카카오는 5년 내외다. 일반적으로 AI 분야는 이보다 조금 더 짧다. 뛰어난 인재들이 3~5년 체류하며 혁신적인 기술과 AI 연구 체계를 남기고, 이러한 기업의 우수한 연구 성과를 보고 뛰어난 인재들이 새롭게 계속 합류해 기업의 AI 역량이 지속적으로 발전할 수 있다면, 개별 인재가 5년 후 교수로 나가는 것이 문제가 될까? 게다가 AI 분야는 연구의 무게중심이 점점 산업계로 이동하고 있기 때문에 AI 개발 기업 경영진과 관리자들은 좀 더 큰 그림에서 바라볼 필요가 있다. S급 인재들 채용을 원한다면 S급 인재들이 꾸준히 들어올 수 있는 시스템을 만들어두어야 한다.

이처럼 중요한 중장기 연구를 제대로 수행하고 있는 국내 기업은 아쉽게도 상당히 드물다. 2016년에서 2017년으로 넘어가는 즈음 알파고 충격이 산업 전반에 퍼지던 시점에 국내 주요 기술 기업들은 자체 중장기 선행연구 조직을 운영하면서 AI 기술 변화에 대해 적극적 대응을 하고 있었다. 네이버 또한 중장기연구 조직인 AI Lab을 이때 신설했다. 그러나 현재는 비슷한 시기에 만들어졌던 산업체 중장기 연구 조직들 중에서는 아쉽게도 네이버 AI Lab만 공식적으로 남아 있는 상황이다.

물론 모든 기업이 선행 연구조직을 운영해야 하는 것은 아니다. 그러나 AI 개발 기업은 글로벌 빅테크와 좋든 싫든 경쟁을 할 수밖에 없고, 그들과 효과적으로 경쟁을 지속하려면 별도의 선행 연구조직이 반드시 필요하다. 모든 개발팀이 논문을 쓰거나 중장기 연구를 할 필요는 없지만, 전사 차원에서는 선행 연구를 수행하는 연구조직이 필요하고, 이들이 전사 기술 지원이나 글로벌 기술 인지도 확장에 크게 기여할 수 있도록 해야 한다.

다행히 LG가 2021년 AI연구원을 설립하고 대규모 투자를 단행해

홀륭한 연구 성과를 발표하며 생성형 AI 시대의 LG그룹 AI 경쟁력 강화에 크게 기여하고 있다. 그러나 여전히 국내 AI 연구자들 입장에서 보면 국내 산업계에서는 선택지가 거의 없기 때문에 해외로 나가는 경우가 점점 더 많아지고 있다. 그러므로 AI 개발 기업들은 뛰어난 인재들이 해외로 유출되는 현실을 탓하며 정부 대책만 바라보고 있을 것이 아니라, 기업 자체적으로 처우와 연구개발 환경 등을 포함하여 AI 연구자들이 성장할 수 있는 환경을 제공하고 이를 위한 투자도 병행해야 한다.

또한 각 기업의 연구소를 책임지는 조직장들도 고민해야 할 것들이 많다. 중장기 연구소는 직접 매출을 올리는 조직이 아닌 미래를 대비한 조직이기 때문에 기본적으로 코스트센터(비용 조직)에 속한다. 기업의 투자는 당연히 RoI를 고려할 수밖에 없으며, 중장기 연구도 중장기 관점에서의 수익을 고려해 역할과 운영 정책, 연구 주제를 선정해야 한다. 즉, 당면한 서비스나 제품에만 과도하게 얽매이는 것도 문제이지만, 연구소의 운영 방향이나 주요 연구 주제를 선정할 때 지나치게 자유도를 주는 것 또한 (딥마인드 규모 정도 되지 않는 이상) 연구소의 지속 가능성에 문제가 될 수 있다.

연구의 방향성은 해당 기업의 성장 방향성과 일치해야 한다. 따라서 연구 주제 선정 시 전체 사업 포트폴리오를 고려해 해당 사업이나 서비스 혁신에 기술적 장애 요소가 되는 부분, 기업이 성장하기 위해 필요한 기술들의 현재 수준과 향후 발전 방향을 반드시 고려해야 한다. 그래야만 치열해지는 기업 간 글로벌 전쟁에서 주도권을 선점할 수 있을 것이다.

선행 연구조직의 성과 평가 방법도 이에 맞게 설정되어야 한다. 네이버 AI Lab은 2020년부터 연구원들의 정량적 성과 평가 지표로 ① (연초 미리 합의된) 최고 권위 학회에서의 정규 논문 발표 수 ② 연구 결과의 제품 서비스 적용 및 기술 확산 수 ③ 데모나 오픈소스를 통한 연구 결과의 글로벌 인지도 향상 정도 ④ 사내 및 국내외 AI 연구 생태계를 위한 기술 공유 및 전파 건수 등을 활용하고 있다.

규모가 있는 AI 기술 개발 및 공급 기업이라면 자체 중장기 연구팀에 대한 지속적인 투자를 통해 경쟁력을 유지해야 한다. 규모가 크지 않아 투자 여력이 부족한 기업이라면 다른 기술 중심 기업들과의 파트너십이나 산학협력이 좋은 대안이 된다. 산학협력 시 단순히 회사는 펀딩만 하고 연구를 학교에 맡긴다면 내부 연구원들의 역량 향상을 기대하기 어렵다. 기술 역량을 축적하고 경쟁력을 강화하는 등 실질적인 도움을 이끌어내기 위해서는 대학원생들에 대한 장기 파견 인턴십, 정기적인 교수 자문, 내부 미팅 참여 등을 통해 문제 정의부터 해결책 도출, 논문 작성까지 프로젝트의 일원으로서 참여할 수 있는 기회를 제공할 수 있도록 운영해야 한다. 그래야만 산학협력의 성과들을 회사의 기술적 자산으로 축적할 수 있다. 세일즈 담당 임원과 AI 기술 임원의 설명이 주는 무게감과 신뢰도의 차이는 매우 크다는 사실을 반드시 기억하라.

원칙8.
AI 리터러시에 대한 책임감을 갖는다

많은 컨설팅 기업들의 장밋빛 예측에도 불구하고, AI 개발 기업 입장에서는 사람들의 기대치나 예상에 비해 생성형 AI 시장이 빠르게 성장하지 않는 것이 가장 큰 고민일 것이다. 생성형 AI 시장이 빠르게 확장하기 위해서는 많은 사람들이 일상생활과 일터에서 적극적으로 AI를 활용하고 각자의 능력으로 체화되도록 해서 그 결과로 사용자들의 업무 생산성 향상이 실현되어야 한다. 하지만 아쉽게도 한국의 생성형 AI 활용 비율은 예상보다 낮은 편이다.

전 국민 AI 리터러시 강화, AI 활용 능력 강화를 위해 AI 기업, 특히 AI 개발 기업에서 더 적극적으로 나설 필요가 있다. 정부나 학계의 노력만으로는 한계가 분명하다. 일상과 업무에서 AI를 쉽게 활용할 수 있도록 고객뿐 아니라 일반 대중을 대상으로 다양한 교육 프로그램을 제공하고, 필요하다면 학교나 대학, 평생교육 단체 등에 대한 지원(생성형 AI 활용 시 크레딧 제공 등)도 적극적으로 검토해야 한다.

이는 일종의 투자와 같은 개념이다. 사람들이 핸즈온 교육 프로그램을 포함한 다양한 교육 프로그램을 통해 생성형 AI를 더 많이 접하고 친숙해질수록 킬러 애플리케이션이 만들어질 가능성이 훨씬 높아지고, 이를 통해 AI 비즈니스가 성장할 가능성도 높아진다. AI 리터러시가 정부가 챙겨야 할 어젠다를 넘어 AI 개발 기업이 적극적으로, 책임감을 갖고 챙겨야 할 과제인 이유다.

AI 개발 기업뿐만 아니라 AI를 도입해 새로운 혁신을 만드는 기업에서도 기업 내 전문가들을 독려해 생성형 AI 기술 활용 방법을 널리 알릴 필요가 있다. 이들의 역할은 대중들이 이해하기 쉬운 언어로 생성형 AI 기술 활용 방법과 효과를 널리 알리는 것이다. 이를 통해 사람들이 생성형 AI에 관심을 갖기 시작하고, 사람들이 관심을 갖기 시작하면 AI를 도입한 기업들, 그리고 AI를 공급하는 기업들의 비즈니스 기회도 확장될 수 있다.

각 기업 시니어, 임직원(경우에 따라서는 경영진)이 적극적으로 외부 활동을 한다면 일반 대중의 AI 리터러시를 강화하는 데 큰 도움이 된다. 자사가 어떤 노력을 통해 AI 역량을 강화하고 있는지, 어떻게 베스트 프랙티스를 만들었는지를 개발자나 엔지니어 같은 산업 종사자뿐만 아니라 국민들과 공유하는 것이다. 이를 통해 패스트팔로워들은 더 자신감 있게 AI를 도입할 수 있고, 자연스럽게 AI 비즈니스가 확대되는 결과를 얻을 수 있다.

보도자료, 단순 이벤트만으로는 부족하다. 자사가 보유한 AI 역량과 노력의 결과를 대중들에게 각인시키기 위한 적극적인 외부 활동을 통해 비즈니스 기회뿐만 아니라 인재까지 유치하라. 사실 한국의 경우 임직원의 외부 활동에 대해 보수적으로 접근하는데, 자사의 활동을 널리 알릴 수 있는 AI 전도사를 양성하는 데 시간과 비용을 충분히 투자한다면 기대 이상의 성과를 얻을 수 있을 것이다. 널리 알려야 고객도 인재도 당신의 기업으로 찾아온다.

원칙9.
체계적이고 책임감 있는 AI 거버넌스를 운영하라

생성형 AI의 등장 이후 범용 AI의 능력이 놀라울 정도로 빠르게 강력해지면서 AI가 불러올 위험 요소에 대한 우려도 함께 커지고 있다. 국가별로 상황에 따라 차이가 있긴 하지만, AI가 가져올 혁신의 기회와 그로 인한 위험이 양날의 검이라는 것에는 공감대가 형성되어 있다. 각국 정부는 AI의 활용과 안전 간의 균형을 맞추기 위해 노력하고 있으며 UN, G7, OECD와 같은 국제기구들도 AI를 개발하고 도입해 활용하는 기업들에게 안전성과 신뢰성을 요구하면서 이를 가이드라인이나 규제로 제시하고 있다.

대표적으로 미국은 2023년 행정명령을 통해 기업 중심의 자율 규제를 기본 철학으로 하고 있다. 그러나 주마다 입장이 달라서 최근 캘리포니아 주의회에 발의된 법안은 캘리포니아 외부의 기업에게도 규제를 준수하도록 하는 강력한 규제를 담고 있어 많은 AI 기업들과 연구자들 사이에서 우려의 목소리가 나오고 있다.

가장 강력한 규제는 EU AI 법안으로, 고위험군 AI에 대한 강력한 규제를 제안하며 법 위반 시 최대 3,500만 유로 또는 전 세계 매출의 7퍼센트 중 더 큰 금액을 벌금으로 부과한다. 다만, 2023년 12월 6일 법안 통과 직전에 프랑스, 독일, 이탈리아 등에서 자국의 생성형 AI 기업 성과를 보호하기 위해 생성형 AI 항목을 추가했고, 학습 컴퓨팅 연산량 10^{25} FLOPs 이하의 생성형 AI는 오픈소스와 투명성을 전제로 샌드박스를 적극 활용할 수 있도록 하여 EU 내부 AI 경쟁력을 강화하는 안전장치도 마련했다.

이처럼 AI의 안전성과 신뢰성을 명분으로 전 세계적인 AI 헤게모니 전쟁이 벌어지고 있는 상황에서 AI를 개발하는 기업들은 글로벌 AI 안전성 논의와 규제 흐름을 예의주시하며 기민하게 대응해야 한다. 글로벌 비즈니스를 추진하는 기업들은 자국의 AI 규제뿐만 아니라 주력 시장 국가의 AI 관련 제도와 규제도 정확히 파악하고 있어야 한다. 특히 AI 개발 기업 스스로가 안전하고 신뢰할 수 있는 AI를 개발하고 운영하고 있음을 다양한 형태로 입증하며 기업 자율 규제가 성공적으로 동작할 수 있음을 보여주어야 한다.

이를 위해 AI 개발 기업은 내부적으로 AI 거버넌스 체계를 정립하는 것이 무엇보다 중요하다. AI 거버넌스는 AI의 개발, 운영, 배포, 활용과 관련된 정책, 규제, 윤리 지침 등을 총체적으로 관리하고 조정하는 것을 의미하는데, 이를 담당하는 별도의 조직을 운영하는 것이 첫 번째 단계다. 핵심은 사내 AI 개발, 배포, 운영에서의 안전성을 보장하기 위해 감사 기능을 포함해 AI 기술 및 제품 개발 조직과 별도로 분리해 운영하는 것이다. 이러한 AI 거버넌스 조직은 AI 기술, 서비스, 비즈니스 조직이 안전하게 AI를 개발, 배포, 운영할 수 있도록 사내 정책과 내규를 만들고, 안전 분야와 관련된 사내 컨설팅을 수행한다. 또한 외부의 AI 안전 전문가 그룹, 정부 관련 부처, AI 안전 연구소, 경우에 따라 글로벌 AI 안전 관련 국제기구와의 협업도 필요하다.

여건이 된다면 AI 안전과 관련된 연구 조직을 별도로 구성해 AI의 안전성과 신뢰성을 평가하는 레드팀, 얼라인먼트, AI 편향 제거, 모델 오염 방지, 개인정보 보호 기술, AI 생성 콘텐츠 검출 등 AI 안전과 관련된 선행 연구를 직접 수행하고 그 결과물들을 외부 생태계에 공유함으로써 AI 개발 기업으로서의 신뢰성을 더욱 강화할 수 있다. 구글 딥마인드, 앤트로픽, 오픈AI 등이 미래의 강력한 AI나 AGI와 관련된 안전성에 대해 꾸준히 논문이나 기술 및 정책 보고서를 발표하는 것도 기업 자율 규제에 대한 신뢰를 정부와 사회에 제공하기 위해서다. 이러한 신뢰가 지나치게 강한 규제로 이어지는 것을 방지하고 지속 가능한 성장을 가능케 하기 때문이다. 네이버에서는 2024년 1월 CEO 직속으로 설립한 퓨처AI센터가 이러한 AI 안전 관련 선행 연구, 감사, 정책, 대외협력 역할을 하고 있다.

앞으로 AI 기업들은 개발이든 활용이든 최소한 정책과 운영 측면에서 AI 거버넌스 조직을 반드시 갖추어야 하며, 내부 AI 안전성 기술 연구 조직을 운영하기 어렵다면 AI 안전 연구를 중심으로 하는 외부의 대학 연구실이나 연구소와 협업하는 것도 방법이 될 수 있다. 내부적으로 정책과 기술 모두를 내재화할 수 있는 역량이 있다고 하더라도 안전성과 신뢰성은 객관성과 공정성을 보장하는 것이 중요하기 때문에 레드팀 활동을 포함한 정책 수립과 운영을 위해서도 외부 전문가 그룹과의 긴밀한 협업이 필요하다. 예를 들어, 일정 수준 이상의 범용 생성형 AI를 서비스로 배포하기 전에 외부의 레드팀 전문 그룹으로부터 신뢰성 평가를 받는 것이 좋다. 또한 AI 안전 프레임워크와 같은 내부 정책을 만들 때도 외부 전문가가 직접 작성에 참여하거나 최소한 감수를 받는 것이 중요하다.

미국의 생성형 AI 행정명령과 EU AI 법안 모두 이러한 요구를 포함하고 있다. 오픈AI와 앤트로픽은 향후 출시될 AI를 미국의 AI 안전 연구소의 검증 이후 배포하는 것에 동의했는데, 이러한 절차가 글로벌 표준이 될 가능성이 높다. 그리고 AI 안전 연구소 간 상호운용성 인정 협약(한 국가의 AI 안전 연구소 기준을 통과하면 협약을 맺은 다른 국가의 AI 안전 연구소의 추가 검증을 생략하거나 최소화하는 협약)이 이뤄진다면 AI 개발 기업에게는 AI 안전 연구소 검증이 필수적인 절차가 될 수밖에 없다. 따라서 국내 AI 개발 기업들은 2024년 말 출범 예정인 AI 안전 연구소와의 긴밀한 협업 체계를 준비해두어야 한다.

AI와 관련된 일부 사항들은 법제화될 수 있지만, 다른 규제화하기 어려운 부분들은 표준화 형태로 실현될 수 있다. AI 학습 기법과 같은 디테일한 방법론은 발전 속도가 너무 빨라 표준화가 혁신의 저해 요소가 될 수 있지만, AI 모델의 안정성이나 신뢰성을 평가하는 방법, 평가 지표, 평가 항목, 학습 데이터 인터페이스, 평가 데이터를 만들기 위한 스펙 등은 충분히 표준화될 수 있다. 기술 특성상 통신, 의료, 전기공학 분야 등 다른 공학 기술 분야에 비해 표준화 움직임이 활발하지 않았지만, 생성형 AI의 등장 이후 AI가 중요한 기반 기술이 되면서 마이크로소프트와 같은 빅테크나 중국 기업들을 중심으로 표준화 논의가 빠르게 진행되기 시작했다.

안타깝게도 국내 AI 개발 기업들은 이러한 AI 표준화의 중요성에 대한 인식이 아직 높지 않다. 안정성과 신뢰성 평가를 위한 항목이나 방법 등을 표준화할 때, 현재 대부분의 안전성 관련 벤치마크들이 북미 지역에 편중되어 있다는 점을 고려하면 안전성 평가 항목 표준 또한 북미 기준이 중심이 될 가능성이 크다. 이는 국내 AI 기업들에게 위험 요소가 될 수 있다. 따라서 국내 AI 개발 기업들도 ISO/ITC JTC1이나 ITU와 같은 AI 표준화 논의에 적극 참여해 한국과 주요 AI 수출 국가의 사회 문화적 특성을 고려한 안전성 평가 항목이 포함되도록 파트너 국가들과 함께 목소리를 내야 한다. 즉, 빅테크가 만들어놓은 게임의 룰에 적용하는 것에 그치지 않고 게임의 룰을 만드는 데 적극 참여해야 한다는 의미다. 남이 만들어놓은 게임의 규칙에 우리를 끼워 맞춘다면 경쟁에서 불리해지는 것은 너무나 당연한 이치다.

원칙10.
소버린 AI:
다양성과 포용성 측면에서 글로벌을 바라보라

LLM과 같은 생성형 AI는 규모의 법칙이 적용되어 대규모 투자가 필요하고, LLM의 다국어 능력은 언어의 장벽을 허물었다고 해도 과언이 아니다. 또한 라마를 중심으로 한 오픈소스 AI 덕분에 굳이 밑바닥부터 개발하지 않고도 사후학습만 하거나 API로 사용하는 것이 훨씬 효과적일 수 있다. 그런데 왜 생성형 AI 전쟁에 참전한 국가들은 챗GPT나 제미나이와 같은 성능이 뛰어난 미국이나 중국의 생성형 AI에만 전적으로 의존하는 것이 아니라 자국의 생성형 AI를 별도로 확보하려고 할까?

AI 기술을 확보하려는 이유에 대해 의문을 품는 사람들이 많다. 아래아한글이나 운영체제의 실패 사례를 들어 자체 AI에 의한 '갈라파고스화'에 대한 우려를 제기하는 사람들도 있다.

자체 AI 기술이 필요한 이유를 이해하기 위해서는 AI가 일반적인 소프트웨어와 근본적으로 다른 특성을 가지고 있음을 먼저 인식해야 한다. AI도 소프트웨어 프로그램의 일종이지만, 일반적인 프로그램이 사람의 액션을 그대로 결과물로 만들어내는 것과 달리, AI는 사람의 입력과 다른 형태로 콘텐츠를 생성할 수 있는 지능, 즉 인텔리전스를 가지고 있다. 이것이 근본적인 차이다.

예를 들어, 사람이 글을 종이에 손으로 쓰든 아래아한글, 마이크로소프트 워드, 구글 닥스를 사용하든 입력한 내용은 동일하다. 즉, 어떤 문서 편집 소프트웨어를 사용해도 "독도는 누구 땅?"이라고 입력하면 화면에도 종이에도 동일하게 "독도는 누구 땅?"이라고 출력된다. 언어 패치만 제때 적용된다면 사용하는 데 큰 차이가 없고, 파일 저장 형식이 표준을 따른다면 글로벌 협업에도 어려움이 거의 없다. (UX 차이에 따른 편리함은 논외로 하자.) 운영체제의 경우도 비슷하다. 국가마다 운영체제의 기능이 크게 다르지 않고, 해당 기술이 완전히 종속되었을 때 가격 정책이나 업데이트의 우선순위가 시장의 규모에 영향을 받을 수는 있지만, 이 또한 제공되는 기능의 가치가 합리적인 가격의 범주 내에 있는 한 큰 문제가 되지 않는다.

생성형 AI는 프롬프트를 입력하면 그 내용을 AI가 이해하고 AI가 보유한 지식, 이해, 추론, 관점, 계획, 생성 능력을 활용해 완전히 새로운 콘텐츠를 만들어낸다. 즉, 사용자의 입력과 결과물이 완전히 다를 수 있다는 의미다. 그리고 이 결과물을 만들어내기 위한 이해와 추론 능력, 관점을 결정하는 것은 학습에 활용된 데이터의 특성에 크게 의존한다. 미국의 생성형 AI가 학습한 데이터, 특히 사전학습 데이터는 최소 90퍼센트 이상이 미국에서 만들어진 영어로 된 인터넷 문서들이다. 커먼크롤Common Crawl을 통해 가공한 데이터나 자체 크롤링 데이터의 소스도 대부분 미국의 영어 인터넷 데이터들이다. 데이터, 특히 문서나 콘텐츠에는 단순히 지식만 담겨 있는 것이 아니라 저자와 그 저자가 속한 지역의 문화, 가치관, 사상, 윤리, 철학 등이 함께 담겨 있다.

따라서 미국 중심의 데이터로 학습된 LLM이나 생성형 AI는 자연스럽게 미국의 문화와 가치관, 관점을 반영해 글을 쓰고 그림을 그릴 가능성이 크다. 가령 프롬프트에 "팁 20달러를 준다"라는 표현을 넣으면 AI는 그에 따라 길고 자세한 설명을 덧붙이게 된다. 이는 미국의 팁 문화가 LLM에 반영되었기 때문이다. 또한 "동해가 맞아, 일본해가 맞아?"라는 질문을 입력하면 AI는 "국제적으로 Sea of Japan(일본해)이 널리 쓰이지만, 명칭에 관련해 분쟁이 있다"라는 답변을 할 가능성이 크다. 이는 미국의 가치관 기준에 따른 것이다. 즉, 생성형

AI는 입력과 출력이 다르고 그 출력은 데이터에 의해 특성이 정해지는 가치관 필터가 달린 컨텐츠 생성기에 의해 결정된다는 뜻이다. 앞서 "독도는 누구 땅?"의 예를 들면 학습한 데이터에 따라 "한국 땅"이라고 할 수도 있고 "일본 땅"이라고 할 수도 있다. 아래아한글, 운영체제와 같은 소프트웨어와는 근본적으로 다르다.

문화적 가치관은 인류 보편 가치에 반하지 않는 한 '옳고 그름'이 아니라 '존중'이 필요한 부분이다. 그러나 미국의 빅테크가 만든 AI는 전 세계 수십 개 나라의 언어로 문법적으로는 매우 자연스럽게 글을 쓰지만, 그 글의 기저에 깔린 가치관은 미국 사회 기준을 반영할 수밖에 없다. 이로 인해 북미 지역이 아닌 아세안, 남미, 아프리카, 중동, 심지어 유럽 일부 국가에 대한 이해도는 상대적으로 떨어지며, 이들 지역에 대한 정보는 할루시네이션이 더 많이 발생하거나 디테일이 부족한 경우가 발생한다. 가령 "유효한 전 국민 총기 활용 정책에 대해 알려줘"라고 질문하면 챗GPT-4o나 클로바X 모두 민감한 문제라고 답변한다. 하지만 총기 활용 국가인 미국의 기업에서 만든 챗GPT-4o(2024년 9월 기준)의 답변은 활용을 전제로 안전한 정책을 설명하는 반면 총기 소유가 법적으로 매우 제한되는 우리나라에서 만든 클로바X는 훨씬 엄격한 내용으로 설명한다. 이는 각 국가 제도와 사회 가치관이 반영된 부분으로 설명할 수 있다.

이러한 현상은 멀티모달로 가면 더욱 심화된다. 이는 2010년대 후반 사진 인식 AI에서 널리 알려진 전 세계 지역별 사물 인식율 차이 현상과 그 궤를 같이한다. 실질적으로 언어 데이터보다 사진 데이터를 확보하는 것에 시간과 노력이 더 많이 들고, 보통 사진과 글을 함께 학습해야 하기 때문에 각 지역(국가)에 대한 이해를 충분히 할 수 있는 데이터를 구축하는 데 더욱 많은 어려움이 따르기 때문이다. 예를 들어 "금동대향로" 사진을 입력하면 챗GPT-4o는 "청동 향로"이고 "조선 혹은 고려시대 작품"이라고 얘기한다. 그러나 클로바X에 동일한 사진을 프롬프트로 입력하면 정확하게 "백제시대" "금동대향로"라는 정보와 함께 국립중앙박물관 소장이라는 정보도 알려준다.

이 차이가 크지 않아 보일 수는 있다. 하지만 교육 분야, 특히 국어, 역사, 사회, 윤리 등 교사들이 교육 자료 작성이나 시험 문제 출제 등에 생성형 AI 도구를 사용할 때 문제가 발생할 수 있다. 빈번한 할루시네이션으로 생산성을 오히려 감소시킬 수도 있고, 제대로 검수하지 않으면 아이들이 잘못된 내용을 교육받게 되어 미래 세대들에 더욱 크게 영향을 줄 수 있다. 생성형 AI 기반의 애플리케이션 만드는 기업들 입장에서도 이런 품질의 차이가 고객들이 지갑을 여느냐 마느냐의 차이로 이어질 수 있다.

이러한 문제는 아쉽게도 소량의 자국 언어 데이터를 활용한 파인튜닝만으로는 근본적으로 해결이 어렵다. 개별 지식에 대한 교정은 가능할 수 있지만, 최예진 교수의 "두더쥐 잡기"라는 표현처럼 하나를 해결하면 또 다른 문제가 계속 발생할 수밖에 없다. 이처럼 지역 문화, 사회, 정치 환경에 대한 정확한 이해가 필수적인 교육, 공공, 국방, 법률, 문화, 의료 등의 분야에 생성형 AI를 효과적으로 적용하기 위해 최근 주목받고 있는 것이 '소버린 AI'다.

많은 국가들이 소버린 AI에 대규모 투자를 단행하기 시작했다. 챗GPT 출시 이전에는 중국, 러시아, 이스라엘, 캐나다가 기술, 경제 진화의 흐름에 빠르게 대응해왔는데, 한국은 자국어 중심의 LLM을 세계에서 세 번째로 확보할 정도로 빠르게 소버린 AI 분야에서 두각을 나타내고 있다.

챗GPT 이후 파괴력과 각 지역 문화 이해도 차이를 실감한 AI 기술 선진국들도 조 단위 투자를 단행하며 각 국가를 대표하는 AI 기업들을 육성하기 시작했다. 대표적인 국가들로 프랑스(미스트랄), 독일(알레프알파), 이탈리아(아이지니어스), 인도(크루트림), 일본(소프트뱅크) 등을 들 수 있다. 이런 기존 선진국들은 사전학습에 활용할 자국어 데이터 부족으로 고생하고 있지만 AI 기술 역량이 뛰어나기 때문에 실리콘밸리 빅테크 모델들에 비해 자국 사회 특수성과 문화를 더욱 정확하게 이해하는 자국어 중심 다국어 LLM을 비교적 빠른 시간내에 확보하는 데 성공했다. 특히 영국 토터스미디어에서 매년 공개하는 글로벌 AI 인덱스 국가 순위에서 2023년 13위를 차지했던 프랑스가 2024년 한국을 제치고 단숨에 5위까지 상승한 것은 마크롱 대통령과 프랑스 정부의 강력한 의지와 지원의 결과로 볼 수 있다.

사우디아라비아나 UAE와 같은 중동 국가들, 인도네시아, 태국, 베트남, 말레이시아와 같은 아세안 국가들, 중남미나 아프리카와 같은 개발도상국이나 기술 경쟁력이 약한 국가들은 자체 소버린 AI를 확보하기 위해 오픈소스 LLM 활용한 파인튜닝과 생태계를 함께 구축할 신뢰 가능한 파트너 국가 혹은 기업 접촉을 동시에 진행하고 있다. 미국이나 중국의 빅테크들과 함께하는 방법도 있겠지만, 이들 국가 대부분이 제국주의 시절 식민지를 경험하면서 기술, 경제 종속을 우려하고 있고, 실제 미국과 중국의 기업들은 기술 패권주의적으로 기술 공유나 이전 등에 적극적이지 않다. 미국과 중국에 비해 한국은 자체 반도체, 클라우드, 양질의 학습 데이터 대량 구축 경험, 소버린 AI 개발 및 배포 역량, 다양한 산업에의 응용 및 확산 경험 등 생성형 AI 밸류체인 전체에 대한 경쟁력 있는 역량과 경험을 가진 국가이면서도 다른 두 나라와 달리 패권주의적으로 인식되지 않는다는 장점을 갖고 있다. 70~80년대 중동 건설, 에너지 분야 협업에서의 좋은 경험은 물론, 최근 K-팝이나 K-컬처 등을 통해 함께 성장할 수 있는 신뢰 가능한 파트너로서 인식되고 있기도 하다. 정부가 깃발을 들고 국내 AI 개발 기업, 반도체, AI 데이터센터 기업, 통신사, AI 활용 기업, 스타트업 등 전체 밸류체인을 구성하는 기업들과 함께 글로벌 소버린 AI 원팀을 만들어 소버린 AI를 원하는 국가 정부와 공동개발, 공동투자, 공동운영, 공동 산업 생태계 구축을 함께 진행한다면 국내 AI 기업들의 글로벌 진출을 통한 성장뿐만 아니라 전 세계 AI의 다양성 및 포용성 강화와 격차 해소에 기여하는 AI 시대 리더 국가로서 거듭날 수 있을 것이다.

주

4장

1. 70점과 90점은 상대적인 품질 비교이며 정성적인 체감 성능 차이도 크고 적용 문제와 명령에 따라 다를 수 있다.
2. 프롬프트에 명령에 대한 모범답안 예시를 제공하지 않는 경우를 Zero-shot, 한 개 이상 소수의 예시를 제공하면 Few-shot이라고 부른다.
3. 보통 LoRA와 같이 모델의 극히 일부만 학습하는 기법이 이에 해당한다.
4. Patel et al. Splitwise: Efficient generative LLM inference using phase splitting. ISCA 2024.
5. https://karpathy.medium.com/software-2-0-a64152b37c35
6. https://www.enterpriseai.news/2023/06/28/nvidia-ceo-huang-get-ready-for-software-3-0/
7. https://github.com/microsoft/autogen/tree/main/samples/apps/autogen-studio
8. https://github.com/apple/ToolSandbox
9. Reality Labs에 포함되기 전에는 Facebook AI Research였다.

234

5장

AI 시대, 기업은 무엇을 준비해야 하는가?

하정우가 묻고
오순영이 답하다

AI 기술의 급속한 발전은 비즈니스와 산업 전반에 걸쳐 다양한 기회를 제공한다. 그만큼 기업의 전략적 준비가 그 어느 때보다 중요해졌다는 의미일 것이다. 이번 대담은 이러한 배경 속에서 AI 시대에 기업과 조직은 무엇을 준비해야 하는지를 심도 있게 논의한다. AI 도입 과정과 거버넌스, AI 구축 방식, 보안과 데이터 관리, 미래 인재 양성 등 AI 시대에 기업이 직면할 수 있는 여러 과제를 현실적인 대안과 함께 다각도로 살펴본다. 더 나아가 AI 기술의 발전과 그로 인한 기업 환경의 변화를 종합적으로 다루며, 기업이 급변하는 AI 시대에 성공적으로 적응하며 연착륙할 수 있는 구체적인 방안도 제시하고 있다.

한 치 앞을 알 수 없는 변화의 시대, AI를 받아들이는 기업은 어떤 마인드를 가지고 어떤 전략을 취해야 할지 이번 대담을 통해 알아보도록 하자.

기업의 성공적 AI 도입,
무엇을 어떻게 준비해야 하는가?

하정우   앞서의 대담은 AI 활용 기업 입장에서 AI 개발 기업에 기술 트렌드와 방향 그리고 현실적 어려움에 대해 질문하는 시간이었다. 이번 대담은 반대로, AI 개발 기업 입장에서 활용 기업이 무엇을 궁금해하고 도입에 어떤 어려움들을 겪고 있는지 중점을 두고 논의하려 한다.

먼저 활용 기업이 생성형 AI를 도입하기 위해 해야 할 일들에 대해 정리해보자. 사실 많은 기업이 AI를 도입하고 싶어 하지만, 어떤 것부터 시작해야 할지 정보가 부족해 막막해한다. 금융 업계뿐만 아니라 다양한 분야에서 생성형 AI를 활용한 서비스를 기획하고 구현해본 경험자로서 생성형 AI를 내부에 도입하기 위해 활용 기업은 어떤 준비를 해야 하는가?

오순영   생성형 AI를 도입하는 데 잘 정리된 공식은 아직 없다. 그렇기 때문에 AI를 도입하기에 앞서 현재 생성형 AI가 가진 특성이나 주의사항 등을 정확하게 이해하는 과정이 오히려 더 필요하다. 일례로, 최근 교육 관련 AI 스타트업 대표를 만났는데, 이야기를 들어보니 AI 스타트업은 조직 내의 생산성 향상이나 업무 효율성보다 실질적인 비즈니스에 생성형 AI를 직접적으로 적용하는 것에 좀 더 수요가 있겠다는 생각이 들었다. 스타트업의 경우 생성형 AI 도입 과정의 복잡도가 높지 않아 좀 더 빠르게 도입할 수 있고, 효과도 빠르게 볼 수 있을 것이다.

기존 AI 기술과 현재의 생성형 AI가 어떤 차이가 있는지를 이해하기 위해서는 우선 최대한 많은 AI 기술의 변화 및 각종 활용 사례, 시도에 대한 리서치 과정이 필요하다. 제가 리딩했던 조직에서는 챗GPT가 처음 릴리스되었을 때부터 새로운 AI 모델의 출시, 특징 등을 모두 트래킹하면서 새롭게 등장한 개념이나 기능, AI 모델 사이즈의 변화, 각각의 경쟁력은 무엇인지 등을 살펴봤다. 물론 오픈AI를 비롯한 빅테크 기업들이 AI 모델의 개발 초기 단계부터 어떤 회사들과 협업하는지도 예의주시하며 사례를 수집했다.

그와 더불어 내부 이해도를 높이기 위해 생성형 AI가 각 실제 산업에 어떤 페인포인트들을 해소하려고 하는지 여러 관점에서 논의했다. 예를 들어, 챗GPT는 단순한 챗봇이 아니라 요약, 초안, 검색, 코딩 등 다양하게 활용이 가능하다. 이러한 내용들을 잘 정리한 후 내부 경영진 및 현업에 공유하는 과정은 필수적이다. 즉, 머리로는 이해하고 있지만, 우리 모두 자주 간과하며 실수하는 부분은 경영진, 현업 실무, R&D 및 개발은 각자 지금의 생성형 AI를 바라보는 입장과 관점이 다르다는 것이다. 심지어 CEO, CFO, CTO 등 경영진에서도 AI를 메타버스처럼 일시적인 유행으로 끝나거나 혹은 기술의 거품이 심하다고 보는 시각도 있고, 세상을 완전히 바꿀만한 기술, 또는 빠르게 검토하고 도입하지 않으면 뒤쳐질 수 있는 기술로 바라보는 시각도 있다. 따라서 다른 이해관계를 가진 모든 관점들을 고려해서 내부적으로 지금의 AI 기술을 최대한 담백하고 객관적으로 전달하고 이해를 높이는 노력이 선행되어야 한다.

하정우　　AI를 받아들이는 속도나 관점이 각자의 역할이나 시각에 따라 달라질 수 있다는 점은 전적으로 동의한다. 그렇다면 기술 도입 시 가장 중점적으로 살펴야 하는 것은 무엇인가?

오순영　　기업 내부의 환경, 역량을 살펴보는 것이 핵심이다. 내부에 AI 엔지니어나 데이터 전문가들이 있어서 AI 도입에 대한 역량을 갖춘 회사도 있고, IT 부서 외에는 AI나 데이터 관련 조직이 전혀 없는 기업도 있다. 따라서 각 기업의 상황에 따라 접근 방법은 당연히 달라야 한다. IT 조직은 있지만 AI나 데이터 조직이 없다면 생성형 AI 도입에 대해 자문이나 컨설팅을 해줄 수 있는 컨설팅 회사나 AI 스타트업 등을 통해 정말 많은 대화를 나눠봐야 하고, 한 업체가 아닌 여러 업체들로부터 다양한 도입 방향성과 기업 진단에 대해 들어봐야 한다.

AI 및 데이터 조직이 있는 회사라면 좀 더 적극적으로 오픈소스 모델 기반으로 테스트해보면서 외부에서 말하는 모델 성능에 대한 평가 외에 자체적인 판단 능력을 키우는 것도 필요하다. 왜냐하면 AI 기술을 도입 및 활용하려는 기업 관점에서는 생성형 AI 모델의 성능을 높이기 위해 자신들의 내부 데이터를 학습에 활용해야 한다거나 데이터 관련 준비에 대한 막연한 걱정들이 상당히 많을 수밖에 없다. 챗GPT 출시 이후 1여 년은 글로벌 빅테크의 경우도 AI 윤리에 대한 문제부터 저작권, 보안 등 아직은 안정적으로 체계나 정책이 잡혔다고 보기 어려웠다. 각종 저작권 소송 등 조용할 날이 없었지 않았는가. 그렇기 때문에 내부에서는 생성형 AI의 도입 방식에 대한 고민도 깊을 수밖에 없었다.

아마 AI 도입하려는 대부분의 기업들은 데이터 보안 등에서 좀 더 자유로운 주제(목적)에 대해 API 형태로 빠르게 활용을 시도해보고 검토하는 과정을 거쳤을 것이다. 동시에 오픈소스 모델을 내부 서버로 들여옴으로써 데이터 보안이나 규제에서 조금은 자유롭게 직접 개발하고 검토해보는 시도도 해봤을 것이다. 이 두 가지를 하이브리드로 투트랙으로 하는 것이다. 특히 금융 분야의 경우 규제 준수와 데이터 보안은 상당히 크리티컬한 이슈가 되는데, 이러한 규제 등의 진행 상황을 그저 지켜보고 기다릴 수만은 없기 때문에 오픈소스 모델을 내부로 가져와 다양한 실험들을 진행하기도 한다. 그러면서 다양한 AI 모델들의 성능과 특징들을 내부에서 경험하고 배워 나가고 있다.

즉, AI 도입에 많은 선택지와 방법들이 있다는 것을 이해하고, 내부 환경과 적용을 시도하려는 주제에 맞춰 몇 가지를 선택하고 추진하는 것이 중요하다. 기본적으로 생성형 AI 모델의 학습을 위해서는 '양'이 아닌 목적에 맞는 '질' 좋은 데이터가 중요하다는 것, 그리고 할루시네이션 개선을 위한 RAG 등에 필요한 데이터는 학습 데이터와 별개로 준비하는 과정도 있다는 것을 이러한 도입 준비 과정에서 이해하게 된다.

AI 도입 순서를 정리해보자면, ① 외부 API, 오픈소스 모델 등 다양한 AI 모델 중 활용 목적의 특성에 맞는 모델을 선택하고, ② 그 모델을 을 그대로 활용하거나 추가적인 학습을 통해 활용한다. 그리고 이 과정에서 ③ PoC Proof of Concept 과제를 몇 가지 정의하고, 이후 진행 과정에서 PoC 과제 중 선택과 집중을 통해 특정 과제에 집중해서 실질적인 도입 성과를 만들어가는 형태로 진행하면 된다.

하정우　　　먼저 AI가 무엇을 할 수 있고 무엇이 불가능한지 전반적인 조사가 필요하고, 이러한 조사 결과를 바탕으로 경영진, 중간관리자, 실무진 간의 이해도 차이를 고려해 공감대를 형성하는 노력이 이어져야 한다는 것인데, 이런 공감대 형성은 조직에서 필수적이고, AI 거버넌스 관점에서도 매우 중요하다. 공감대가 형성되면 오픈소스 모델을 활용할지 외부 폐쇄형 모델의 API를 사용할지, 혹은 하이브리드로 할지 등을 선택할 수 있다. 특히 공공, 국방, 금융 분야에서는 망분리 규제와 같은 제한요건이나 환경도 고려해서 여러 방법을 다양하게 시도하고 그중 가장 적합한 것을 찾아내야 할 것이다.

오순영　　시급성, 파급력, 투자 규모 등을 포함한 몇 가지 기준에 따라 중요한 문제들을 도출해놓아야 한다. 대부분 기업에서 AI 최초 도입 시 클라우드를 통해 API로 테스트한 후 검토를 진행하는데, 기업 입장에서는 인프라 측면에서 대규모의 준비가 필요없고, 필요한 기간 동안만 쉽게 활용할 수 있기 때문이다. 다만 이 경우 주제는 대략 외부 공개 데이터로 활용해볼 수 있고, 할루시네이션 제약에서 비교적 자유로운 주제로 많이 시작하게 된다.

하정우　　금융 업계에서도 비슷하겠지만, 상품 설명을 쉽게 해주는 생성형 AI를 활용한 SaaS나 API 형태의 제품 등은 이미 공개되어 있다.

오순영　　상품 설명을 해주는 생성형 AI는 오히려 특정한 기능적인 구현이라 오히려 쉽다. 서비스 측면에서 SaaS Software as a Service 형태로 적당한 API를 빠르게 가져가 쓰면 된다. 하지만 내부의 생산성, 역량 등을 고도화하기 위해서는 SaaS가 아닌 PaaS Platform as a Service 형태로 검토할 수밖에 없다. 기존의 그룹웨어를 비롯한 활용하고 있던 레거시 시스템들과 결합이 어떤 형태로든 필요하고, 영향을 미치는 범위가 광대하기 때문에 경영과 비즈니스에 필요한 IT 개발 운영 체계에 영향을 줄 수 있는 AI 거버넌스까지 고민이 필요하다. 작은 프로젝트에서 시작하더라도 AI 거버넌스에 대한 부분은 AI 도입 초기부터 반드시 고려되어야 하고, 준비가 필요하다.

하정우   결국 AI 관리 조직과 거버넌스를 잘 구축하는 것이 매우 중요하다. 상황에 따라 다르겠지만, 어떤 사람들은 AI의 역할을 각 일선 서비스나 개발팀에 나눠줘야 한다고 주장하고, 또 어떤 사람들은 AI나 IT 전담팀에 모두 맡겨야 한다고 말한다. 혹은 그룹의 지주사에서 AI 거버넌스를 조율하고 통제하도록 힘을 실어주어야 한다는 의견도 있다. 여러 가지 주장들이 있지만, 실제로 경험해봤을 때 어떤 방식이 더 좋다고 보는가?

오순영   AI 관련 역량에 대해서는 여러 팀이 아닌 한 곳으로 모아 힘을 실어주는 것이 맞다고 생각한다. 아주 상식적인 선에서 생각해봐도, AI 관련 경험이 풍부한 전문가의 풀 자체가 넓지 않으며, 그나마 많지도 않은 AI 전문 인력이 흩어져 있다면 어떻게 추진력을 가져갈 수 있을까. 한 곳에 모았을 때 기술이든 사업이든 시너지가 난다고 본다. AI 관련 기술을 포함한 트렌드가 하루가 다르게 급변하며 AI 전문 인력 간에도 역량 차이가 분명 존재한다. 모여 있음으로 해서 전체적인 역량이 상향평준화될 수 있다. 이는 과거 소프트웨어 개발할 때도 다양한 컨디션의 프로젝트를 많이 경험하며 터득한 습득 교훈Lessons Learned이라 확실하게 말씀드릴 수 있다. 각 사업 부서나 현업에 AI 인력이 흩어질 정도가 되려면 AI 기술 자체가 인력 풀도 풍부하고 보편적인 기술로 자리 잡을 시점 정도가 되어야 할 것이다. AI 거버넌스 설계의 경우 기존 IT 인프라를 비롯해 클라우드, 보안 등 주요 IT 부서들을 반드시 참여시켜서 함께 논의하는 것이 필요하다. AI가 IT 기반 위에 동작하기 때문이다. 그리고 AI 거버넌스 조직 자체는 AI 기획 및 개발 부서와는 분리되어 있어야 한다. 같은 조직 안에서 거버넌스에 필요한 규정, 절차를 정의한다는 것이 아무래도 쉽지 않기도 하고, 어찌 보면 일종의 감독 기능이 포함되어 있기 때문에 AI 관련 윤리위원회를 비롯한 AI 거버넌스 조직은 독립적으로 운영되어야 한다. 그 외에 IT 부서와 데이터, AI 조직이 서로 합쳐 있든 분리되어 있든 서로 간의 긴밀한 협조 관계는 필수적이다. 앞서도 설명했지만, AI는 기존 IT 인프라 위에 있는 다양한 레거시 시스템과 연동될 수밖에 없기 때문에 협력 체계 및 의사결정 프로세스 등의 정립이 필요하고, AI 도입 초반에는 최대한 관련된 부서들이 모두 참여해 AI 거버넌스에 필요한 내용들이 빠짐없이 챙겨질 수 있도록 해야 한다.

새로운 기술을 도입한다는 것은 어려운 일일 뿐만 아니라 적잖은 시행착오도 분명 겪을 수밖에 없다. 하지만 AI 거버넌스에 대한 부분을 탄탄하게 정립을 해놓는다면 향후 새로 도입되는 AI 서비스 확장 등 AI 도입에 따른 변화들에 유연하게 잘 대응할 수 있게 될 것이다.

하정우　　　지금까지 기업이 AI를 도입하기 위해 준비해야 할 것들에 대해 이야기를 들어봤는데, 그중에서 주요 항목별로 주의해야 할 점이나 효과가 있었던 부분, 혹은 잘 안 됐던 부분은 무엇인가? 개인적으로 문제 정의 도출이 선결 과제라는 점에 크게 공감하는데, 이를 잘하기 위해서는 어떤 것들을 신경 써야 할까? 효과적으로 문제 정의하기 위한 방법이나 문제의 우선순위를 어떤 기준으로 정할 수 있을지 조언해달라.

오순영   우선은 AI 기술에 대한 특징을 정확하게 이해하는 게 필요하고, 이해가 되었다면 자연스럽게 내부에서 개선이 필요한 부분이나 오랜 기간 풀지 못했던 페인포인트들을 살펴보게 될 것이다. 예를 들면, 내부의 업무에 대한 Q&A를 지원하는 챗봇의 성능을 높이기 위해 도입을 검토한다거나, 내부의 개발 퍼포먼스를 높이기 위해 코딩 작성에 활용하는 식이다.

이렇게 도입하고자 하는 목적들이 정리가 되고 나면 실제적인 도입을 위한 AI 모델 선택이나 할루시네이션의 정확도를 높이기 위한 각종 방법론 등이 도출될 것이다. 그 상태에서 도입할 만한 업무들의 후보군들의 도입 방법들을 살펴보면 활용하려는 AI 특징들이 비슷하거나 혹은 유사한 레거시 시스템이나 데이터를 참조해야 하는 등 각 후보군들이 그룹핑grouping된다.

여기까지 진행이 되고 나면, 이것들을 담아낼 수 있는 프레임워크를 고민하게 된다. 도입을 검토하는 전체 후보군 중에서 몇 가지로 선택과 집중을 하겠지만, 확장성을 갖기 위해 전체 프레임워크는 반드시 필요하다. 표준화된 프레임워크 안에 도입 항목들을 계속해서 추가할 수 있기 때문이다. 그러면 그 안에 AI 거버넌스도 자연스럽게 함께 검토가 되고 고민하게 되는 것이다. 이러한 순서대로 하면 생성형 AI를 도입하기 위한 프레임워크와 AI 거버넌스, 그리고 진행 프로세스가 체계를 가진 상태로 차츰 잡혀가게 된다.

하정우   지금까지는 AI 시스템 개발 단계 중심으로 많은 논의가 이루어졌는데 사실 그 이후가 더 어려울 수 있다. AI 시스템을 운영할 때 예상치 못한 문제들이 다양하게 발생할 수 있는데, 할루시네이션 외에 어떤 다른 문제들이 발생할 가능성이 있는가?

오순영   할루시네이션은 현재 생성형 AI 모델이 가지고 있는 특징이라 봐야겠고, 이를 도입해 운영한다고 할 경우 각 도입 목적에 따라 새로운 문제 사항들을 맞이할 수 있다.
다양한 도입 케이스들에 대해 충분한 운영 기간을 가져본 사례는 챗 GPT 출시 시기를 생각해본다면 아직은 없다고 봐야 한다. 그래서 작지만 확실히 성과가 날 것으로 예상되는 주제에 대해 작은 규모로 처음 구현부터 운영 단계까지 한 사이클을 제대로 돌려보는 과정이 매우 중요하다는 것을 강조하고 싶다. 도입 방법 역시 추가적인 학습 없이 AI 모델 그대로를 도입해서 활용할 수도 있고, 어떤 경우에는 도메인 특화 학습을 통한 버티컬 특화가 필요할 수 있으며, AI 모델 외의 다양한 AI 솔루션들을 활용해 추가적인 성능을 높이는 등 다양한 도입 방향성이 있다.

하정우   꽤 좋은 모델로 알려져서 막상 적용해봤더니 기대했던 것보다 만족스럽지 않았던 경험도 있는가?

오순영　　　사실 대부분의 AI 모델 개발사들은 자신들의 모델이 최고라고 말한다. 그리고 미디어나 테크 전문가들도 여러 가지 활용 경험담들을 통해 AI 모델의 랭킹을 언급한다. 하지만 실제 AI 모델 자체와 AI 도입 시의 성능은 또 다른 문제로 봐야 한다.

결국은 기업이 도입하고자 하는 목적, 그리고 내부에서 갖추고 있는 데이터나 인프라에 따라 결과는 달라진다. 실제 각 기업이 원하는 것은 자신들의 기업과 도메인(분야)에 맞는, 문제 해결을 잘 하는 것이기 때문에 아주 일반적인 도입 목적이 아니고서는 학습은 필요한 과정이다. 또한 수행해야 할 태스크들과 도메인 특화의 경우도 학습 데이터를 단순히 양적으로 불리는 방식으로는 한계가 있다는 것도 분명하다. 결국은 태스크에 맞는 양질의 학습 데이터가 중요하다.

하정우　　　적용하고자 하는 문제가 도출되었고 이를 해결하기 위해 파인튜닝이 필요하다면 그 문제 해결에 필요한 추가 학습 데이터의 품질이 중요하다는 의미인가?

오순영　　　그렇다. 이제는 단순히 많은 양의 데이터를 사용하는 것이 아니라 문제에 적합한 데이터를 사용하는 것이 중요하다.

하정우　　　확실히 파인튜닝도 가능하고, RAG 같은 방법도 사용할 수 있다. 하지만 이것도 프로토타입이나 실증 단계를 넘어서 실제 서비스까지 이어지는 일련의 과정을 실행해보고 전체 AI 서비스 생명 주기를 돌려봐야 사용자들로부터 그에 대한 피드백을 받으면서 어떤 문제가 도출되는지 확인 검증이 가능하다.

오순영   단일 태스크를 위한 비교적 작은 프로젝트로 일련의 과정을 구현에서 운영까지의 AI 서비스 라이프사이클을 제대로 경험해 봐야 한다. RAG 역시 만능이자 표준처럼 이야기되고 있지만, RAG 자체도 어떻게 구성하느냐에 따라 답변의 품질은 달라질 수 있다. 또한 답변이 아무리 정확도가 높더라도 답변 속도 역시 정확도만큼이나 성능의 중요한 평가 요소다. 이러한 모든 것들이 각 기업의 노하우로 자리 잡게 될 것이고, 그것이 곧 기업의 AI 경쟁력이 될 것이다.

하정우   글로벌 사례를 보면 JP모건 같은 대형 금융 회사가 400여 개의 AI 프로젝트를 동시에 진행하고 있다고 한다. IT 전문가가 아닌 직원들도 API 형태의 대형 언어 모델이나 오픈소스 모델을 활용해 다양한 프로젝트를 수행하고 있는데, 여기서 궁금한 점이 있다. 교육을 통해 일정 수준 이상 직원 역량 강화 후에 프로젝트를 시작하는 것이 나은가? 아니면 교육이 좀 부족하더라도 일단 프로젝트 진행하면서 자연스레 배울 수 있도록 하는 게 나은가?

오순영   우선 현업 전문가들에게 가장 높은 우선순위는 현재 맡고 있는 업무일 것이다. 그렇기 때문에 현업에서 AI 도입의 필요성을 느낄 수 있도록 하는 과정이 가장 먼저 진행되어야 할 것이다. 이는 AI

리터러시로 연결된다. 그리고 도입 방식에 대해서 아직은 생성형 AI를 본격적으로 도입하고 운영해본 경험이나 그 도입 효과에 대한 레퍼런스가 많이 알려져 있지 않다. 따라서 기업 입장에서는 AI 리터러시가 기업 내 충분히 올라왔다고 하더라도 동시다발적으로 AI 도입 프로젝트를 진행한다는 것은 사실상 쉬운 선택이 아니다. JP모건의 경우 400여 개의 프로젝트를 실제적으로 진행한다는 것도 현실적으로는 실행하기 쉽지 않을 것이다. 유의미한 부분은 기업 현금 흐름 예측 알고리듬을 트랜스포머로 장기 예측에 취약한 CNN을 보완하는 역할로 사용했고, 이를 통해 좀 더 높은 정확도를 실현했다는 것인데, 기업은 어쨌거나 선택과 집중을 할 수밖에 없기 때문에 몇 가지 도입하려는 분야를 정의하고 그에 대한 도입 방법론은 달라도 된다.

도입 규모 자체는 크게 중요하지 않다. 오히려 이러한 도입을 통해서 제대로 효과가 있었다는 근거를 만드는 것이 다음 AI 도입의 타당성을 견고하게 만드는 데 큰 힘이 될 것이다. 그리고 여기에 AI 리터러시만큼이나 반드시 필요한 하나는 경영진의 적극적인 지원과 의지일 것이다.

하정우　　작은 규모의 파일럿을 통해 성공 사례가 만들어지면 이 케이스들을 모아서 우수 사례가 형성될 수 있다. 그 노하우를 다른 직원들과 공유하고, 성공한 사람들에게 보너스나 승진 기회를 제공하면 동기부여가 되어 더 열심히 일하게 될 것이다.

오순영 　 모두를 함께 끌고 갈 수 있도록 좋은 환경을 조성하는 것이 가장 중요하다. 그리고 이러한 환경을 조성하는 초반에는 AI를 잘 아는 AI 전문가와 현업을 잘 아는 현업 전문가가 함께 시작해야 한다.

하정우 　 정리하자면, 접근성을 최대한 높여서 많은 사람들이 스스로 경험을 쌓도록 동기부여를 하는 것이 중요하다. 앞서 경영진부터 현업 실무 담당자들까지 공감대를 형성하고, 이들의 이해도를 맞추는 것이 필요하다고 했는데, 현업의 실무진들은 해당 산업의 전문 지식과 경험은 많아도 IT나 AI를 전공하지 않았기 때문에 개인별로 AI에 대한 이해도와 활용도의 편차가 클 수밖에 없다. 예를 들어, 현업 부서에서 PoC를 하려면 데이터를 가공, 프롬프트 엔지니어링, 파인튜닝을 잘 하기 위한 교육도 필요했을 것이다. 이를 위해 내부적으로 기본적인 AI 리터러시, AI 활용 능력을 쌓기 위해 전사적으로 많은 교육을 진행했을 것으로 예상된다. 전사적으로 교육을 하는 데 얼마나 많은 노력과 시간이 걸렸는가? 또, 이렇게 교육을 진행하고 나면 교육 내용이 실제 업무 성과로 잘 이어졌다고 체감이 되는가? 잘 전환되지 않았다면 어떤 부분이 어려웠는가?

오순영 　 많은 AI 스타트업들이 기존의 비즈니스 외에 생성형 AI로의 비즈니스 확장 기회를 찾기 위해 AI를 도입하려는 기업에 대한 컨설팅을 많이 진행한 것으로 알고 있다. 사실 과제 발굴에 대한 부분들도 진행되지만, 기존 IT 및 디지털, 데이터 현업에 대한 프롬프트 이해와 교육들이 시범적으로 진행되고 있다. 그리고 이는 실제 프롬프트 엔지니어를 양성하겠다는 취지보다는 생성형 AI 모델에 대한 이해도를 높이는 과정이라 볼 수 있다. 즉, 기술적으로 상세한 교육이 이뤄진다기보다는 변화가 예상되는 업무 환경과 개선할 수 있는 업무들에 대한 수용성을 키우는 과정인 것이다.

교육이 진행되었다고 해서 바로 업무 전환이 이뤄지거나 업무에 활용할 수 있는 상황은 사실상 만들어지기 어렵다. 아무래도 사람뿐만 아니라 환경에 대한 부분이 변화해야 하는데, 이 부분은 생성형 AI 관련 툴이나 API 사용에 대한 규정이나 지침을 비롯해 업무 프로세스 내에 들어오는 데 절대적으로 시간이 필요하기 때문이다. 대학 수업으로 보면 생성형 AI에 대한 전공 수업과 교양 수업이 적절하고 조화롭게 주기적으로 진행되지만, 이러한 교육은 앞으로 변화할 환경에 대한 준비 정도, 그리고 새로운 AI 도입 시도에 따른 실제적인 내부 현업들이 적극적으로 참여하기 위한 밑바탕 정도로 보면 좋을 것이다.

하정우　　　가령 '뛰어난 프롬프트 엔지니어로 만들겠다'는 수준의 전문적인 교육은 아니라는 것인가?

오순영　　　무엇을 할 것인지 정해지지 않은 상태에서 프롬프트 엔지니어를 양성하겠다는 것은 주객전도일 수 있다. 당장 어떤 AI 모델로 어떤 업무 개선을 할지가 명확하지 않은 상태에서 양성부터 하겠다는 말은 이치에 맞지 않다. 우선은 이러한 교육이 유의미한 부서 중심으로 한정해서 일종의 전공필수 같은 전문성 있는 교육을 하고, 그 외에는 넓은 범위에서의 교양 수업과 같이 AI 활용에 대한 수용성을 높이기 위한 교육이 필요하다.

안전하고 신뢰할 수 있는 AI 도입 원칙

하정우　　오 의장님 외부 강연 중에 가장 인상 깊게 들었던 것이 '생성형 AI 아레나'였다. 토너먼트 방식으로 여러 버전의 모델들 중 어떤 것이 더 나은지 평가하는 시스템이 굉장히 독특했다. 네이버는 AI를 만드는 기업이기 때문에 당연히 내부적으로 이 시스템을 만들어 다양한 모델들을 체계적으로 평가하고 개선해왔고, 해외에서는 SAP 같은 기업들이 자체적으로 고객 기업 프로세스 특화 모델 평가를 위한 시스템을 만들기도 했다. 하지만 국내의 경우 외부에서, 특히 활용 기업이 이런 시스템을 만들었다는 얘기는 처음 들었다. KB에서 생성형 AI 아레나를 만들게 된 계기와 이를 어떻게 만들어서 운영했는지, 그리고 활용 기업에 이 시스템이 왜 필요한지 궁금하다.

오순영　　KB에서 생성형 AI 아레나를 만들게 된 과정은 어찌보면 너무 자연스러웠다. 왜냐하면 이미 2020년부터 금융권에 특화된 AI 기반 한국어 분석 원천 기술들을 KB의 금융AI센터가 직접 개발해왔기 때문이다. KB ALBERT 모델(내부에서는 KB-STA KB's State-of-the-art Text Analytics라고 불렸다)을 시작으로 KB-BERT, KB-ELECTRA까지 매년 버전을 새로 업그레이드하며 고도화해왔다. 그 말인 즉, 이미 금융 특화 모델이 다른 범용 모델보다 성능이 좋은 것을 확인했다는 의미이기도 하다.

광범위하게 활용되는 것을 가정한 외부의 다양한 생성형 AI 모델들의 성능 평가 결과가 금융에서는 그 결과가 다를 수 있다고 생각했고, 금융이라는 도메인, 그리고 해당 기업에만 특화된 태스크들이 분명 존재하기 때문에 자체적인 평가 기준으로 새로운 모델들이 등장할 때마다 실제 각 모델들의 성능들을 금융 관점에서 살폈다. 그래서 한국어 LLM의 성능을 평가하는 리더보드가 론칭된 이후에 그 리더보드의 신뢰도에 대한 고민보다 금융 특화 관점으로 성능을 봐야 한다는 측면에서 KB는 자체 아레나로 계속 내부적인 평가를 진행했던 것이다.

하정우　　오픈 LLM 리더보드와 유사한 개념의 리더보드를 말하는 것인가?

오순영　　그렇다. 오픈 LLM 리더보드를 보면 AI 모델이 사이즈가 작은 것부터 큰 것까지 정말 다양한데, 모델 선택에 있어서 기업이 도입하려는 내부 인프라 상황 및 여건에 대한 고려가 필요하다. 실제 도입 목적에 맞는 AI 모델이 따로 존재할 수 있기 때문에 외부 공개된 리더보드의 랭킹 중 가장 좋은 모델을 도입하는 것이 정답은 아니다. 그렇기 때문에 금융 도메인에서, 그리고 우리 기업이 관심을 갖고 있는 태스크를 고려한 평가 세트로 모델을 평가하기 시작한 것이다.

실제 외부 평가로 성능이 좋다고 하는 AI 모델과 실제 도입을 검토하면서 가성비가 좋다고 판단되는 모델이 다를 때도 있었다. 그리고 실제 데이터를 학습시키면서 더 나은 성능을 내는 모델도 있다는 것을 알게 되었고, 그래서 금융 특화 모델을 2020년부터 고민했던 입장에서는 자체 아레나에 대한 방향성을 가지게 된 것은 매우 자연스러운 결정이었다. 이후에는 오픈 LLM 리더보드의 신뢰성에 대한 문제도 종종 언론을 통해 보도되기도 하다 보니 우리가 믿고 따라갈 기준이 필요하다는 생각 역시 확실해졌다.

하정우 　　사실 외부의 벤치마크 순위표 성적은 그 벤치마크 데이터와 비슷하게 만들어 모델을 파인튜닝하기 때문에 능력치가 오염되는 경우가 상당히 많다. 그래서 벤치마크 점수는 매우 높지만, 실제로 모델을 받아서 사용해보면 "이게 뭐지?" 하는 경우를 종종 목격하게 된다. 예를 들면, 토익 시험에서 점수만 올리기 위해 공부한 나머지 점수는 높으나 영어 한마디 제대로 못 하는 것과 비슷하다.

오순영 　　그래서 실질적으로 활용하는 측면에서 성능에 대한 평가 기준을 잡아야겠다고 생각했고, 내부의 활용 기준에 맞는 평가를 직접 진행하게 된 것이다.

하정우   내부 리더보드를 운영하려면 두 가지가 필요하다. 첫 번째는 정량적 절대평가 외에 ELO 점수 같은 정성적 상대평가를 위한 파이프라인을 만들어 사용자들이 비교 투표할 수 있도록 하는 것이고, 두 번째는 내부 업무의 특징을 잘 반영한 벤치마크 데이터셋을 구축하는 것이다. 금융업에 특화된 벤치마크 데이터셋은 팀 내에서 직접 만든 것인가?

오순영   그렇다. 관련해서 ELO 스코어 기반 리더보드에 대한 준비는 금융AI센터 내의 AI 전문가들이 진행하고, 실제 금융 평가 데이터셋은 활용 목적에 따라 현업들과 함께 준비했다. 다양한 활용 케이스를 발굴하면서 자연스럽게 관련 준비를 할 수 있었다. 뭐든 AI 도입 시에 그 도입 결과에 대한 아주 객관적인 성능 평가 지표는 필요할 테니까.

하정우   아레나를 만드는 것이 매우 중요하다. 사실 기업이 도입해야 할 모델을 평가할 때 외부 벤치마크 리더보드는 대부분 기업 내부 업무나 고객을 위한 서비스와 잘 맞지 않을 수 있다. 그렇기 때문에 자체적으로 평가할 방법이 필요한 것이다. 이를 위해 현업 서비스 부서와 AI 담당 조직이 협력해 체계적으로 아레나를 구축해야 한다. 아레나를 잘 만들어놓으면 어떤 모델이 새롭게 공개되든 가져와서 테스트할 수 있다는 장점이 있다. 그리고 새로운 서비스가 등장할 때마다 이에 맞는 벤치마크 데이터를 만들어 추가하는 체계도 갖출 수 있다. 이런 노하우는 독자들에게도 큰 도움이 될 것 같다.

오순영   결국 생성형 AI는 기술이지만, 실제로 이 기술이 꽃을 피우기 위해서는 산업에 대한 이해도가 높은 사람들의 참여가 매우 절실하다.

하정우   현재 AI 도입을 앞둔 기업에 필요한 핵심을 짚은 것 같다. 과거 딥러닝 시절에는 데이터가 없으면 아무것도 할 수 없었다. 뉴럴네트워크Neural Network 모델은 다른 기계학습 기법들에 비해 훨씬 많은 학습 데이터가 필요했다. 하지만 파운데이션 모델과 생성형 AI가 등장하면서 이제는 (사전훈련이 잘 되어 있다면) 원샷이나 퓨샷학습, 즉 데이터가 거의 없이도 쓸만한 제품이나 서비스가 가능하다. 당장 챗GPT가 그러하지 않나. 이에 따라 데이터가 전혀 축적되지 않은 상태에서도 여러 문제에 적용할 수 있다는 의견이 있다. 예를 들면, 많은 양의 파인튜닝 데이터가 필요 없으니 사람들이 데이터를 임의로 직접 만들거나 생성형 AI를 활용해 프롬프트 엔지니어링을 통해 데이터 증강 기법으로 만들어낸 데이터로도 바로 서비스에 적용할 수 있는 수준이 되기도 한다.

사실 새로운 서비스는 축적된 데이터가 없을 것이다. 이렇게 데이터가 준비되지 않은 상태에서도 생성형 AI를 활용해 필요한 데이터를 생성하고 이를 검수한 후 학습에 사용할 수 있다고 하는데, 이런 방법이 실제 서비스화가 가능할 정도의 품질을 제공하는가?

오순영　　일단 과거 BERT 모델만 해도 금융 특화 모델을 만들기 위해서는 많은 데이터를 학습해야 했다. 챗GPT가 나온 직후 한국어 데이터가 사전학습된 테스트해볼만한 모델이었던 폴리그랏 Polyglot 만해도 학습 데이터가 양보다 질이라고 주장하기 애매했지만, 이제는 대부분의 AI 모델의 성능이 기본적으로 좋다. 그래서 기계적으로 양을 늘려놓은 학습 데이터가 성능에 크게 영향을 주지 않는다는 것, 즉 양보다는 해당 도입 목적에 맞는 양질의 데이터가 더 의미가 있다는 것을 알게 되었다.

하정우　　적용 문제에 따라 다르겠지만, 100개 넣으나 1만 개 넣으나 비슷한 경우도 있다는 뜻으로 이해된다.

오순영　　그래서 목적 정의가 정말 중요했다. 우선 데이터가 없는 상태에서도 할 수 있는 작업이 있다. 이미 성능이 좋은 모델은 범용성이 있고, 우리가 하려는 작업 자체가 그 범용성이 필요하다면 내부 데이터를 따로 준비하지 않아도 된다. 다만, 목적 정의를 하면 어떤 데이터를 쌓을지에 대한 고민은 필요하다.
두 가지 경우를 생각해볼 수 있다. 첫째, 범용적인 서비스라면 데이터 없이도 시작할 수 있다. 하지만 비즈니스에서 새로운 가치나 인사이트를 얻으려면 결국 쌓아야 할 데이터에 대한 고민이 필요하다. 둘째, 어떤 목적을 위해 도입하는 서비스로 내부 데이터 활용이 어떤 형태로든 필요하다면 데이터 활용 방안에 대한 고민 및 준비가 필요하다. AI 모델을 학습하기 위해 필요한 데이터뿐만 아니라 RAG 등 정확도를 비롯한 어떤 성능을 높이기 위해서도 데이터는 다양하게 활용될 수 있기 때문이다.

데이터는 매우 다양한 형태로 존재한다. 앞으로는 AI는 마치 기본 IT 인프라처럼 활용하게 될 것이고, 우리가 주목하고 있는 AGI의 시대를 준비한다면 데이터를 어떤 형태로 쌓을지에 대한 고민을 지금부터 시작해야 한다. 과거와 달리 인공지능이 바로 이해할 수 있는 형태로 데이터를 준비하는 것들 말이다.

결론적으로 데이터 없이도 시작할 수 있지만, 향후 비즈니스에 대한 준비는 필요하다. 그리고 데이터는 단순히 학습 용도로만 사용되는 것이 아니라 매우 다양한 용도로 활용할 수 있다는 것을 강조하고 싶다.

하정우 이제는 독자들 중에 특히 실무자들은 팀장이 "데이터 없이 됩니까?"라고 물었을 때 무조건 "안 돼요"라고 말하면 안 되겠다. 품질은 보장할 수 없지만 시작해볼 수 있다는 점 꼭 기억했으면 한다. 또 이런 주장도 있다. 클로드를 만든 스타트업인 엔스로픽의 초창기 연구 논문 중에서 나온 얘긴데, LLM이 전반적으로 잘 수행한다는 것은 쉽게 예측할 수 있지만, 특정 태스크에 적용하기 위해 얼마만큼의 자원을 투입해야 잘 수행할지 정확하게 예측하는 것은 매우 어렵다고 한다. 즉, 내가 어떤 서비스를 만들기 위해 데이터를 얼마나 추가로 준비해야 하는지 정확하게 예측할 수 없다는 것이다. 과장해서 100개의 데이터만으로 충분할 수도 있고, 1만 개가 필요할 수도 있다. 실제로 100개와 1만 개의 차이가 거의 없을 수도 있고 엄청날 수도 있다는 의미다.

오순영   각 기업의 내부 환경과 활용할 AI 모델, 내부 데이터의 준비 상태 등 AI 도입을 위해 필요한 조건들이 각 기업마다 다를 수밖에 없고, 실제 도입하고자 하는 목적도 서로 다르다. 그렇기 때문에 직접 도입해보고 경험해봐야 알 수 있다.

하정우   그래서 아직은 경험에 의존할 수밖에 없는 것 같다. 하지만 경험에 의존한다는 것은 그 경험을 쌓음으로써 본인의 역량이 강화될 수 있다는 의미지 않을까?

오순영   정확하게는 기업의 자산으로 남는다. 그래서 AI 도입을 고민한다면 작게라도 시작하기를 권한다. '작게'를 강조하는 이유는 현재 AI 기술은 끊임없이 변화하면서 새로운 방법론들이 많이 나오고 있고, 제대로 '다 갖춰서' 하겠다고 할 경우 결국 그 다 갖춰진 날은 상당히 먼 훗날이 될 수밖에 없다. 그래서 여러 개의 작은 프로젝트를 적은 부담으로 시작하고, 그 경험 속에서 나름의 노하우들을 찾아가면서 작은 성공 사례들을 만들어간다면 향후 '제대로' 도입할 때 그 추진력은 훨씬 강력해질 것이고, 그 기업의 제대로 된 AI 경쟁력으로 남게 될 것이다.

AI 안전 거버넌스를 위한 원칙

하정우   AI 안전이나 위험 관리 거버넌스에 대해 좀 더 이야기해보자. 생산성 향상을 위해서든 고객들을 위한 서비스 개선을 위해서든 AI를 도입하면 여러 가지 새로운 가치나 서비스 혁신을 가져올 수 있다. 반면 AI 도입으로 인한 새로운 리스크, 즉 위험 요소도 존재한다. EU AI 법안, 미국 행정명령, 그리고 앞으로 한국에서 만들어질 AI 기본법 발의안들에는 기업에서 AI 도입 시 발생 가능한 위험에 대응하기 위한 절차를 마련하라는 내용이 포함되어 있다. 그래서 위험 관리 체제, 즉 AI 안전 거버넌스AI Safety Governance를 기업마다 모두 준비해야 할 것으로 보인다. 이 부분은 서비스 단위에서도 품질 관리와 유사하게 문제 발생 시 즉각 대응할 수 있어야 하고, 전사 위험 관리 차원에서도 챙겨야 한다. 그러나 위험 관리 조직이라는 것이 잘해도 본전인 경우가 많아서 운영이 쉽지 않은 조직이기도 하다.

실제로 많은 기업들이 고민 중인 상황일 텐데, AI 안전 거버넌스를 위한 조직을 어떤 형태로 만들어서 운영하는 것이 회사 입장에서 가장 좋을까? 그 역할은 어떻게 부여해야 할까?

오순영   보통은 클라우드, 보안 등 IT 부서들이 각 전문 분야별로 책임지고 있고, AI 시스템의 경우는 비교적 영향 범위가 해당 기능 안으로 한정되어 있어서 보통 AI나 데이터 부서 책임하에 운영된다. 하지만 생성형 AI 도입의 경우, 생성형 AI가 가진 할루시네이션 특성뿐만 아니라 AI 모델의 높은 성능으로 기업 내에 상당히 광범위하게 활용될 수 있다는 점에서 AI 안전성을 포함한 AI 거버넌스에 대한 고민을 본격적으로 해야 할 시점이 된 것이다. 그리고 이때 이러한 AI 안전성은 기존의 IT 보안 부서에서 책임지기에는 성격이 매우 다르기 때문에 AI에 대한 이해도가 높은 별도 조직이 반드시 필요하다. 또한 AI 안정성의 경우 AI와 관련된 전반적인 규정이나 정책 등을 모두 포함하고 있기 때문에 AI 안정성을 논의하는 의사결정 조직의 경우 최고경영진에 준하는 위치여야 하며, 동시에 기존 IT 인프라와의 연관성도 매우 높기 때문에 보안, 클라우드 등의 기존 IT 인프라 부서의 책임자들이 함께 관련 의사결정에 참여해야만 한다. 추가적으로 AI 거버넌스 조직의 경우는 기존의 AI나 데이터 부서와는 반드시 분리되어야 한다. 그래야만 각 조직의 이해관계에서 벗어나 공정하게 프로세스나 규정 등을 살펴볼 수 있기 때문이다.

하정우 　　네이버의 경우 그러한 문제를 해결하기 위해 2024년 1월 퓨처AI센터를 만들었다. 네이버의 사례를 소개해보면, 기존에도 전사 위험 관리 조직이 있었다. 이 조직은 정부, 국회, 언론과 같은 외부 기관과의 관계나 커뮤니케이션을 수행하고 대응 정책을 수립 관리하는 조직으로, 대관이라는 역할로 대부분의 기업에 존재한다. 그리고 내부 서비스들을 운영하면서 발생하는 위험성에 대응하는 조직들이 별도로 존재했다. 예를 들어, 검색 결과 잘못된 내용이 노출되면 품질 관리를 대응하는 역할을 하는 조직이다.

네이버는 AI 안전 거버넌스를 만들기 위해 퓨처AI센터 내에 AI안전위원회팀을 별도로 편성했다. 이 위원회를 만든 이유는 AI 특히 하이퍼클로바X를 활용한 서비스에 많은 위험 요소가 있기 때문이다. 예를 들어, 하이퍼클로바X와 같은 서비스에 악의적인 입력이 들어오는 경우가 많다. 선거철이 되면 더욱 의도적으로 문제가 될만한 콘텐츠 생성을 목적으로 하는 입력들이 많아지는데, 이러한 입력이 잘못 처리되면 회사 입장에서는 큰 위험 요소가 된다. 이를 방지하기 위해 내부에서 모니터링팀을 운영하지만, 모든 것들을 개별 건 단위로 대응하기는 어렵다. 그래서 정책적인 관점에서 이 문제를 바라보고 대응해야 한다.

오순영　AI는 기술이지만, 산업 속으로 들어오는 순간 기술 그 이상의 영향력을 가질 수 있는 특성 때문이다.

하정우　그래서 AI 정책을 준비하는 팀, 개인정보 보호팀, 국회나 정부부처와 소통하는 팀, 하이퍼클로바X 서비스팀 그리고 AI 안전 선행연구팀 리더들이 모두 포함된 위원회를 만들고 CEO 직속 조직으로 됐다.

오순영　바로 그런 형태의 구성이 필요하다.

하정우　그렇게 팀 리더들이 모두 모여 최근의 AI 기술 동향, AI

안전 관련 국내외 주요한 움직임과 이슈들을 전부 공유한다. 가령 C2PA The Coalition for Content Provenance and Authenticity라고 이미지 생성 편집할 때 제작 유통 과정에서 메타정보를 입력 관리하는 글로벌 기술 규약이 있다. 서비스 현업에서 C2PA 규약 관련 의견을 들어보면 좋은 내용들이 많지만, 실제로 적용하려고 하면 정교하게 최적화를 하지 않으면 콘텐츠 파일 용량이 너무 커져서 서비스가 느려지는 어려움이 발생한다. 이럴 때 그 문제를 정책 담당자(국회의원, 정부부처 관계자 등)에게 전달하는 것이 중요하다. 예를 들어, "C2PA 규약 준수를 위해 많은 기술적 조치를 적용하면 파일 용량이 몇 배가 되어 서비스가 너무 느려지고 사용자들이 불편해지기 때문에 기술적으로 시간이 더 필요합니다"라고 실제적인 제약을 알려주는 것이다. 이렇게 구체적인 이유를 제공하면 정책을 수립하거나 운영할 때 현실적으로 접근할 수 있다. 반대로 정책 담당자들이 서비스팀이 놓친 부분을 안내하면 서비스팀이 적절하게 대응할 수 있게 된다. 이렇게 해야 AI 규제 등에 기민하고 효과적으로 대응하고 지속 가능한 AI 서비스를 제공하면서 위험 요소를 최소화할 수 있다.

오순영　　그래서 다시 한번 강조하고 싶은 것은 AI 안전성 관련 조직에는 기존 유관 부서의 책임자들이 모두 포함되어야 한다는 것이다. 실제로 산업 분야를 막론하고 대부분의 AI 가이드라인도 그렇게 명시하고 있고, 그렇게 진행해야만 AI 관점에서의 안전성뿐만 아니라 기존 IT 인프라 및 AI가 도입되는 현업에서 발생할 수 있는 리스크까지 모두 제대로 커버할 수 있을 것이다.

하정우   이것이 중요한 이유는 개인정보 보호 책임자, 위험 관리 담당자, 외부 홍보 담당자 등 관련된 이들이 회사 밖에서 회사의 입장이나 노력에 대해 설명을 많이 하는데, 그들이 함께 만나서 얘기할 기회가 없으면 외부에 대응할 때 AI와 관련되어 각자 다른 이야기를 하게 되어 메시지가 서로 충돌이 날 수도 있다. 즉, "같은 회사의 저분은 저런 얘기를 했는데, 이분은 이렇게 말하네요. 누구 말이 맞는 거예요?"라는 상황이 발생해서 매우 골치 아파질 수 있다.

외부에 메시지를 전할 때는 의견들을 수렴해서 통일된 메시지를 전달해야 한다. 각 분야의 담당자들이 모여서 합의하면 특정 주제나 이슈에 대해 "우리 회사의 의견은 이것이다"라는 공통된 입장을 가질 수 있다. 그러면 공통된 의견을 가지고 외부에 이야기할 수 있게 된다. 이러한 과정 자체가 위험성을 줄여줄 수 있다.

오순영   생각보다 영향을 주는 범위가 넓기 때문에 기존의 IT 부서와 AI 부서의 책임자들이 모두 참여할 필요가 있다. 경우에 따라서는 해당 AI가 적용되는 현업 책임자가 참여해야 할 수도 있다. AI 안정성을 중심에 두고 제대로 동작하기 위해서는 무엇이 최선인지 유연하게 사고해야 한다.

하정우   그리고 AI 거버넌스 조직의 책임자는 AI에 대해 깊은 이해를 하고 있으면서도 서비스에 대한 감각이 있는 사람이어야 할 것이다. AI 안정성만 알고 서비스를 모르면 현실성 부족한 탁상공론이 되고 또 서비스만 알고 있으면 AI 안전성 관련 위험 해소가 어렵다.

AI 도입의 2가지 옵션, 클라우드 vs 온프레미스

하정우   AI 구축 방식에 대해 고민하는 기업들이 많다. 기업이 AI를 도입할 때 크게 두 가지 옵션 중 하나를 선택하게 된다. 첫 번째 옵션은 클라우드를 사용하는 것이고, 두 번째 옵션은 설치형, 즉 온프레미스On-premise다. 온프레미스는 전산실에 서버를 설치하고 그 안에서 자체적으로 구축하고 운영하는 방식을 의미한다. 상황에 따라 둘 다 사용할 수도 있지만, 각각 명확한 장단점과 특성이 있을 텐데, 경험해본 장단점을 설명해달라.

오순영   일반적으로 금융이나 국방과 같이 내부에서 활용하는 데이터 보안이 중요한 분야의 경우는 망분리에 대한 규제가 존재하기 때문에 그러한 제한이 강력하게 영향을 미치는 업무의 경우는 온프레미스로 구축될 수밖에 없다. 하지만 클라우드가 가진 장점들도 분명하다. 최신 기술들을 바로 적용해볼 수 있으며, 배포 및 운영 측면에서도 효율적이며, 컴퓨팅 인프라의 확장성도 용이하다. 그래서 궁극적으로는 클라우드로 상당 부분 옮겨갈 것이라 예상한다. 그래서 AI 도입의 관점에서 보면, 당장 도입하고자 하는 업무가 데이터 보안 등 규제의 영향 범위에 있는 경우는 마냥 규제가 완화되기를 기다리기보다는 AI 모델을 내부로 들고와서 테스트 및 적용을 시도해보고, 비교적 범용적인 AI 모델에서 추가학습 없이, 또는 공개된 데이터로 학습해 시범적으로 서비스를 해보고자 하는 경우는 클라우드를 적극적으로 활용하는 것이 초기 비용도 줄이고, 빠르게 도입을 검토할 수 있어 좋은 선택일 수 있다.

결국은 AI 도입을 하려는 목적에 따라 데이터 활용 범위가 결정되고, 연관된 규제 상황에 따라 최적의 진행이 가능한 방향으로 온프레미스 또는 클라우드를 결정한다고 할 수 있겠다.

하정우 문제라는 것이 규제를 포함한 개인 민감 정보와 같은 데이터 문제들을 의미하는가?

오순영 그렇다. 결국 온프레미스나 클라우드 활용에 대한 장단점은 분명하다. 따라서 규제나 내부 데이터 보완 등의 우려 사항들이 있는 영역에 대해서는 일단 온프레미스에서 시도하는 것이 맞고, 궁극적으로는 클라우드로 차츰 전환되는 방향으로 갈 것이라 예상된다.

AI 리터러시와 인재 양성,
그리고 우리의 미래

————

하정우　　최종 소비자, 즉 엔드 유저 관점에서 이야기를 해보자. 과실연 AI미래포럼의 취지는 모든 국민의 AI 리터러시와 AI 활용 능력을 높여 격차를 해소하고 경쟁력을 키워 다가올 시대에 더 많은 기회를 제공하자는 것이다. 본격적으로 논의를 시작하기에 앞서 AI 리터러시라는 용어가 생소할 수도 있는데, 리터러시란 도대체 무엇인가?

오순영　　'AI 리터러시'라는 단어를 사용하기 전에 많이 사용하던 용어가 아마도 '디지털 리터러시'일 것이다. '리터러시'란 원래는 글을 읽고 쓸 줄 아는 능력으로, 문해력이라고도 바꿔 말할 수 있다. 따라서 'AI 리터러시'를 풀어서 설명하자면 AI 기술에 대한 기본적인 이해를 하고 있으면서 이러한 기술을 실제 활용할 때 책임감 있게 사용할 수 있는 능력을 말하는 것이다. 더불어 AI가 사회, 경제를 비롯해 우리 일상에 전반적으로 미치는 영향을 이해하는 것 역시 'AI 리터러시'라고 할 수 있다.

하정우　　챗GPT가 처음 나왔을 때를 생각해보면 이해가 쉬울 것 같다. 생성형 AI에 자기 이름 입력하고 누군지 물어봐도 정확히 대답하지 못하리라는 것을 전문가들은 알고 있다. AI가 대답한다고 해도,

그것이 당연히 할루시네이션이라는 것을 받아들인다. 그런데 많은 이들이 챗GPT에 자기 이름을 넣어보고 "왜 나를 몰라?" 혹은 "왜 틀린 정보를 말해?"라고 물어보곤 했다. 이런 상황이 AI 리터러시가 필요한 이유를 보여주는 단적인 예가 아닐까?

오순영　챗GPT 출시 초반에 어찌 보면 대중들의 지적 호기심을 엄청나게 자극하기도 했고, 접근성이 워낙 좋다 보니 최소한 챗GPT의 URL 주소를 안다면 한 번씩은 다 들어가서 자연스럽게 뭐든 질문을 했을 것이다. 생성형 AI가 가진 할루시네이션에 대한 이해도가 거의 없던 상태에서 챗GPT가 하는 거짓말에 대중들이 재밌어하기도 했다. 이때 갑작스럽게 AI 리터러시와 관련해 크리티컬하게 이슈가 되었던 것이, 아마 개인정보 혹은 회사의 기밀 정보를 챗GPT에 입력하고 질문하는 상황이었던 것으로 기억한다. 그러면서 각 기업들의 챗GPT에서 하지 말아야 할 것에 대한 전사 공지 등이 이뤄지기도 했다.

하정우　AI가 무엇을 할 수 있고, 무엇을 못하고, 그리고 어떻게 안전하게 사용해야 하는지에 대한 이해가 필요한데, 이런 것들을 정확하게 이해하는 역량을 AI 리터러시로 볼 수 있다. AI를 잘 사용하는 것도 중요하지만, 무엇이 가능한지, 무엇이 불가능한지를 정확하게 아는 것이 더욱 중요하다. 할 수 있는 것과 하지 말아야 할 것들을 구분할 줄 알게 되는 것이다. 예전에 어떤 기업에서 직원이 중요 소스 코드를 챗GPT에 올렸다가 유출되어 난리가 난 적이 있었는데, 이런 일이 발생하지 않도록 하는 것이 바로 리터러시라고 할 수 있다.

이런 AI 리터러시 강화와 AI 활용 능력의 향상 및 확산은 결국 활용 교육과 직결된다. 그렇다면 AI 개발 기업들이 AI 리터러시를 더욱 확산시키고 AI 리터러시와 활용 교육 측면으로 기여하기 위해 어떤 노력을 하면 좋을까?

오순영　　결국은 AI를 잘 활용할 수 있도록 하는 환경 조성이 핵심이다. AI를 도입하는 기업의 경영진을 비롯해 현업들의 AI에 대한 수용성을 높이는 작업이 필요한데, 이는 AI 도입이 필요함을 느끼게 해주는 과정이라고 할 수 있다.

AI에 대한 수용성은 다양한 AI 리터러시 교육을 통해서 가능할 것이다. 그리고 AI 활용을 쉽게 할 수 있도록 좋은 접근성을 제공하고, 활용 절차도 간단하게 해주는 것, 즉 최소한 새로운 것, 변화에 대한 불편함은 없어야 한다.

결국은 고객사의 활용성을 극대화해줄 수 있도록 하는 것이 필요하다. 최대한 친숙한 UI/UX로 사용성과 편리함을 고객에게 제공해야 하고, 고객이 필요로 하는 다양한 유틸리티 성격의 도구 제공도 활용성을 높일 것이다. 결국은 사용자들이 AI 기능을 직접 써보면서 편리함을 직접 경험하고 이해하는 순간, 물론 그 순간까지가 가장 힘든 시간이겠지만, 그때부터 확산이 일어나지 않을까?

또한 전 국민의 AI 리터러시를 생각해보자면, 실제 AI 전문가들의 AI 일상화에 대한 교육이나 홍보 역시 AI에 대한 각계 각층의 관심을 다시금 활성화하는 데 도움이 될 것이다. 예를 들어, 앞으로의 대한민국을 책임질 학생들이나 일반 시민들을 대상으로 한 강연 등을 통해 지적 호기심을 높이면서 AI 활용에 대해 직접 실행할 수 있게 하는 계기를 만드는 것이다. 결국은 이러한 활동이 AI 시장 활성화 및 AI 일상화의 바탕이 되어줄 것이다.

하정우   회사 밖으로도 나가서 AI 확산을 위해 행동하는 것이 중요하다는 말로 이해된다.

오순영   과거 소프트웨어나 서비스를 개발할 때 늘 머릿속에 새기는 것이 있다. 바로 '우리의 문제는 현장에 답이 있다'는 것. 사무실 책상 앞이 아닌 밖으로 나가야만 볼 수 있는 것들이 있다. 특히 AI의 경우는 개발뿐만 아니라 비즈니스 환경에 대한 이해가 높아야 한다. 정부 정책이나 글로벌 기업들의 움직임 등 다양한 외부 변화에도 관심이 필요하고, 실제 AI에 대한 이해나 필요를 어느 정도 대중이 체감하는지도 알 필요가 있다. 그래서 AI 전문가들의 목소리를 좀 더 가까이에서 전달하는 것도 필요하다. 이러한 활동이 과실연에서도 진행되고 있지만, 좀 더 많은 노력이 필요하다고 생각한다.

하정우   정리하자면, 첫째로 AI 기업들이 어르신들도, 아이들도 누구나 쉽게 접근할 수 있는 인터페이스나 사용자 시나리오를 고려해야 한다는 것, 둘째로 외부로 나가서 교육해야 한다는 것. 후자와 관련해 AI 기업 경영진에 바라는 점이 있다. 사실 네이버클라우드는 전문가들이 외부에 나가서 기술을 소개하고 사용법을 안내하는 것을 장려하고 있다. 하지만 국내의 많은 기업은 직원들이 회사에 앉아서 일만 해야 한다고 생각한다. 기본적으로 기술이 확산되고 사람들이 관심을 가져야 사용하는 사람들이 늘어나고, 그래야 B2B든 B2C든 시장이 커지고 사업 기회가 늘어난다. 국내 AI 기업의 경영진들은 조금 더 장기적인 관점을 가지고 의사결정을 해야 한다고 강조하고 싶다. 눈앞의 숫자에만 집중하면 시장이 커지지 않는다. 시장이 커져야 기회도 생긴다는 점을 꼭 기억해줬으면 한다.

오순영   기업에서 수용성이 생기면 자연스럽게 확산될 수 있지 않을까? 예를 들어, 집에서 부모가 AI를 사용하게 되면 그 가정에 있는 아이들도 사용할 기회가 생기는 것처럼 말이다. 이런 측면에서 보면 기업 내의 AI 수용성도 가정과 사회 전반으로 확산되는 데 어느 정도 역할을 한다고 생각한다.

하정우   AI를 활용하는 기업의 내부 리터러시 강화에 관해서도 논의해보자. 기업 내에서 AI 활용 능력을 강화하기 위해 많은 노력을 기울였을 텐데, 실제로 직원들에게 AI 교육을 진행해보면 생각만큼 원활하게 되지 않을 때가 많다. 이런 교육을 기업 내에서 확산시킬 때 어떤 점이 특히 어려웠는가? 그리고 이러한 어려움을 극복하기 위해 어떤 방법을 사용했는가? 만약 최고경영진이 "우리 회사 AI 활용 역량을 강화하고 AI 전환을 해야 한다"라고 결심했을 때, 직원들이 따라오지 않는다면 어떻게 해결할 수 있을까? 기업의 대표가 어떤 결정을 내려주면 효과적으로 교육할 수 있을까?

오순영　　기업에서의 교육은 직급, 직무, 기술 등 늘 진행되어왔다. 다만 지금의 AI 기술의 활용 방향 자체가 기업 전반에 걸친 시스템 인프라로 활용될 수도 있고, 이미 사용하고 있는 소프트웨어 툴 자체에 포함될 수도 있다. 혹은 기존의 업무 방식을 완전히 바꿔야 할 수도 있다. 또한 직무 관점 외에도 상식적으로 생성형 AI 기술에 대해 마치 교양처럼 알아야 할 필요성도 있기 때문에 어떤 직원들을 대상으로 어떤 교육을 어디까지 해야 할지에 대한 고민이 필요할 것이다. 이러한 교육 커리큘럼에 대한 고민이 아마 가장 어려운 부분이라 생각되는데, 실제 AI 도입을 위한 교육의 필요성에 대한 부분은 선택이 아닌 필수로, 경영진이나 현업 모두 적극적일 수밖에 없는 분위기라고 봐야 한다.

하정우　　생각보다 많은 사람이 AI를 메타버스와 비슷하게 보고 금방 인기가 사라질 것이라고 생각한다. "바빠 죽겠는데 이걸 왜 배워야 하나?"라고 생각하는 사람들이 의외로 많다. AI가 곧 꺼질 거품이라고 생각하는 사람들도 있고, 전혀 쓸모없다고 생각하는 사람들도 있다. 이렇게 생각하는 사람이 많은 조직이라면 기업의 대표가 가만히 있어서는 변화가 이루어지지 않을 것이다. 어차피 직원들이 AI에 대한 믿음이 없으니까. 이런 직원들을 움직이게 할 동기부여 방법은 없을까? 설득도 교육도 안 된다면 하지 않게 두어야 할까?

오순영   기업에 소속된 구성원 개인의 관점에서는 AI의 필요성이 체감될 정도로 긴급하거나 중요해 보이지 않을 수도 있다. 하지만 결국은 조직에 소속된 개인은 회사의 경영 전략에 따를 수밖에 없기 때문에 이를 받아들이는 부분은 큰 문제가 없다. 다만 눈앞에 있는 현업의 중요성이 훨씬 우선되기도 하고, 새로운 제도나 시스템 등을 도입하는 과정에서 시행착오가 어떤 형태로는 상당 기간 유지되기 때문에 사실 먼저 적극적으로 시도하는 데 큰 용기가 필요할 수도 있다.

정리하면, 조직에 소속된 개인들은 본인이 AI에 대해 두머든 부머든 결국은 조직이 지시하는 방향대로 움직이겠지만, 좀 더 적극적으로 움직이게 하기 위한 동기부여는 경영진과 조직이 고민해야 한다.

하정우   개인적으로 얼리어답터들 중 성과를 내는 직원에게 당근을 많이 주면 좋다고 강조한다. 즉, 성과를 낸 직원들에게 '당근'을 주는 것이 중요하다. 성과를 낸 직원들이 보상을 받으면 다른 직원들도 이를 보고 동기부여가 될 것이다. 처음에는 동기부여가 되지 않던 직원들도 결국 그 당근을 보고 따라오지 않을까?

오순영   처음 스타트를 끊도록 하는 것이 정말 어려운 일이다. 굳이 당근이 없더라도 실제 사용해보면 시간과 노력을 상당히 줄일 수 있다는 것을 직접 경험하게 될 테지만, 그 시작을 하도록 하는 게 어려운 것이다. 그래서 그 시작을 위한 동기부여, 그리고 그 경험의 성과가 주변 동료와 부서에 알려진다면 더 많은 직원들이 AI 활용에 좀 더 적극적으로 변화할 것이다.

생성형 AI를 통한 인구 감소 대비 방안

하정우   지금부터는 조금 심각한 문제를 다뤄보자. 정부부처를 별도로 만들자는 이야기까지 나올 정도로 우리나라의 인구 감소가 급격히 진행되고 있다. 이는 결국 노동 인구는 물론 소비 인구의 감소로 이어질 수밖에 없고, 전반적인 연령대가 높아지면서 생산력 약화라는 사회적 문제로 대두되고 있다. 또 노동 인구는 감소하고 있는데 청년층의 취업난도 여전히 심각하다. 취업을 포기한 젊은 청년들도 많고, 경력 단절 인재들도 여전히 많다. 해당 전문 분야에서 경험이 많고 체력적으로도 건강하며 여전히 일할 의지가 있지만 단순히 나이 때문에 퇴직한 사람들도 많다.

이런 상황에서 생성형 AI 기술은 접근성이 좋고 사용하기 편리해서 고용과 취업 문제 해결에 새로운 솔루션을 제공할 수 있다는 의견이 있다. 이에 대해 어떻게 생각하는가? 동의한다면 어떤 부분에 더 신경 써야 할지 알고 싶고, 반대로 동의하지 않는다면 그 이유를 듣고 싶다.

오순영　　　결론부터 말하자면, 우리는 AI로 인해 일의 형태와 방식이 변화할 수 있다는 것과 AI는 급격한 인구 감소에 대한 노동력 확보 측면에서 중요한 솔루션이 될 수 있다는 것을 인정해야 한다. 인구 감소가 급격히 진행됨에 따라 노동 인구의 감소도 함께 진행되고 있는 것은 분명한 사실이다. 고령화와 저출산으로 인력난은 심화될 것이다. 실제 통계적으로도 인구 성장 곡선이 꺾이는 시점을 2028년으로 예상했는데, 2021년에 대한민국 정부가 수립된 이후 처음으로 인구가 감소가 되었다. 문제는 총 인구만 줄어든 것이 아니라, 실제 일할 수 있는 생산 연령 인구도 예측한 것보다 훨씬 더 빠른 속도로 가파르게 줄고 있다는 것이다.

앞서 은퇴자들에 대해 언급했지만, 우리는 이제 100세 시대에 살고 있으며, 과거보다 훨씬 건강한 삶을 살고 있다. 그렇기 때문에 과거에 통상적으로 생각했던 은퇴 시기에 대한 마인드도 바뀌어야 한다. 은퇴자들은 여전히 건강하고, 해당 분야에 노하우도 상당하기 때문에 이를 잘 활용할 필요가 있다. 또한 생산 연령 인구가 줄어든다는 것은 결국 나중에 일할 사람이 부족해진다는 것이고, 고령화된 사회에서 부족한 노동력을 보충할 길이 없어진다는 의미다. 외국 노동력으로 이를 해결하는 것도 쉽지 않다.

이러한 상황을 고려했을 때 기존에 노동력을 필요로 했던 많은 영역은 자동화가 이뤄질 수밖에 없으며, 이러한 자동화 영역은 AI에서 로보틱스까지 확장될 것이다. 특히 생성형 AI 기술의 강점으로 언급되고 있는 '생산성 향상'은 아직까지는 콘텐츠 관점에서 텍스트, 이미지, 영상 등과 연관되어 있지만, 앞으로는 좀 더 다양한 영역에서 부족한 노동력을 채워줄 기술로서 발달될 것으로 예측한다.

하정우 　사실 이 문제 때문에라도 AI의 자체 기술 경쟁력이 굉장히 중요하다. 왜냐하면 당장의 경제 성장을 넘어서 인구가 줄어드는 상황에서는 환경의 변화가 생기게 되고, 인구 감소 문제를 해결할 가능성이 있는 방법임에도 불구하고 AI 기술 종속이 되어 있다면 더욱 어려워질 수 있기 때문이다.

오순영 　인구 감소에 따른 노동력 부족을 AI 기술로 채운다고 생각할 때, AI 기술 자체가 해외에 종속되어 있다면 그것은 마치 노동력 수입과 비슷한 형태가 될 테고, 대한민국 생산력의 상당 부분을 해외에 의존해야 하는 상황이 AI를 통해서도 그대로 재현될 것이다.

하정우 　그럴수록 AI 인재 양성이 더 시급할 수밖에 없다. 정부에서는 AI 디지털 인재 100만 양성을 목표로 다양한 정책을 내놓고 있다. 대학에서도 AI 인재 양성을 위해 많이 고민하고 있고, 여러 과목과 전공을 새로 만들고 있다. 하지만 문제는 교수들이 실제 기업에서의 경험이 많지 않다는 점이다. 특히 AI를 만드는 기업에 대한 부분은 어느 정도 알려졌지만, AI를 활용하는 기업에서 어떤 역량이 진짜 필요한지, 어떤 것들을 가르쳐야 하는지에 대한 정보를 얻기가 쉽지 않다. AI 활용 기업에게 도움이 될 수 있도록 대학에서 어떤 과정을 만들어주면 좋을지, 또한 기업에 기여할 수 있는 인재를 양성하는 데 도움이 될 것 같은 교육 과정이 있는지 궁금하다.

오순영 AI는 전통적인 이론을 기반으로 하는 기초 학문이라기보다는 실생활에 적용해 우리의 삶을 좀 더 윤택하게 만드는 응용 분야에 가깝다. 따라서 이러한 AI가 빛을 발하려면 산업에 다양한 형태로 적용될 수 있어야 하는데, 그러기 위해서는 AI의 이론적인 것, 혹은 기술이 실제 기업에서 필요로 하는 분야에서 풀고자 하는 문제와 적용 환경에 맞춰서 기획력과 응용력을 갖추는 것이 필요하다. 물론, 대학이 학문 탐구가 아닌 기업 맞춤형 인재를 양성하는 것이 전부일 수는 없지만 말이다.

따라서 첫 번째로 AI 기술에 대한 이상과 산업이 가진 현실 사이의 차이를 이해를 하기 위해 가장 먼저 떠올릴 수 있는 것이 산학협력 과정이다. 이때 효과적인 수업이 되기 위해서는 기업에서 신경 써야 할 부분들이 많을 수밖에 없기 때문에 채용과 연계하거나 기업에서 본 수업을 통해 풀겠다는 문제가 명확해야 할 것이다. 두 번째로는 기업은 혼자 연구하는 사람들이 모여 있는 조직이 아니기 때문에 실질적인 프로젝트 경험과 팀워크를 경험해볼 수 있는 형태의 수업이 기업이 원하는 인재에 좀 더 가까워질 수 있을 것이다.

이 부분은 정부에서도 지원해야 한다. 지금도 다양한 인턴제, 산학협력이 있지만, 대학 교육의 목적에는 사회에 기여할 수 있는 인재가 될 수 있도록 하는 것도 있다. 대학 교육과 기업에서 원하는 인재의 차이를 좁히기 위해서는 정부에서도 적극적으로 지원하는 것이 필요하다.

하정우   학교에서 기업으로 한두 달 인턴으로 보내고 보고서를 쓰는 방식으로는 한계가 있다. 1년 동안 학생을 회사에 보내서 함께 개발하고 연구하며 제품과 서비스를 만들어보는 형태의 프로그램이 필요하다. 그리고 파격적으로 그 학생에게 1년치에 해당하는 학점을 주는 혜택을 제공하는 것. 고용노동부에서는 이런 형태의 인턴십을 열정페이로 보거나 정규직 채용을 회피하려는 수단으로 오해하는 경우도 있는데, 시대와 기술, 산업 구조가 바뀌었다. 시대 변화에 맞게 더 유연한 산학협력을 지원하는 제도적 뒷받침이 필요하다. 특히 스타트업들은 인재 채용이 쉽지 않으니 정부에서 유효한 프로그램에 펀드를 지원해 스타트업들도 인재를 육성하고 채용할 수 있도록 도와야 한다.

오순영   같은 취지로 다른 곳에서 이야기한 적이 있는데, 알다시피 생성형 AI가 코딩을 정말 잘한다. 그리고 사람 간에 소통하는 프랑스어나 독일어 같은 언어보다 코딩 언어가 훨씬 명료하고 쉽다. 그러다 보니 이제는 고급 개발자 외에는 초급이나 중급 개발자들이 성장할 수 있는 기회조차 점점 줄어들고 있다. 생성형 AI 기술의 성장이 만들어낸 새로운 고민인데, 이제는 취업을 목표로 하는 대학을 갓 졸업한 학생들의 사회 진출과 성장을 돕는 인큐베이팅 프로그램도 정부 차원에서 고민이 필요할 것이다.

하정우　상대적으로 규모가 작은 기업들은 구인난에 시달리고 있고, 주니어 개발자들을 가르치는 방법도 완전히 바뀌어야 하는 상황이다. 생성형 AI를 활용하는 데 필요한 투자 비용을 줄이고, 주니어들이 이를 통해 본인의 역량을 키울 수 있도록 하는 프로그램이 필요하다. 정부가 펀드를 지원해 이러한 프로그램을 활성화하면 주니어들이 성장하여 커리어를 잘 설계할 수 있을 것이다. 순수히 개인적인 생각인데, 규모가 작은 기업들이 키운 인재가 다른 곳으로 이직하는 문제를 완화하기 위해 FA 제도, 즉 이적료 제도 같은 것도 필요할 수 있겠다. 즉, 인재를 양성한 노력에 대한 보상을 어떤 형태로든 그 기업에 해줘야 한다는 것이다.

새로운 생성형 AI 시대에 주니어들을 효과적으로 교육하고 구인난을 해결하기 위해 정부가 노력해야 하는 부분이 분명히 있다. 학교와 기업 간의 장벽을 허물 수 있도록 고용노동부와 함께 기존의 틀을 깨는 노력이 필요하다는 것을 강조하고 싶다.

오순영　생성형 AI가 단순반복되는 일부터 시작해서 많은 업무를 보조하게 될 것이다. 그렇게 될수록 이러한 생성형 AI를 잘 활용해서 전체적인 진행을 할 수 있는 고급 개발자(인력) 위주로 업무가 진행될 수밖에 없으며, 신입 채용에 대한 부분들은 강제하지 않고서는 채용의 필요성이 낮아질 수밖에 없다. 이럴 경우 가장 문제가 인재 공급의 맥이 끊기는 것이다. 새로운 피가 끊임없이 순환하는 것처럼 새로운 인재들이 지속적으로 공급되기 위해서 이를 사회적으로 제도화해야 할 수도 있다. 이런 부분을 단순히 기업에게만 맡기거나 구직을 하는 사회초년생들에게 각자 알아서 생존하라고 해서는 안 되지 않을까? 언젠가는 사회적 문제가 될 수도 있을 것이다.

하정우   손 놓고 있으면 큰일 날 일이다. 사실 인재 양성은 전 세계가 고민하는 상황이기 때문에 잘 정리해서 사회 체제와 시스템적으로 만들면 국가경쟁력이 될 수 있다고 본다. 거기에 더해서 인재 양성 정책뿐 아니라 인재 유인책attraction, 인재 유지책retention도 함께 전략적으로 마련해야 한다. 아무리 뛰어난 인재를 양성해도 모두 해외로 나가버리고 돌아오지 않으면 무용지물이 될 수 있기 때문이다.

미래를 위한 제안:
아이들에게 어떻게 AI를 교육할 것인가?
————

하정우   "생성형 AI 시대가 왔는데 우리 아이들에게 챗GPT를 쓰게 해야 할까요? 쓰지 못하게 해야 할까요?" 사실 이 질문은 개인적으로 가장 많이 받는 질문이면서도 가장 대답하기 어려운 질문이고, 답이 궁금한 질문이다. 요즘 전국의 부모님들이 큰 고민을 하고 있을 텐데, 생성형 AI 시대에 우리 아이들에게 어떤 것을 가르쳐야 할까?

전문가가 아닌 엄마의 입장에서 진솔한 의견을 듣고 싶다.

오순영   개인적으로는 생각보다 크게 고민하지 않는다. 어린 친구들은 디지털 네이티브 세대다. 그래서 받아들이는 속도가 굉장히 빠르다. 그래서 대학생 멘토링을 하더라도 AI에 대한 수용성보다 하고 싶은 일을 찾아서 그것에 집중하라고 조언한다. 하고 싶은 것을 명확하게 깨닫게 되면, 그 일을 잘하기 위해서 AI는 부수적으로 자연스럽게 학습하게 될 것이다. 단순히 AI가 목표가 되어서는 안 된다. 그래서 'AI를 쓰게 하느냐 마냐?'의 문제는 크게 신경 쓰지 않는 것이다.
과거에 AI가 비윤리적인 답변을 했던 때도 있었지만, 요즘은 AI 윤리, AI 책임감 등의 어젠다로 이런 부분들도 제도적으로 개선되고 있다. AI 사용을 막는 것은 마치 와이파이를 끊어버리겠다는 것과 비슷한 맥락이다. 즉, AI를 쓰지 않게 하겠다는 것은 현실적이지 않다는 것이다. 다만, 아이들이 어떻게 AI를 쓰고 있는지는 가끔이라도 확인해봐야겠지만, 요즘 학교에서 수업 중에 AI 관련된 내용이 있는지, 학교에서 AI 관련 툴을 수업 중에 사용하는 건 있는지, 실제 AI 툴을 사용해본 경험이 어떠했는지 등 이런 질문 정도면 충분하다.
가장 중요한 것은 아이들이 하고 싶은 것을 할 수 있도록 돕는 것이다. 요즘 친구들은 하고 싶은 것을 찾는 것 자체가 큰 숙제인데, 그걸 찾게 되면 AI는 자연스럽고 적절하게 활용할 수 있게 될 것이라고 굳게 믿는다. 선생님과 아이들을 믿는다.

하정우 　개인적으로는 고등학생 정도 되면 AI를 사용하는 것이 맞다고 생각한다. 다만, AI가 무엇을 할 수 있고 할 수 없는지, 어느 정도 믿어야 하며 어떻게 안전하게 사용할 수 있는지에 대한 리터러시 교육이 필요하다.

오순영 　아마도 부모 입장에서 가장 걱정되는 것은 AI 활용이 당연시되다 보면 문제를 정의하고 문제를 해결해 나가는 능력, 즉 스스로 생각하고 이를 풀어나가는 능력 자체가 길러지지 힘들다는 것이다. 하지만 분명한 것은, AI는 질문한 내용에 따른 답변을 한다는 것이다. 그 질문의 깊이가 낮고 1차원적이라면 당연히 AI는 그 질문에 준하는 답변을 줄 것이다. 사고력을 키우는 것은 AI 활용과 별개로 더욱 강화해 나가야 하지 않을까? 강조하고 싶은 것은 AI는 언제까지나 하고자 하는 일을 돕기 위한 도구로써 활용해야 한다는 점이다.

하정우 　우리는 인공지능뿐만 아니라 주위 사람들로부터도 수많은 정보를 전달받는다. 하지만 그 정보가 100퍼센트 사실인지 어떻게 알 수 있겠는가? 의심하고, 조사하고, 검증하는 과정이 필요하다. 특히 재미있는 내용일수록 더 의심해봐야 한다. 사람들은 종종 과장하는 경우도 있으니까. 유튜브의 다양한 콘텐츠도 마찬가지고, 기본적으로 AI가 생성한 콘텐츠를 무조건 믿어서는 안 된다. 그래서 AI를 활용하되 그 정보가 실제로 맞는지 아닌지 확인하는 과정이 필요하다. 특히 중요한 용도라면 사실 확인이 더 중요하다. AI는 보조 도구로 사용해야지 AI가 제시하는 대로 무조건 따르는 것은 옳지 않다.

오순영　　특히나 AI 시대에는 사고력을 키우는 것이 더욱 중요해졌다. 요즘은 질문을 잘해야 하는 시대라는 말을 많이 하는데, 챗GPT 자체도 질문의 깊이에 따라 답변의 깊이가 달라진다. 질문을 잘한다는 것은 질문의 본질을 해석하고 이해할 수 있다는 의미다. 앞으로의 세대가 AI를 도구로써 잘 쓰는 것은 당연하고, 모두들 똑같은 AI 도구를 활용한다고 하더라도 이 도구를 어디에 어떻게 활용했을 때 가장 좋은 결과를 낼 수 있는지 사고하는 능력이 곧 경쟁력이 될 것이다. 초등학생이나 유치원생들의 부모라면 어떻게 접근해야 할까? 일단 어떤 목적으로 사용할 것인지 확인이 필요하다. 꼭 생성형 AI가 아니더라도 이미 TV나 휴대폰이 초등학생이나 유치원생들에게 미치는 영향에 대해서는 많은 논쟁이 이뤄져왔다. 보통은 언어 학습이나 학교 수업의 흥미를 이끌기 위해서 모바일 앱 등이 활용되었다고 봤을 때, 기존의 콘텐츠에 생성형 AI 기술이 보완되어 활용되는 것 자체에 대해서는 사용을 하느냐 마느냐의 질문이 적합하지는 않다. 다만 생성형 AI는 스스로 질문을 만들어낼 수 있고 대화를 이끌어갈 수 있으니, 그런 측면에서 초등학생이나 유치원생의 교육을 위해서 활용한다고 할 경우 그에 맞는 교수학습법이 연구가 추가적으로 되어야 할 것이다.

하정우　　그것이 비즈니스 모델이 될 수도 있다. 현재의 생성형 AI

는 즉각적으로 정답을 알려주지만, 특히 초등학생들의 경우 아이들의 지식 수준을 고려해서 논리적으로 추론하는 방법을 계속해서 생각하게 만드는 것이 중요하다. 그래서 AI를 아이들이 계속 생각하도록 유도하는 방식으로 튜닝해서 아동용으로 만드는 것이 필요하다. 이런 부분들이 아직 충분히 개발되지 않았기 때문에 이런 기능이 강화된 모델이 빠르게 나오는 것이 사업화의 핵심이 될 것이다.

오순영   교육에서 생성형 AI를 도입할 때는 사고력을 키울 수 있는 방식, 즉 학생이 AI로부터 답을 받은 후, 그 답에 대해 다시 질문을 던질 수 있는 형태로 활용해야 한다. 생성형 AI 시대에 맞는 교수학습법이 필요한 이유는 이제 단순히 답을 찾는 시대가 아니기 때문이다. AI 디지털 교과서가 큰 화두가 되고 있는데, 사고력을 키울 수 있도록 돕는 AI 디지털 교과서가 만들어진다면 굳이 도입을 반대할 필요도 없다. 아이가 끊임없이 질문을 가질 수 있도록 하는 것이 핵심이고, 그렇게 구성될 수 있다면 AI 기반의 교육 콘텐츠들도 효과적으로 활용될 수 있을 것이다.

6장

기술의
변화를
주도하라

사용자 중심
AI 도입 전략

오순영

개인과 기업, 정부 각각의 관점에 따라 AI 활용에 대한 방향성이 달라진다. 개인은 경쟁력 강화를 위해, 기업은 새로운 비즈니스를 발굴하고 내부 역량 강화를 위해, 정부는 잠재력과 위험도 관리뿐만 아니라 공공 서비스의 질을 향상하기 위해 AI 도입과 활용 전략을 수립한다. 이번 장에서는 각각의 방향성에 따른 AI 도입 전략과 프로세스, 세부 사항들을 살펴본다. 핵심은 사용자가 중심이 된, 즉 도입과 활용 당사자들이 주도적으로 기술의 변화를 이끄는 것이다.

역할과 책임에 따른 AI 활용의 방향성

이 책을 읽는 여러분은 어떤 관점에서 AI 활용을 고민하고 있는 가? 개인, 기업, 정부의 세 가지 관점으로 살펴보면 AI 활용에 대한 방향성도 각 관점에 따라 달라짐을 알 수 있다.

먼저 개인으로서의 AI 활용은 결국 자신의 경쟁력과 직결된다. 많은 매스컴에서 AI를 우리의 경쟁자처럼 묘사하지만, 기술이 잘할 수 있는 영역을 기술에 맡기는 것은 지금까지의 기술 및 산업 발전 분야에서 반복적으로 일어나는 현상이다. 이미 우리는 AI 기술 자체가 아니라, AI를 잘 활용하는 누군가가 나의 경쟁자가 될 것이라는 사실을 잘 알고 있다. AI와 경쟁하겠다는 것은 마치 자동차와 달리기 경주를 하겠다는 의미와 같다. AI가 잘하지 못하는 것을 우리가 더욱 잘 해낼 때, 특히 그것을 AI를 활용해 더욱 향상시킬 때 AI가 넘볼 수 없는 우리의 경쟁력이 생긴다.

따라서 개인 관점에서는 AI 기술 발전에 맞춰 AI 활용 능력을 키워야 한다. 생성형 AI 기반의 도구들을 이해하고 이를 어떻게 자신의 업무나 일상생활에 적용할지 고민하며, 필요에 맞게 활용할 수 있는 스킬을 갖춰나가야 한다. 또한 개인정보나 민감한 정보의 활용에 주의하면서 AI 기술의 한계나 잘못된 정보의 진위 여부를 판단할 수 있는 능력도 키워야 한다. AI 기술은 도구일 뿐 목적이 될 수 없으며 우리의 삶에서 우리가 이루고자 하는 무수히 많은 일들을 더 효과적으로 달성하기 위해 AI 기술을 이해할 필요가 있을 뿐이다. 그리고 이러한 AI에 대한 이해 및 활용 능력, 즉 AI 리터러시에 대한 부분은 향후 과거의 빈부 격차만큼이나 사회적 격차를 만들어낼 것이다.

기업 관점에서 중점적으로 고민해야 할 부분을 몇 가지로 정리하면, 첫째로 AI 기술의 잠재력과 위험에 대한 정확한 이해를 바탕으로 기업에 맞는 AI 도입 전략을 수립하는 것이다. AI 기술이 비즈니스와 어떻게 연결될 수 있는지, 내부의 경영 전략을 어떻게 강화할 수 있을지에 대한 고민이 필요하며, 그에 따른 적절한 데이터 수집, 모델 개발, 도입에 필요한 자원 확보 및 계획 등이 필요하다. 또한 아무리 좋은 AI 시스템을 도입하더라도 조직 내에서의 AI 수용성이 있어야만 한다. 즉, AI를 적극적으로 활용할 수 있는 환경과 구성원들이 AI 시대에 맞는 마인드셋을 갖출 수 있도록 AI 기술을 이해하고 활용할 수 있는 교육 프로그램을 준비해야 하며, 필요에 따라서는 AI 도입에 따른 인력 재배치도 고려해야 한다.

또 AI 활용이 본격적으로 진행되기 전에 생성형 AI 활용에 대한 윤리적인 가이드라인을 수립하고 이를 준수할 수 있도록 해야 한다. AI가 생성한 결과물에 대한 투명성, 데이터 사용에 대한 개인정보 보호, 공정성과 편향성 문제를 고려한 내부 정책 역시 필요하다. 이러한 과정은 특히 AI의 지속 가능성을 위해 챙겨야 하는 부분이다. 이를 바탕으로 AI 도입에 대한 내부적인 프로세스 개선, 비용 절감, 고객 경험 향상 등을 지속적으로 검토해야 하며, AI 활용을 통한 새로운 비즈니스 발굴뿐만 아니라 내부 역량 강화까지 차별화된 경쟁력을 구축해야 한다.

정부 관점에서의 대응이라면 AI 기술 발전에 따라 발생할 수 있는 윤리적, 법적 문제를 해결하기 위한 규제와 가이드라인 마련이 첫 번째다. 2024년 3분기 현재, 한국은 규제 자체가 없는 불확실성이 AI 분야의 산업 성장 및 국가의 AI 안정성을 가로막고 있다. 또한 현재의 AI는 대규모 모델과 막대한 데이터를 통해 천문학적인 비용이 소요되기에 막대한 자본력을 바탕으로 시장을 선점한 극소수의 글로벌 빅테크 기업들의 기술 독점에 대한 우려도 크다.

따라서 AI 기술 발전을 위한 정부 차원의 R&D 지원, 인프라 구축, 인력 양성 프로그램을 비롯해 스타트업이나 중소기업이 AI 기술을 쉽게 도입할 수 있도록 금융 지원, 기술 지원, 공공 데이터 제공 등 정책적 지원을 강화해야 한다. 또한 국민 AI 리터러시 강화 측면에서 AI 활용 격차에 따른 사회적 격차와 불평등이 심화되지 않도록 AI 기술이 사회 전반에 어떤 영향을 미칠 수 있는지에 대한 연구 및 공론화를 통해 AI 기술의 도입과 사용에 대한 사회적 합의가 필요한 시점이다. 시민들의 인식 전환을 위한 캠페인, 공청회 등을 통해 AI 기술의 잠재력과 위험도를 투명하게 공개하고 논의하는 장을 마련하는 것도 좋은 방법이다. 공공 서비스에 AI 기술을 적극적으로 도입함으로써 행정 절차를 간소화하고 시민과의 커뮤니케이션을 개선하는 등 공공 서비스의 질을 향상시키는 데 AI 기술의 활용을 확대하는 노력도 지속적으로 진행해야 할 것이다.

이와 같이 개인, 기업, 정부는 각자의 역할에 맞는 대응 전략을 통해 생성형 AI 기술의 잠재력을 최대한 활용하고 발생할 수 있는 윤리적, 법적 문제들을 사전에 대비해야 한다.

AI 기반 서비스 및 AI 에이전트의 사용성

AI 도입 프로세스는 명확한 목표 설정, 데이터 수집 및 준비, 인프라 구축, 인력 확보 및 인재 양성, 조직 내 협업 구조 마련, AI 솔루션 협력 업체 선정, AI 거버넌스 및 보안 전략, 파일럿 프로젝트 활용, 법적 및 윤리적 고려 사항, AI 도입에 따른 성과 측정 체계 구축 등으로 이루어진다.

전반적인 과정에 대한 세부 사항 및 준비 사항은 5장의 내용을 참고하도록 하자. 여기에서는 현재 AI의 모든 것이 기술 위주로 흐르고 있어 특히 사용자 관점에서 놓치기 쉬운 '사용성'에 대한 부분을 짚어 볼 것이다. 또한 아직 진정한 AI 에이전트의 시대가 오기까지는 시간이 다소 걸릴 것으로 예상되기 때문에 일반적인 AI 서비스 구현과 AI 에이전트 구현을 구분해서 설명하고자 한다.

소프트웨어 개발 시 사용성 측면에서 반드시 고려해야 할 부분은 바로 '소프트웨어 접근성Software Accessibility'이다. 소프트웨어 접근성이란 응용 프로그램이나 운영체제와 같은 소프트웨어를 개발할 때 설계 단계부터 장애인이나 고령자 등 다양한 디지털 취약계층들이 일반인들과 동등한 수준으로 사용할 수 있도록 하는 것을 말한다.

다음 내용은 한글과컴퓨터에서 18년간 다양한 운영체제 기반 오피스를 개발해온 필자의 경험을 바탕으로 정리한 것으로, 이를 통해 AI 기술 중심의 AI 기반 서비스나 제품에서 어떻게 사용성이나 접근성을 높일 것인지, AI 기술을 활용해 기존 소프트웨어의 사용성을 강화할 것인지에 대한 아이디어를 얻을 수 있기를 바란다.

- **UI/UX 최적화:** AI 시스템의 UI는 직관적이고 간결한 인터페이스를 통해 모든 사용자가 AI의 기능을 쉽게 이해하고 사용할 수 있어야 하며, 어렵고 복잡한 기술 용어를 최소화해야 한다. 특히 시각적, 청각적으로 어려움이 있는 사용자를 위한 접근성을 고려한 UI/UX를 구현해야 한다.
- **음성 기반의 시각적 콘텐츠 접근성 개선:** 시각 장애인이나 난독증과 같이 글을 읽는 데 어려움을 겪는 사용자들을 위해 음성 인식 기능을 제공한다. 음성으로 AI 시스템과 상호작용할 수 있도록 하며, 텍스트 대신 음성 출력을 통해 정보를 전달하는 방식도 함께 제공한다.
- **스크린 리더 도구와의 호환성:** 스크린 리더Screen Reader는 시각 장

애인들에게 음성 합성이나 점자 출력을 통해 화면 속의 콘텐츠를 읽을 수 있도록 해주는 소프트웨어다. AI 시스템은 텍스트나 이미지의 정보를 스크린 리더 도구가 인식할 수 있는 형식으로 구현하여 관련 기능을 지원해야 한다.

- **이미지에 대한 대체 텍스트 제공:** 이미지나 그래픽을 사용할 때 시각 장애인이나 화면을 볼 수 없는 사용자들을 위해 대체 텍스트Alt Text를 제공해야 한다. AI 시스템이 생성하는 이미지나 시각적 자료에도 이러한 텍스트 설명이 자동으로 추가되도록 해야 한다.

- **기능 내비게이션 지원:** 마우스나 키보드, 터치패드 등 기능을 실행하기 위한 장치 중 일부를 사용할 수 없는 사용자들이 AI 시스템의 기능을 조작할 수 있도록 설계해야 한다. 음성 인식을 비롯한 디바이스 및 주변기기에 대한 지원을 강화해야 한다.

- **텍스트 크기 및 색상 대비 조절 기능:** 시각적으로 불편함을 겪는 사용자들을 위해 텍스트 크기, 색상 대비 등을 사용자가 조정할 수 있는 기능을 제공해야 한다. 명확한 가독성을 보장하기 위해 색상 대비를 강화하고, 특정 색상에 의존하지 않도록 디자인해야 한다.

- **다국어 및 다문화 지원:** AI 시스템은 다국어를 지원하여 다양한 언어와 문화를 가진 사용자들도 쉽게 접근할 수 있도록 구현해야 한다. 언어 장벽을 없애기 위해 음성 및 텍스트 기반의 다국어 지원 기능을 포함시키는 것이 필요하다.

- **장애 유형에 맞춘 맞춤형 옵션 제공:** AI 시스템은 다양한 장애 유형(시각, 청각, 운동 기능 등)에 맞춰 맞춤형 옵션을 제공한다. 예를 들어, 청각 장애인에게는 자막이나 텍스트 기반 대화창을 제공하고, 운동 능력이 제한된 사용자들을 위해 음성 명령이나 눈동자 추적 기술 등을 지원하는 것이다.

- **AI 학습 데이터의 편향성 제거:** AI의 학습 데이터는 특정 사용자 그룹(예: 장애인)에 대해 편향되지 않도록 해야 한다. 다양한 배경과 특성을 반영한 데이터를 학습시켜 AI 시스템이 모든 사용자에게 공정하게 작동하고, 특정 그룹에 불리한 결과를 제공하지 않도록 해야 한다.

- **사용자 피드백 수집 및 개선:** AI 시스템은 지속적으로 사용자 피드백을 수집하여 접근성과 사용성을 개선해야 한다. 특히 장애인 사용자나 접근성에 민감한 사용자 그룹으로부터의 피드백은 큰 도움이 될 것이다.

접근성을 고려한 AI는 모든 사람에게 공정하고 포용적인 기술이 될 수 있으며, 장애인의 콘텐츠에 대한 동등한 접근을 가능하게 함으로써 장애인이 사회의 다양한 분야에서 더 활발하게 참여할 수 있도록 할 것이다. AI 기술은 시각 장애인에게는 오디오를 통해 장면, 사물, 심지어 사람의 감정까지 설명해 주변 환경을 더 잘 이해할 수 있게 하고, 청각 장애인에게는 오디오를 분석해 시각적으로 표현하거나 각종 디바이스를 통해 촉각으로도 느낄 수 있도록 변환해줄 것이다.

개인화된 AI 기반 학습 플랫폼은 모든 사람을 위한 보다 포용적이고 접근 가능한 교육 환경을 만드는 데 핵심적인 역할을 할 것이다. 최근 챗GPT-4o나 제미나이 등 멀티모달 생성형 AI는 이런 것들을 가능하게 하고 있다.

AI 에이전트에 대한 기획이나 도입을 검토한다면 일반적인 AI 기반 서비스와는 또 다른 HCI 관점에서 다음과 같은 사항들을 고려해야 한다.

- **사용자 중심 설계:** AI 기술 자체에 무게가 실리면 간과하기 쉬운 부분으로, 사용자가 직관적으로 이해할 수 있는 인터페이스와 인터랙션을 고려해야 한다. 다양한 사용자층이 모두 쉽게 사용할 수 있도록 설계해야 하며, UX에 대한 다양한 실험과 연구를 통해 실질적인 요구를 제대로 반영하는 것이 중요하다.
- **대화형 인터페이스 디자인:** AI 에이전트는 기본적으로 대화형 인터페이스(음성, 텍스트 기반) 중심으로 동작하기 때문에 자연스러운 대화 흐름을 유지하는 것이 매우 중요하다. 사용자의 의도를 정확하게 파악하고 적절한 답변을 제공하며, 혼란을 줄 수 있는 모호한 대화가 되지 않도록 해야 한다. 사용자의 어투나 대화 방식에 빠르게 적응하고 대응할 수 있도록 인터페이스를 설계하는 것이 중요하다.
- **진행 과정에 대한 피드백 제공:** 사용자가 AI 에이전트와 상호작

용할 때, 현재 AI 에이전트의 백그라운드에서 어떤 작업이 진행되고 있는지 진행 상황이나 피드백을 적절하게 제공하는 것이 중요하다. 예를 들어, 데이터 처리 중에 진행 상황을 표시한다거나 사용자의 요청 사항에 대해 즉각적으로 확인하는 것 등이 이에 해당한다. 피드백은 사용자 신뢰를 형성하는 중요한 요소다.

- **과정 및 결과에 대한 투명성과 설명 가능성:** AI 에이전트가 어떤 결정을 내렸는지, 왜 그런 행동을 했는지 설명할 수 있어야 한다. 사용자가 에이전트의 작동 방식을 이해할 수 있는 수준의 투명성을 제공해 AI의 결정을 신뢰하고 수용할 수 있도록 해야 한다.

- **상황 인식에 따른 적절한 반응:** AI 에이전트는 사용자의 현재 상황과 문맥을 이해하고 반응할 수 있어야 한다. 상황에 따라 다르게 작동해야 하며, 사용자의 상황에 맞는 맞춤형 서비스 제공이 가능해야 한다. 예를 들어, 사용자의 위치, 시간, 최근 인터랙션 등을 고려한 컨텍스트 기반으로 응답할 수 있어야 한다.

- **개인화 및 적응성:** 사용자의 선호도와 행동 패턴에 맞춰 AI 에이전트가 개인화된 경험을 제공해야 한다. 사용자의 사용 이력이나 피드백을 기반으로 점차적으로 적응하여 더 나은 맞춤형 서비스를 제공할 수 있어야 한다. 이를 통해 사용자의 만족도와 효율성을 높일 수 있다.

- **접근성을 고려한 설계:** AI 에이전트는 장애를 가진 사용자들도 쉽게 접근할 수 있도록 설계되어야 한다. 시각 장애인을 위한 음성 지원, 청각 장애인을 위한 텍스트 기반 인터랙션, 거동이 불

편한 이들을 위한 음성 명령 등과 같은 기능은 더 많은 사용자가 AI 에이전트를 활용할 수 있게 해준다.

- **피드백 반영 및 오류 수정:** 사용자가 에이전트와 상호작용할 때 발생할 수 있는 오류에 유연하게 대처하고 이를 수정할 수 있는 메커니즘을 고려해야 한다. 잘못된 입력이나 의도를 AI 에이전트가 이해하지 못했을 경우, 사용자에게 오류를 친절하게 설명해주고 문제를 해결하거나 수정할 방법을 제시하는 것이 중요하다. 오류에 대한 수정 및 복구가 가능하도록 설계해야 한다.

- **감정 상태에 대한 이해:** AI 에이전트는 사용자의 감정 상태를 정확하게 이해할 수 있을 때 사용자와의 인터랙션이 더욱 자연스러워진다. 예를 들어, 음성의 톤, 언어적 표현 등을 통해 사용자가 혼란스러워하거나 불만족하고 있는지 파악하고 이에 맞게 대응할 수 있어야 한다.

- **보안 및 개인정보 보호:** AI 에이전트는 사용자의 데이터 활용이 필수적이기 때문에 보안과 개인정보 보호에 철저해야 한다. 사용자의 데이터를 안전하게 처리하고 개인정보를 적절히 보호하며, 필요한 경우 사용자에게 데이터 사용에 대한 선택권을 제공해야 한다.

- **지속적인 사용자 피드백 및 개선:** HCI 측면에서 AI 에이전트는 사용자의 피드백을 지속적으로 수집하고, 이를 통해 기능과 인터랙션을 개선해야 한다. 주기적인 사용자 테스트와 설문을 통해 개선 사항을 반영하고, 변화하는 사용자 요구에 맞춰 AI 에이

전트를 발전시키는 프로세스를 갖춰야 한다.

- **멀티 에이전트 구조:** 1장에서도 소개된 바 있는 멀티 에이전트 시스템은 여러 지능형 에이전트들로 구성하는 개념이며, 소프트웨어 프로그램뿐만 아니라 로봇, 드론, 센서, 그리고 여기에 사람까지 역량을 모두 통합하여 설계할 수 있다. 구현 목표에 맞춰 자율적으로 감지, 학습 및 행동할 수 있는 여러 지능형 에이전트로 분산 시스템으로 구성할 수 있으며, 사용자 접점의 에이전트와 전문성 있는 에이전트 각각의 계층 구조를 고려하여 유연성과 확장성 등을 확보해야 한다.

AI계의 대모라 불리는 페이페이 리 스탠퍼드대학 교수는 몇 달 전 TED 강연에서 공간지능Spatial Intelligence으로 AI가 현실 세계를 이해할 것이라고 말했다. 리 교수는 최근 4개월 만에 10억 달러를 투자받은 월드랩스World Labs라는 공간지능 관련 스타트업을 창업하기도 했다. 여기서 공간지능이란 기계가 현실 세계의 3D 환경을 이해하고 상호작용할 수 있도록 해주는 것으로, AI가 현실 세계에서 행동하는 방법을 가르치는 것이라고 이해하면 편하다.

인간이 세상을 바라보고, 인식하고, 해석하는 방식부터 공간지능, 디지털트윈, AR/VR 디바이스 등의 결합까지 AI 에이전트가 확장하면 더 많은 산업 분야에서 더 많은 AI 에이전트 관련 활용 사례들이 나올 것이다. 이때 위에서 언급한 HCI 관점에서 고려할 사항들을 통해 AI 에이전트는 더욱 자연스러운 동작과 다양한 사용자층을 포용할 수 있으며 사용자 경험을 극대화할 수 있다.

AI 기술을 활용한 서비스 품질 평가

과거 소프트웨어 개발에서 품질 평가를 했듯이 AI 기술을 활용한 서비스에도 사용자 만족도 및 품질 평가가 필요하다. 그러나 생성형 AI 기술의 등장으로 품질 평가의 범위와 절대적인 평가 기준이 상당히 모호해졌다.

기능 및 활용 범위에 따라 AI 성능 및 품질의 영향 범위도 크게 달라질 수 있기 때문에 이에 대한 충분한 고민이 필요하다. 특히 품질 평가에 대한 계획은 구현이 완료될 즈음이 아닌 기획 및 구현 초반부터 함께 설계되어야 한다. 이는 AI를 개발하는 기업뿐만 아니라 AI를 도입하는 기업이 반드시 참여해야 하며, 내부 활용이든 외부 서비스 출시든 각 도입의 특징들이 있기 때문에 AI를 활용하는 입장에서 품질 평가에 대한 준비를 적극적으로 해야 한다.

● **사용자 설문조사 및 피드백 수집:** 가장 기본적이면서 직접적인 품질 평가 방법이다. 사용자가 생성형 AI 기반 서비스를 사용한 후 설문조사를 통해 전반적인 만족도, 기능에 대한 피드백, 서비스의 편리성 등을 평가한다. 이때 AI 서비스를 제대로 평가하고 향후 개선 사항을 도출하기 위해서는 설문조사의 문항을 심층

적으로 구성하여 유의미한 결과를 낼 수 있도록 해야 한다. 정량적 평가가 가능한 설문 문항뿐만 아니라 사용자의 의견이나 개선 요구 사항 등의 정성적 피드백도 함께 수집하여 향후 개선에 활용한다.

- **정량적 지표 분석:** 서비스 사용 빈도, 사용자 유지율, 반복 사용 비율, 평균 사용 시간 등의 데이터를 통해 AI 서비스의 활용도를 평가할 수 있다. 실제 수치로 결과가 도출되기 때문에 사용자의 만족도를 비교적 정확하게 판단할 수 있으며, 오류 빈도나 응답 시간 등의 기술적 지표를 포함하면 서비스나 제품의 안정성이나 완성도도 평가할 수 있다.

- **서비스 응답 품질 평가:** AI의 답변에 대한 정확도와 품질을 평가한다. 이는 문법적인 정확성, 맥락과 의미의 적합성, 정보의 정확성 등을 포함한다. 예를 들어, AI 기반 챗봇이라면 사용자가 제시한 질문이나 요청에 대해 적절한 응답을 생성했는지 여부를 분석하고, 불필요한 반복이나 비논리적인 응답이 얼마나 포함되었는지 평가한다. 개인화된 맞춤 기능이 있다면 이에 대한 평가도 필요하다.

- **AI 모델 성능 평가:** 생성형 AI 모델 자체의 성능을 평가하기 위해 정확도Accuracy, 재현율Recall, F1 점수 등 다양한 성능 지표를 활용한다. 또한 사용자 경험에 영향을 미칠 수 있는 예측의 신뢰성을 평가하여 모델이 서비스 품질에 적합한지 판단한다. 또한 AI 모델 배포 이후 시간이 지남에 따라 모델 성능이 저하되는 모델

드리프트model drift 현상에 대해 지속적인 모니터링이 필요하다.

- **사용자-서비스 상호작용 분석:** 서비스 내에서 사용자의 흐름을 추적하여 UX에서 발생하는 혼란, 반응 지연, 적절하지 않은 피드백 등을 찾아내고 개선한다. 사용자가 AI 시스템과의 상호작용 과정에서 스트레스를 느끼거나 반복적인 명령을 내릴 때 어려움을 겪는지 등을 평가한다. 또한 AI 모델 배포 이후 시간이 지남에 따라 모델 성능이 저하되는 모델 드리프트model drift 현상에 대해 지속적인 모니터링이 필요하다.

- **실시간 사용자 행동 데이터 분석:** 사용자 행동 데이터를 실시간으로 분석하여 AI 서비스가 사용자의 기대에 얼마나 부합하는지 평가한다. 클릭 횟수, 전환율, 사용 후 이탈률 등의 사용자 행동 패턴 분석을 통해 서비스의 효과와 만족도를 간접적으로 평가할 수 있다. 사용자의 행동을 바탕으로 AI 서비스의 문제 영역을 식별하고 개선 사항을 도출할 수 있다.

- **A/B 테스트 수행:** 서로 다른 AI 모델이나 서비스를 사용자 그룹별로 나누어 테스트(A/B 테스트)를 수행한다. 각 그룹에 대한 사용자 만족도, 서비스 품질, 기능 활용도 등을 비교 분석하여 최적의 모델이나 서비스를 선택한다. AI 서비스가 새로운 기능이나 업데이트를 적용할 때 기존 버전과 비교하여 변화된 만족도나 품질 변화를 평가하는 데도 활용된다.

- **시스템 장애 및 오류 로그 분석:** 서비스 중 발생한 기술적 오류, 성능 저하, 응답 지연 등을 분석하여 서비스 품질을 평가한다.

로그 데이터를 통해 AI 시스템에서 발생한 문제를 추적하고 그 문제들이 사용자 경험에 미친 영향을 분석할 수 있다. 이는 기술적 문제를 사전에 예방하고 지속적으로 시스템 성능을 개선하기 위한 기초 데이터를 확보하는 데 활용된다.

이처럼 다양한 사용자 만족도 및 품질 평가 방법이 있으며, 각 서비스의 특징에 따라 다각도로 분석하고 개선할 수 있다.

산업별 AI 활용 베스트 프랙티스

챗GPT의 등장이 2022년 11월 말이었으니, 이제 생성형 AI 기술에 대한 이야기를 들은 지도 2년이 다 되어간다. 이 시점에서 생성형 AI를 활용한 다양한 사례들을 인터넷에서 쉽게 찾아볼 수 있는데, 각 산업의 특성에 따라 AI 활용의 특징을 볼 수 있는 베스트 프랙티스를 간단히 살펴보고, 그중 흥미로운 사례는 좀 더 상세하게 알아보고자 한다.

금융 산업 - 모건스탠리(미국)

모건스탠리는 1935년에 설립된 미국의 투자 은행이자 금융 서비스 회사로, 7만 5,000명 이상의 직원과 41개국에 사무실을 두고 있다. 2023년 초, 모건스탠리는 오픈AI의 GPT 기술을 활용하여 금융 자문

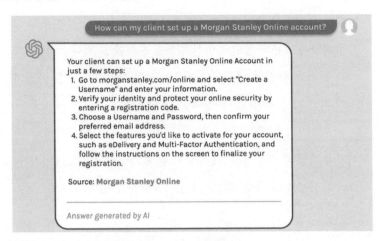

그림6-1   GPT-4를 이용한 모건스탠리 어시스턴트

사를 위한 생성형 AI 기반 가상 비서 개발을 위한 협력을 발표했다. 10만 개가 넘는 문서로 구성된 지식 기반을 보유하고 있는 모건스탠리만의 차별화된 지적 자산을 GPT-4 모델에 학습시켜 회사에서 가장 지식이 풍부한 AI 직원 하나를 금융 애널리스트들에게 24시간 지원하겠다는 것이다.

해당 발표 이후 2023년 9월, 모건스탠리는 임베딩과 검색 기능을 사용하는 AI@모건스탠리 어시스턴트AI @ Morgan Stanley Assistant라는 내부 챗봇을 출시하고 이를 공개했다. 매일 200명이 넘는 직원이 이 어시스턴트를 활용하여 신속하게 고객을 지원하고 있으며, GPT-4를 기반으로 한 맞춤형 솔루션을 직원들에게 제공한 최초의 월가 회사가 된 것이다. 이를 통해 복잡한 금융 데이터를 분석하고 투자 전략을 자동으로 생성하며 맞춤형 고객 상담 내용을 제공받을 수 있다.

또한 자연어 처리 기능을 활용하여 방대한 금융 데이터에서 의미 있는 인사이트를 추출하고, 고객의 요구에 맞춘 투자 보고서 생성 및 상담을 자동화하는 등의 작업들을 지원하게 된다.

지식과 통찰력이 담긴 수십만 페이지의 투자 전략, 시장 조사 및 논평 등의 콘텐츠 라이브러리와 논문들이 대부분 PDF 형식으로 되어 있는데, 마치 최고의 투자 전략가, 경제학자, 주식 전략가 등 전 세계의 모든 분석가가 금융 애널리스트를 위해 대기하고 있는 것처럼 혁신적인 역량을 생성형 AI를 통해 직원들에게 제공하는 것이다.

모건스탠리는 2024년 6월 생성형 AI 도구를 하나 더 발표한다. 바로 AI@모건스탠리 디브리프AI @ Morgan Stanley Debrief인데, 이 서비스는 모건스탠리 직원들이 매년 진행하는 100만 건 이상의 컨퍼런스 콜을 기록, 필사하고 주요 사항을 요약하는 역할을 한다. 클라이언트의 동의를 받아 회의가 끝나면 주요 사항을 요약하고, 자문가가 재량에 따라 편집하여 보낼 수 있는 이메일 초안을 작성하며, 필요한 메모들을 저장할 수 있도록 한다. 이는 클라이언트와의 회의에서 생기는 메모 작성, 회의 요약, 자동 이메일 초안 등 전형적인 단순 업무를 대신 수행하는 것으로, 금융 애널리스트들의 일상에서 효율성을 급격하게 높이고 고객과의 의미 있는 교류에 더 많은 시간을 할애할 수 있게 한다는 점에서 매우 의미 있는 AI 도입이라 볼 수 있다. 금융 자문 시 서비스, 조언, 고객과의 관계 등에서 더욱 깊고 개인적인 대화를 나눌 수 있다는 등 내부 피드백도 압도적으로 긍정적이었다고 한다.

리테일 산업 - 나이키(미국)

나이키는 AI 기술을 활용하여 운동선수 데이터 기반의 제품 디자인을 개발하는 프로젝트를 진행 중이다. 이 프로젝트는 AI의 잠재력을 활용하여 맞춤형 스포츠 제품을 빠르고 효율적으로 설계하는 것을 목표로 하고 있다. 나이키는 독점적으로 가지고 있는 방대한 운동선수들의 데이터를 기반으로 맞춤형 LLM을 개발하고 있다. 이 AI 모델에 텍스트, 이미지, 설계 데이터를 학습시켜 제품을 디자인하는 데 활용하는 전략이다. 자체적으로 보유하고 있는 데이터들을 AI 모델에 통합함으로써 개인화된 운동선수의 요구에 맞춘 제품을 빠르게 개발할 수 있다.

AIR Athlete Imagined Revolution라는 프로젝트를 통해 AI 모델로 유명한 운동선수들의 요청과 개성을 반영한 프로토타입 신발을 개발하는데, 운동선수의 요구와 성격을 바탕으로 AI가 생성한 수백 개의 이미지에서 최적의 디자인을 추출하여 제작한다. 이는 AI가 제공하는 빠른 디자인 생성 속도를 통해 선수 맞춤형 제품을 더 신속하게 제작할 수 있어 프로토타입 생성 과정이 획기적으로 단축된다. 디자인부터 제작까지의 주기를 크게 단축시킴으로써 신속한 피드백과 개선이 가능해졌다.

따라서 AI가 기존 수작업으로는 수주 또는 수개월이 걸리던 작업을 몇 시간 내에 완료할 수 있게 하며, 동시에 디자이너들의 창의성은 더욱 증대시킬 수 있게 된 것이다. 즉, AI가 디자인 과정에서 단순한 자동화 도구를 넘어서 디자이너의 창의성을 촉진하고 새로운 디

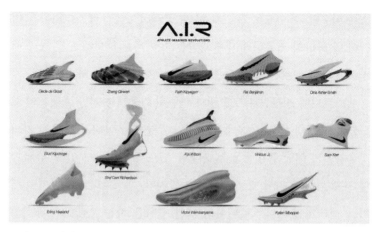

그림6-2　파리에서 열린 이벤트에서 공개된 AIR 콘셉트 신발

자인 아이디어를 발굴하는 도구로써 생산성을 극대화할 수 있게 되었다. AI가 단순히 기술적 도구로만 사용되는 것이 아니라, 창의적이고 혁신적인 제품 개발을 가속화하는 데 중요한 역할을 할 수 있음을 보여주었으며, 특히 AI와 디자이너, 운동선수 간의 협업을 통해 새로운 방식의 디자인 프로세스를 구축하고 스포츠웨어 산업에서의 경쟁력을 한층 높이는 데 AI가 중요한 전략이 된 것이다.

공공 산업 - 에스토니아 정부(에스토니아)

유네스코가 선정한 세계 100대 AI 프로젝트 중 하나인 에스토니아의 AI 프로젝트 '뷰로크랫Bürokratt'은 인공지능 시대의 디지털 공공 서비스가 어떻게 작동해야 하는지에 대한 구상을 담고 있다. 뷰로크랫은 시민들이 음성 기반 인터랙션을 통해 가상 비서와 함께 공공 서비스를 이용할 수 있도록 돕고자 하며, 궁극적으로는 에스토니아 국민들이 단 하나의 커뮤니케이션 채널인 가상 비서를 통해 모든 공공 서비스에 대한 정보를 얻을 수 있도록 하는 것을 목표로 하고 있다.

에스토니아 정부는 뷰로크랫과 관련된 인공지능 기반 플랫폼의 코드를 대중에게 무료로 공개하여 민간 부문뿐만 아니라 다른 국가의 사용자들도 해당 플랫폼을 채택할 수 있도록 추진하고 있다. 뷰로크랫 자체는 가상 비서 또는 챗봇에 가깝지만, 에스토니아의 디지털 서비스 생태계인 e-에스토니아의 백본 역할을 하는 X로드 X-Road처럼 AI와 기타 공공 및 민간 서비스가 결합되어 정부의 AI 에이전트를 다양한 서비스에 활용할 수 있도록 하는 방향성을 가지고 있다.

이 시스템은 시민들의 행정 요청을 자동으로 처리하고 서류 작성 및 절차 진행을 지원하여 공공 서비스의 접근성을 높였다. 생성형 AI 기반의 대화형 서비스가 시민들의 문의에 실시간으로 대응하며 복잡한 행정 절차를 간소화했다. 이는 공공 서비스의 효율성을 높이고 국민의 편의를 증진시키는 데 AI를 활용한 사례로 볼 수 있다.

에스토니아는 2030년까지 모든 개인이 교육부터 정신 건강에 이르기까지 개인화된 가상 비서를 가지는 정부를 구상하고 있다. 특히 데이터의 처리 및 공유와 관련하여 국민 개개인이 자신의 데이터 사용 범위를 결정할 수 있어야 한다는 관점에서 개인의 데이터가 어떻게 처리되고, 정부가 어떻게 데이터를 제공하며, 어떤 유형의 서비스를 제공할 수 있는지 개인이 결정할 수 있는 권리가 있어야 한다는 것이 에스토니아의 데이터 개방성, 관리 및 프라이버시에 대한 기본적인 생각이다. 또한 에스토니아는 전체 인구의 80퍼센트가 기초적인 데이터 리터러시에 대한 지식을 보유하도록 하는 계획을 가지고 있다.

국방 산업 - 팔란티어(미국)

팔란티어Palantir의 사례는 국방 분야에서 생성형 AI가 실시간 데이터 분석, 자동화된 의사결정, 사이버 보안 등에서 어떻게 활용될 수 있는지 잘 보여준다. 예를 들어, 팔란티어의 고담Gotham 플랫폼은 전투 상황에서 드론, 위성, 군사 장비, 센서 등에서 수집된 다양한 데이터를 통합해 적군의 움직임, 무기 배치, 지형 분석 등을 실시간으로 시각화하고 전투 상황을 분석해 지휘관들이 신속하게 결정을 내릴

그림6-3 팔란티어의 고담 플랫폼

수 있도록 돕는다. 또한 방대한 양의 데이터 분석을 통해서 최적의 전술을 추천하는 시스템도 지원하는데, 실시간으로 수백 가지의 전투 시나리오를 동시에 분석하고 적의 전략을 예측해 각 시나리오의 성공 가능성을 평가한 후 군사 작전 계획을 자동으로 생성함으로써 군 지휘관이 군사 자원을 배치할 최적의 경로를 제안할 수 있도록 해 준다. 그 외에도 군사 통신망에서 발생하는 비정상적인 활동이나 해킹 시도를 탐지해 정보 유출이나 적의 공격을 사전에 차단할 수 있도록 사이버 위협을 탐지하고 예방하는 데도 생성형 AI를 활용한다.

고담 플랫폼은 병력 배치와 자원 관리에서도 중요한 역할을 한다. 군사 작전의 성공을 위해 병력 및 자원을 효율적으로 배치하기 위해 이를 자동으로 분석하고 최적화할 수 있는 방법을 제시한다. 예를 들어, 날씨, 지형, 병력 상태 등의 데이터를 실시간으로 분석하여, 특정 지역에 필요한 병력의 숫자와 장비를 추천함으로써 군사 자원의 낭비를 최소화하고, 적재적소에 필요한 자원을 배치할 수 있도록 한다. 이렇듯 병력 및 지원관리 최적화에도 생성형 AI를 활용하고 있으며, 그 외에도 드론을 비롯한 무기 시스템에서 생성형 AI를 통해 전투의 효율성을 극대화 하는 등 다양한 국방 영역에서 생성형 AI를 활용하고 있다.

바이오 산업 - 인실리코매디슨(홍콩)

홍콩의 신약 개발 기업 인실리코매디슨Insilico Medicine은 생성형 AI가 한참 붐을 이루기 전부터 생성형 AI를 이용해 시간(평균 10~15년)과 비용이 많이 투입되는 신약 개발 프로세스를 획기적으로 단축하는 데 성공했다. 이 회사는 자사의 AI 플랫폼인 Pharma.AI를 통해 신약 후보 물질을 설계하고 기존 데이터를 학습해 새로운 약물 구조를 생성하는데, 이를 통해 수년이 걸리던 개발 과정 중 초기 설계 단계를 몇 주 만에 완료할 수 있도록 돕고 있다.

Pharma.AI에는 다양한 작업을 위해 수백만 개의 데이터 샘플에서 훈련된 여러 AI 모델들이 포함되어 있다. 대외적으로 잘 알려진 사례는 2021년 2월 발표된 건으로, 폐 기능이 점진적으로 저하되는 호흡기 질환인 특발성 폐섬유증 치료에서 임상 전 약물 발견 프로세스 각 단계에 생성형 AI를 활용했다고 한다. 기존 방법을 활용할 경우 4억 달러 이상의 비용과 최대 6년이 걸릴 임상 시험이 생성형 AI를 통해서 비용을 10분의 1로 줄이고, 3분의 1의 시간만으로 2년 반만에 임상 시험의 첫 단계에 도달했다고 하니 대단한 성공 사례라 할 수 있다.

교육 산업 - 듀오링고(미국)

듀오링고Duolingo는 생성형 AI를 사용해 학습자의 수준에 맞춘 맞춤형 교육 콘텐츠 생성 기능을 개발했다. GPT-4 기반 기술을 도입하여 학습자가 오류를 범할 때마다 적절한 피드백을 제공하고 개인화된 학습 경로를 제시한다. 생성형 AI를 통해 학습자의 학습 패턴과 필요에 맞춘 콘텐츠를 생성하여 더 높은 몰입감과 학습 효과를 제공하며, 교육 콘텐츠의 맞춤형 제작을 통해 사용자 경험을 향상시키고 있다.

제조 산업 - 지멘스(독일)

지멘스는 AI를 사용해 제조 공정 최적화 시스템을 개발했다. AI를 통해 생산 라인의 데이터를 분석하고 실시간으로 문제를 감지하고 수정하는 기능을 제공하여 예측 유지 보수 및 생산성 향상을 달성했다. AI가 대량의 제조 데이터를 분석하고 공정을 최적화하여 효율성과 생산성을 극대화하며, 예측 알고리듬이 고장 발생을 예측하여 문제를 방지한다.

미디어 및 콘텐츠 산업 - 뉴욕타임스(미국)

뉴욕타임스는 AI를 통해 콘텐츠 작성 및 기사 요약 시스템을 도입했다. 기사를 자동으로 요약하여 독자들에게 간결하고 명확한 정보를 제공하는 도구를 개발했으며, AI가 뉴스 데이터를 분석하여 독자가 선호하는 주제를 제안한다. AI를 통해 뉴스 기사의 중요한 정보를 자동으로 추출하고 요약함으로써 독자들에게 맞춤형 정보를 제공하며 기사의 자동 요약과 콘텐츠 추천 기능을 통해 사용자 경험을 강화하고 있다.

엔터테인먼트 산업 - 넷플릭스(미국)

넷플릭스는 AI를 사용하여 개인화된 콘텐츠 추천 알고리듬을 지속적으로 개선하고 있다. 사용자 시청 기록을 바탕으로 맞춤형 콘텐츠를 추천하여 사용자의 취향에 맞는 콘텐츠를 제공하며 이탈률을 줄이고 만족도를 높인다. AI가 사용자의 선호도와 시청 패턴을 분석하고 이에 따라 개인화된 콘텐츠를 제안한다.

모빌리티 산업 - 테슬라(미국)

테슬라는 FSD Full Self-Driving 소프트웨어에서 AI 기술을 활용하여 자율주행 시스템을 지속적으로 개선하고 있다. 도로에서 수집한 방대한 데이터를 기반으로 AI가 자율적으로 학습하고 주행 경로를 생성하여 복잡한 도로 환경에서도 차량이 스스로 주행할 수 있도록 지원한다. 특히 최신 AI 기술은 도로 상황을 실시간으로 인식하고 판단하여 운전자의 개입 없이도 안전하게 주행할 수 있도록 만들고 있다. AI는 실시간 경로 생성과 도로 상황에 맞춘 주행 시나리오를 자동으로 구성하며 도로 표지판, 신호, 차량, 보행자 등 다양한 요소를 동시에 처리할 수 있다. 이를 통해 차량이 복잡한 도시 환경이나 고속도로에서도 자율적으로 운전할 수 있는 능력을 제공하며, 지속적인 업데이트를 통해 더 안전하고 효율적인 자율주행을 구현하고 있다.

AI 대전환 시대가 바꿀 경영 환경의 변화

챗GPT 등장 이후 현재를 AI 시대라고 언급하곤 한다. 하지만 그 의미를 더욱 정확하게 전달하려면 'AI 대전환 AI Transformation: AX 시대'라는 표현이 더 직관적이지 않을까 싶다.

AI 대전환 시대를 우리는 어떻게 이해해야 할까? 그 이전에 우리가 자주 듣던 단어가 있었다. 바로 디지털 전환Digital Transformation: DX 이다. 디지털 전환이란 디지털 기술이 모든 기업의 비즈니스 영역에 적용되어 기업의 운영 방식과 고객에게 제공하는 가치를 근본적으로 혁신하는 과정과 활동을 의미한다. AI 대전환 역시 디지털 전환의 큰 범주 안에 포함된 변화라고 할 수 있다. 실제로 매년 DX의 핵심 키워드를 보면 최근으로 올수록 AI에 대한 강조가 함께 거론되고 있다. 이는 생성형 AI가 가진 큰 특징들이 DX를 더욱 가속화시킬 수 있는 장점을 지니고 있기 때문이다.

생성형 AI 기술을 기준으로 그 이전과 이후, 전 산업 분야에서 인공지능을 바라보는 시각은 상당히 바뀌었다. 과거에는 AI 기술의 장점을 신규 비즈니스나 특정 비즈니스의 경쟁력 확보에 활용하겠다는 시각이 주를 이루었다. 그러나 이제는 AI가 전방위적으로 인프라에 적용되는 기술이자 혁신을 주도할 수 있는 기술, 조직과 프로세스까지 변화시킬 수 있는 기술, 그리고 우리의 일상에 다양한 형태로 영향을 줄 수 있는 기술로 인식이 바뀌었다. 따라서 기업 관점에서도 경영 전략, 조직, 의사결정 과정, 고객 경험 등 기업 환경 및 활동 전체를 변화시킬 수 있다고 보고 있다. 현재의 AI 기술들이 경영 환경을 어떻게 변화시킬지는 결국 AI 기술들을 어떤 영역에 활용할 것인가에 달려 있다.

그렇다면 구체적으로 어떤 경영 환경의 변화가 예상될까? 먼저 경영 전략 수립 시 데이터 분석은 필수적인 부분이 될 것이다. AI 기술을 활용하여 더욱 빠르게 시장을 예측하고, 경영 전략 수립 역시 데이터 기반으로 상시 빠르게 수정할 수 있는 애자일한 프로세스를 갖춰야 한다. 경영 전략의 변화 주기도 짧아지면서 빠른 시장 대응 능력이 곧 경쟁력이 될 것이다.

의사결정 체계 역시 실시간 데이터 분석을 통해 복잡한 비즈니스 환경에서 발생할 수 있는 문제들을 빠르게 감지하고 해결할 수 있도록 돕게 될 것이다. 특히 반복적이고 규칙 기반의 의사결정 사항들은 AI를 통해 모두 자동화될 것이다. AI 기반의 RPA Robotic Process Automation는 더욱 고도화될 것이며 금융, 법률, 보험, 제조 등 다양한 산업에서 작업을 효율적으로 처리하여 인력의 시간을 절약하고, 더 중요한 고부가가치 작업에 집중할 수 있도록 만들 것이다.

비즈니스 혁신 속도 역시 가속화된다. AI를 통해 설계, 시뮬레이션, 테스트와 같은 과정들이 상당히 빠르게 처리될 수 있기 때문에 각종 프로토타입 개발 속도 역시 빨라질 수밖에 없다. 따라서 특히 제조 분야나 소프트웨어 개발의 경우 혁신 사이클이 크게 단축될 것이며, 창의적인 아이디어를 빠르게 검증하고 새로운 비즈니스 기회를 탐색하는 데 도움을 줄 것이다. 의료 분야에서 AI가 진단하고 치료 계획을 수립하거나 리테일 분야에서 AI가 수요를 예측하고 공급망을 최적화하는 등의 AI 기반 제품 및 서비스 개발이 많이 등장할 것이다. 또한 AI가 고객 데이터를 실시간으로 분석하여 개별 고객의 선호도를 예측하고 맞춤형 상품을 추천함으로써 개인화된 고객 경험을 제공하게 된다. 이를 통해 고객 만족도 및 충성도를 높이고 다양한 형태의 고객 경험 혁신이 일어날 것이다. 챗봇을 비롯한 가상 비서의 활용도 보편

화되어 고객 서비스의 품질을 높이면서 비용을 절감하는 효과를 가져
올 것이며, 24시간 상시 서비스가 가능해질 것이다.

조직의 인력 구성과 업무 환경에도 상당히 큰 변화가 예상된다. 가
장 고민해야 할 부분이자 AX의 성공에 가장 큰 영향을 줄 부분은 바
로 AI와 인간의 협업이다. AI 기술은 인간의 업무 자체를 대체하는
것이 아니라 보완하는 역할을 할 것이며, 인간과 AI가 협업하는 형태
의 업무 환경은 계속 증가할 것이다. 이때 인적 자원은 반드시 더욱
창의적이고 복잡한 문제 해결에 집중할 수 있도록 환경이 조성되어
야 한다. AI의 도입으로 인해 일부 단순 반복적인 직무는 AI로 사라
지거나 대체될 수밖에 없기 때문에 직원들에게는 새로운 기술과 역
량이 필수적으로 요구된다. 따라서 기업은 직원들이 새로운 기술이
적용된 환경에 적응할 수 있도록 다양한 교육 커리큘럼을 개발하고
재교육해야 한다. 또한 AI가 의사결정 과정에 깊이 관여하게 되면서
개인정보 보호, 편향성 문제, AI의 투명성과 같은 윤리적 문제도 경
영 전략에서 중요한 고려 사항이 될 것이다. 그러므로 이러한 문제를
해결하기 위한 윤리적 AI 정책과 규제 준수 방안도 마련해야 한다.

마지막으로 AI 활용은 도입보다 지속 가능하게 유지하는 부분에
서 상당한 난이도가 있다. 이와 관련하여 AI를 통해 에너지 소비를
줄이고 자원 관리를 최적화하며, 친환경적인 비즈니스 운영에 대한
고민이 필요하다. 이러한 부분까지 충분히 고려한다면 AI를 기반에
둔 지속 가능한 경영 전략은 기업의 생존과 브랜드 가치를 높이는 데
기여할 것이다.

AI 활용을 위한 업스킬링과 리스킬링 전략

AI 기술이 빠르게 변화하는 시대에 업스킬링과 리스킬링은 기업과 개인 모두에게 필수적이다. 업스킬링은 기존 직무에서 새로운 AI 기술을 활용할 수 있도록 역량을 향상시키는 것이며, 리스킬링은 AI로 인해 직무가 전환되거나 사라질 때 새로운 직무로의 전환을 가능하게 하는 것을 의미한다. 기업이나 개인의 성공적인 AI 활용 측면에서 둘 다 매우 중요한 부분이라 할 수 있다.

기업 관점에서 업스킬링과 리스킬링을 살펴보면 가장 기본적인 것은 직원들에게 체계적인 교육 프로그램을 설계하고 제공하는 것이다. 이때 각 직원들의 역할과 능력에 맞춰 교육에 필요한 학습 콘텐츠를 제공하는 것이 중요하며, AI 기술은 계속 변화하고 있기 때문에 일회성 교육이 아닌 지속적인 학습이 가능한 환경 조성이 필요하다. 여기서 중요한 부분은 경영진과 같은 리더들이 업스킬링과 리스킬링에 대해 강력하게 지원하고 직원들이 적극적으로 참여할 수 있는 동기부여 장치들을 마련하는 것이다.

업스킬링과 리스킬링의 대상 범위를 어떻게 정의하고, 어떤 내용들을 포함해야 할지 구체적으로 살펴보도록 하자. 업스킬링은 기존 직무에서 사용하던 업무 스킬을 AI 기술을 활용하여 현재 역할을 더욱 효과적으로 수행할 수 있도록 스킬을 향상시키는 것이다. 이는 AI 도입으로 변화하는 업무 환경에서 직원들이 효율적으로 대응할 수 있도록 역량을 강화시키는 것을 목표로 한다. 업스킬링의 대상은 주로 AI 도입으로 업무 자동화나 변화가 예상되는 직무를 담당하는 직원들이다. 주요 교육 내용은 다음과 같다.

- **데이터 리터러시:** AI는 대규모 데이터를 기반으로 활용하므로 데이터 자체에 대한 이해와 분석 능력이 중요하다. 업스킬링을 통해 데이터의 수집, 해석, 활용 방안 등을 교육한다.
- **AI 도구 활용 능력:** AI 기반 도구들을 어떻게 업무에 활용할 수 있는지에 대한 교육을 포함한다. 프로세스 자동화를 위한 각종 툴의 사용법도 교육이 필요하다.
- **AI 윤리와 데이터 보안:** AI의 윤리적 사용과 개인정보 보호, 데이터 보안에 대한 인식 및 대응 능력에 대한 교육도 진행해야 한다.

업스킬링이 필요한 경우로는 기본적인 IT 기반의 부서뿐만 아니라 AI 기반의 인재 채용 솔루션을 활용하는 HR 부서, AI 기반의 데이터 분석을 통해 고객 행동 분석 능력을 향상시키는 마케팅 부서 등 대부분 AI 기술의 활용이 직접적으로 직원의 경쟁력을 높일 수 있는 직무들이 해당된다.

리스킬링은 AI 도입으로 인해 기존의 직무가 전환되거나 사라질 때 해당 직원이 새로운 직무를 수행할 수 있도록 완전히 다른 기술을 습득하는 것을 의미한다. 따라서 기존 인력을 새로운 직무로 이동시키고 그에 맞는 역량을 재교육하기 위한 목적으로 진행된다. 리스킬링되는 분야로는 다음을 고려할 수 있다.

- **데이터 엔지니어 또는 데이터 과학자:** 데이터 분석 및 해석 능력을 새롭게 학습하여 이 분야로 전환한다.
- **AI 전략 기획자:** AI가 어떻게 비즈니스 전략에 영향을 미치는지 이해하고, 새로운 비즈니스 기회를 창출하는 역할을 맡는다.
- **AI 도입 기획 및 관리:** AI 도입을 성공적으로 진행하기 위해 기획, 실행, 관리 역량 등을 재교육한다.

리스킬링의 대상이 될 수 있는 경우로는 AI와 로봇 공정 자동화 시스템에 의해 기존 생산 업무가 대체되는 제조업 근로자나 AI로 대체가 가능한 전문 직무 등이 있다.

코세라 Coursera의 칼럼 '생성형 AI가 업스킬링과 리스킬링의 붐을 일으킬 것'에서는 자동화가 저숙련 직업에 미칠 위험을 다룬다. 코세라의 CEO인 제프 마기온칼다는 챗GPT와 같은 생성형 AI가 자동화 및 기타 기술 변화보다 교육과 고용에 훨씬 큰 영향을 미칠 것이라고 언급했다. 이 칼럼에서는 직업을 저숙련, 중간, 고숙련 직업군으로 나누어 각각의 영향도를 분석했는데, 지식 노동자 Knowledge Workers에게 특히 큰 영향을 미칠 것이며, 디지털 기술과 새로운 자격을 갖춘 사람들에게 기회를 열어줄 것이고, 저숙련 직업군에게는 상당한 위험이 될 것이라고 말하고 있다.

일자리와 일하는 방식의 변화에 대한 생각들은 각자 조금씩 다를 수 있지만, AI 시대에 인간과 AI 간의 협업이 점점 더 중요해질 수밖에 없다는 점에는 모두 동의할 것이다. AI 대전환 시대의 업스킬링과 리스킬링은 선택이 아닌 필수이다. 이를 통해 AI 기술의 힘을 직원들이 제대로 활용할 수 있도록 하고 결국은 직원, 즉 사람이 AI 기반 의사결정 프로세스의 중심에 있도록 할 수 있다. 이러한 과정은 당연히 직원의 성장에 도움을 줄 것이며, 이를 통해 직무 만족도나 조직에 대한 충성도 역시 높아질 것이다. 업스킬링과 리스킬링은 끊임없이 변화하는 AI 시대에 성공하려는 기업과 조직에 필수적으로 필요한 과정임을 다시 한번 강조하고 싶다.

AI 대전환 시대를 위한 AI 리터러시와 마인드셋

챗GPT 이후 AI 기술이 우리 사회 전반에 미치는 영향력은 그 어느 때보다 크다. AI 기술은 이제 단순한 기술적 혁신을 넘어서 우리의 일상생활, 업무 환경, 그리고 의사결정 과정에 깊숙이 자리 잡고 있으며 앞으로 그 영향력은 더욱 커질 것이다. 이러한 AI 대전환 시대에서 개인과 조직이 성공적으로 적응하기 위해서는 AI 리터러시가 중요하다.

AI 리터러시란 앞에서도 여러 번 언급되었지만, 인공지능의 기본 원리와 작동 방식을 이해하고 이를 실제로 적용하는 능력을 말한다. 더 나아가 AI가 사회에 미치는 영향, 윤리적 문제, 잠재적 리스크에 대해 비판적으로 사고할 수 있는 능력까지를 포함한다. AI 리터러시가 중요한 이유는 AI가 모든 산업에서 핵심 기술로 자리 잡고 있기 때문이다.

AI는 다양한 산업에서 데이터 분석, 예측, 자동화 등을 통해 사람들의 의사결정을 돕고 있다. 가령 의료 분야에서는 AI가 환자의 진단과 치료 계획을 지원하고, 금융 분야에서는 리스크 분석과 맞춤형 금융 상품 추천에 AI가 사용되며, 제조 분야에서는 AI가 생산 공정을 최적화하고, 교육 분야에서는 학습자의 성취도와 필요에 맞춘 맞춤형 교육 프로그램을 설계하는 데 AI 기술이 활용된다.

이처럼 AI는 기술 이상의 의미를 지니며 더 나은 의사결정과 효율성을 제공하여 기업과 개인 모두에게 중요한 역할을 하고 있다. 그렇기 때문에 AI 리터러시가 낮다면 AI 기술이 제공하는 정보를 제대로 이해하지 못하거나 잘못된 정보를 바탕으로 의사결정을 할 수 있다. 예를 들어, AI가 내놓은 분석 결과가 왜 그런 결론에 도달했는지 이해하지 못한다면 그 결과를 무작정 신뢰하거나 반대로 무시하는 오류를 범할 수 있다. 이는 기업이든 개인이든 중요한 결정 과정에서 치명적인 문제가 될 수 있다.

또한 AI 리터러시는 AI가 편향된 데이터를 바탕으로 잘못된 판단을 내릴 가능성이 있다는 점에서 더욱 중요하다. AI는 훈련된 데이터에 의존하기 때문에 데이터 자체가 편향되어 있으면 AI도 그 편향을 그대로 반영한다. AI 리터러시를 갖춘 사람들은 이러한 가능성을 인식하고 AI가 내놓는 결과를 비판적으로 분석할 수 있다. 이는 윤리적인 측면에서도 매우 중요한데, AI 기술이 점점 더 많은 분야에 도입되면서 AI 사용에 따른 윤리적 문제와 책임에 대한 논의도 활발해지고 있기 때문이다.

AI 대전환 시대에 성공적으로 적응하기 위해서는 기술적 지식뿐만 아니라 적절한 마인드셋을 갖추는 것이 중요하다. 첫째는 지속적인 학습 의지와 호기심이다. AI는 빠르게 변화하는 기술이기 때문에 현재 활용되는 기술도 계속 진화하고 있으며, 몇 년 뒤면 더 발전된 기술로 대체될 가능성이 크다. 따라서 AI에 대한 호기심과 지속적인 학습 의지를 갖는 것이 중요하다. 이를 머리로만 생각하는 것이 아니라 행동으로 옮기는 과정이 필요하다. 일상에서 쉽게 접할 수 있는 AI 도구부터 시작해 차근차근 경험해보고 활용해보자. 예를 들어, 간단한 AI 기반 애플리케이션이나 챗봇을 사용해보고 이를 활용하는 방법부터 시작하는 것이다. 중요한 것은 변화에 적응하고자 하는 태도다. AI 기술을 두려워하기보다는 이를 학습하고 활용하는 방법을 배우려는 적극적인 자세가 필요하다.

둘째는 비판적 사고의 중요성이다. 이미 할루시네이션이라고 우리가 인지하고 있는 것처럼 AI가 제공하는 정보나 결과가 항상 옳거나 정확한 것은 아니다. AI는 훈련된 데이터를 바탕으로 결과를 도출하기 때문에 데이터가 불완전하거나 편향되어 있을 경우 잘못된 결론을 낼 수도 있다. 따라서 비판적 사고는 AI 리터러시에서 매우 중요한 부분이다. AI가 내놓은 결과를 맹목적으로 신뢰하기보다는 그 결과가 어떻게 도출되었는지, 데이터의 출처는 어디인지, 편향이나 오류가 없는지 등을 검토할 수 있어야 한다. 특히 윤리적 측면에서 AI의 결정을 비판적으로 바라보는 것이 중요하다. AI가 사회적 약자나 특정 그룹에 불이익을 주지 않도록 해야 하며, AI의 투명성과 공정성을 늘 고려하며 활용해야 한다.

셋째는 인간과 AI의 협력과 공존이다. AI는 인간의 역량을 대체하는 것이 아니라 이를 보완하고 증강시키는 기술이라는 점을 기억해야 한다. 예를 들어, 의료 분야에서 AI는 의사의 진단을 보조하고, 기업에서는 경영진이 더 나은 결정을 내릴 수 있도록 데이터를 분석해준다. AI와 인간의 성공적인 협력과 공존이 AI 시대의 핵심이다. 또한 AI 기술은 다양한 분야에서 활용될 수 있기 때문에 융합적인 사고를 통해 다른 분야와 협력할 수 있는 능력을 키우는 것이 중요하다. 이 과정에서 AI는 도구일 뿐 인간의 창의성과 비판적 사고가 여전히 중심적인 역할을 해야 한다.

앞서 두머와 부머에 대한 이야기에서도 다뤘지만, AI 기술은 우리에게 많은 도전과 기회를 동시에 제공한다. 결국 AI 대전환 시대에 중요한 것은 기술 그 자체보다 인간 중심적인 가치와 미래 지향적인 마인드셋이다. AI는 인간과 경쟁하는 기술이 아닌 협력의 도구로 더 나은 미래를 위해 활용되어야 한다. AI 기술은 우리가 어떻게 이를 이해하고 활용하느냐에 따라 큰 기회를 줄 것이다.

AI 시대가 원하는 인재의 조건

마지막으로 우리가 가장 관심을 기울여야 할 AI 시대에 필요한 인재로 성장하는 방법이나 AI 교육에 대해 이야기해보자. 이러한 관심은 빠르게 변화하는 AI 기술이 바꿀 미래를 어떻게 준비해야 할 것인가에 대한 고민이다. 여기서 말하는 교육은 AI 기술 자체에 대한 교육뿐만 아니라 학교에서의 AI를 활용한 교육, 그리고 부모로서 아이들을 키우면서 하게 되는 교육도 포함한다. 다양한 교육에 대한 고민 중 교집합이 되는, 실제로 AI 시대가 원하는 인재로 성장하는 방법과 조건에 대해 구체적으로 살펴보자.

AI 시대의 인재 교육에 대해 다양한 의견이 있겠지만, 기존의 교육 방식에서 벗어나야 한다는 것은 분명하다. 우리는 지금 정보가 넘쳐나는 정보 과잉의 시대에 살고 있다. 이미 너무나 많은 정보로 가득한 인터넷 세상에 챗GPT와 같은 생성형 AI 기반 서비스까지 더해지면서 이러한 정보를 얻을 수 있는 채널이 너무 많아졌다. 아이러니하게도 '정보'는 넘쳐나지만, 실제로 우리가 필요로 하는 '지식'과 '지혜'는 얻기가 더 어려운 시대를 살고 있기도 하다.

여기서 '정보'와 '지식'을 구분하는 이유는 우리가 수많은 외부 채널로부터 받아들이는 것은 '정보'이며, 이는 받아들인다는 측면에서 수동적이다. 반면에 다양한 정보 간의 관계를 이해하고 이를 가치 있고 쓸모 있게 변환한 정보는 '지식'이라고 할 수 있으며, 이는 좀 더 능동적인 성격을 가진다. 그리고 이러한 '지식'을 활용하여 창의적인 아이디어나 경험을 쌓음으로써 지식에 노하우가 더해지는 것이 '지혜'일 것이다.

현재 AI 대전환 시대에는 바로 '지식'과 '지혜'를 갖춘, 변화에 민첩하게 적응하고 창의적으로 문제를 해결할 수 있는 인재를 양성하는 데 초점을 맞춰야 한다. AI와 함께 공존하며 협력하고 새로운 가치를 만들어낼 수 있는 AI 인재를 양성하기 위해서, 또는 그러한 AI 인재가 되기 위해서는 어떤 역량이 강조되어야 할까?

AI 리터러시 강화

AI 시대의 인재는 기본적으로 AI의 작동 원리와 활용 방법에 대한 이해가 필수적이다. AI가 무엇을 할 수 있고, 어떤 문제를 해결할 수 있으며, 그 한계는 무엇인지를 파악하는 능력이 필요하다. 따라서 AI의 기본 개념, 데이터 처리, 알고리듬 원리 등에 대한 이해가 필요하며, AI 도구를 실제로 일상이나 업무에서 활용하는 경험을 적극적으로 할 필요가 있다.

그런 측면에서 AI 관련 윤리적 문제도 중요한 주제다. AI가 의사 결정에 미치는 영향, 데이터 편향성, 개인정보 보호 문제 등에 대한 비판적 사고를 포함하여 책임감 있게 활용할 수 있어야 한다.

창의적 문제 해결 능력

AI는 많은 문제를 효율적으로 해결할 수 있지만, 복잡하고 창의적인 문제를 해결하는 핵심 열쇠는 바로 사람이다. 따라서 AI 시대의 인재는 정답을 맞추는 방식에서 벗어나 AI가 해결할 수 없는 창의적이고 복합적인 문제에 대해 다양한 해결 방법을 탐색하고 새로운 아이디어를 제시할 수 있어야 한다.

창의성을 키울 수 있는 디자인 사고 Design Thinking 등과 같은 다양한 방법론을 고려해볼 수 있으며, 다양한 관점에서 문제를 바라보고 많은 정보의 숨은 의미와 맥락을 잘 이해하고 해석할 수 있어야 한다.

비판적 사고와 데이터 분석 능력

AI의 핵심은 데이터다. AI 시대의 인재는 데이터를 수집하고 분석할 수 있는 능력을 갖추어야 하며, 데이터를 해석하여 의미 있는 결론을 도출하는 방법을 배워야 한다. 이를 위해 데이터 분석 및 해석 능력을 키우는 교육이 필요할 수 있다. AI의 한계와 편향성을 이해하고 도출된 결과를 검증하며, 다른 시각에서 재평가할 수 있는 비판적 사고력을 기르는 것이 중요하다.

참고로 최근 LLM 관련 논문 〈LLM은 추론 오류를 찾을 수 없지만 오류 위치가 주어지면 오류를 수정할 수 있다 LLMs cannot find reasoning errors, but can correct them given the error location〉를 살펴보면 추론 과정 어디에서 논리적 오류가 발생했는지 찾지 못하더라도 오류의 위치를 알려주면 그 오류를 AI가 스스로 수정하면서 성능을 향상시킨다는 자율 수정 self-correction 방법론에 대한 연구도 활발하게 진행되고 있음을 확인할 수 있다. 하지만 오류의 위치를 찾아내는 것은 여전히 사람의 몫이므로 비판적 사고 능력은 앞으로도 중요한 능력이 될 것이다.

협력과 소통 능력

AI 시대에서는 AI와 어떻게 공존할 것인지, 그리고 AI와의 협업 시너지를 어떻게 낼 수 있는지가 중요한 역량이 될 것이다. AI의 역할을 이해하고 AI와 인간이 각자의 강점을 발휘할 수 있는 협업 모델을 만들어내는 능력을 통해 AI를 인간의 능력을 높이는 도구로 활용할 때 우리는 더 큰 성과를 낼 수 있다.

또한 AI 시대에는 하드스킬만큼이나 소프트스킬이 중요한 시대다. AI가 많은 작업을 자동화하더라도 사람 간의 협력과 소통은 여전히 중요하다. 다양한 배경과 의견을 가진 사람들과 협력하여 문제를 해결할 수 있어야 하며, 글로벌화된 세상에서 문화적 다양성을 이해하고 협력할 수 있는 능력을 키워야 한다.

디지털 역량과 논리적 사고 능력

AI 시대에는 다양한 디지털 도구와 기술을 능숙하게 활용할 수 있는 능력이 필요하다. 그렇기 때문에 AI 리터러시만큼 디지털 리터러시도 중요하다. 특히 데이터 처리, 정보 검색, 디지털 협업 도구 사용 등 실용적인 스킬을 갖춰야 한다.

코딩 교육의 경우, 단순한 프로그래밍 기술을 넘어 AI 알고리듬을 이해하고 데이터 분석을 할 수 있는 능력, 즉 문제를 논리적으로 사고하고 해결하는 능력에 대해 강조하고 싶다.

자기주도적인 학습 역량을 통한 지속적인 성장

AI 기술은 빠르게 변화하고 발전하기 때문에, AI 시대의 인재는 평생 학습을 통해 새로운 기술과 지식을 지속적으로 습득하는 능력을 갖춰야 한다. 이를 위해 자발적으로 학습하고 성장할 수 있는 학습 태도와 자기주도 학습 역량을 키우는 것이 중요하다.

이와 같이 AI 시대의 인재 교육은 기술 중심의 학습을 넘어서 창의적이고 비판적인 사고, 협업과 소통 능력, 그리고 지속적인 학습 태도를 키우는 데 초점을 맞춰야 한다. AI와 함께 성장하고 혁신을 주도할 수 있는 인재를 육성하는 것이 AI 시대에서 가장 중요한 교육 목표가 되어야 한다.

선점하고, 주도하고, 생존하라

진단1.

챗GPT 출시 이후 생성형 AI와 관련된 콘텐츠가 분야를 막론하고 홍수처럼 쏟아졌다. 주요 언론사의 뉴스부터 국내외 기업들의 새로운 AI 기술 및 서비스 출시 소식, 두툼한 볼륨을 자랑하는 각종 보고서와 서적, 국내외 크고 작은 컨퍼런스와 세미나, 여기에 다양한 형태의 플랫폼에서 활동하는 크리에이터들이 제작한 AI 관련 콘텐츠까지, 온 세상이 AI로 가득했다. 누구도 산업과 일상을 뒤흔들 AI 시대가 올 것을 의심하지 않았고, AI 업계는 AI 시대를 열어젖히기 위해 챗GPT 출시 이후 1년여 간 정신없이 내달렸다.

하지만 지금 상황은 어떤가? AI 기술에 대한 지대한 관심에도 불구하고 산업계는 아직까지 AI 도입에 소극적이다. "왜 산업계에서는 적극적인 액션을 취하지 않을까?" 이 질문이 이 책을 시작하게 된 첫 번째 이유다.

진단2.

　〈가트너〉의 2024년 AI 하이프사이클에서 생성형 AI의 위치는 현재 산업계뿐만 아니라 개인이 생성형 AI에 대해 어떤 마인드셋으로 어떻게 행동으로 옮겨야 할지 정확하게 설명하고 있다. 하이프사이클에서 생성형 AI는 2022년부터 2023년까지 지속적으로 Y축의 최고점을 향해 움직였다. 즉, 생성형 AI에 대한 기대치가 상당히 높았고, 모두가 생성형 AI 도입을 서둘렀다는 의미다. 다만 X축의 위치상 기술적인 성숙도 자체는 높지 않았기 때문에 사업화가 활발해지는 데는 기술적으로 부족함이 있었다. 그리고 Y축의 가장 최고점에 도달했던 생성형 AI는 2024년 최고점에서 내려오면서 X축의 오른쪽으로 이동 중이다. 이는 기업이 기술적 성숙기에 진입한 (생성형 AI를 포함한) AI 기술을 사업화하는 데 적극적으로 나서야 할 시점이라는 의미다.

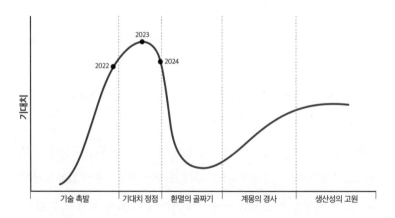

그림　**생성형 AI의 하이프사이클 내 위치 변화** (출처: 가트너)

그리고 생성형 AI 산업은 실제로 AI 기술을 잘 다루는 회사를 중심으로 재편되고 있다.

비용을 포함한 AI가 가진 제약들을 말하며 고민하고 있을 시간은 이제 없다. 현재 AI 기술들이 비즈니스의 다양한 영역에서 기업 경영에 필요한 도움을 주고, 각 기업의 비즈니스에 경쟁력을 만들어낼 수 있다는 것은 더 이상의 증명이 필요 없을 정도로 분명한 사실이다. 그리고 우리는 업계 1위를 달리던 노키아와 코닥이 시대의 흐름과 혁신의 시점을 놓치고 몰락하는 순간을 실시간으로 목격했다. 지금까지 기술 중심으로 이뤄졌던 논의에서 한 걸음 더 나아가, 이제는 AI를 도입하는 '기업'의 관점에서 실제적인 고민을 시작해야 할 단계에 진입한 것이다. 여기에 이 책이 시작된 두 번째 이유가 있다.

생성형 AI를 도입한 산업의 레퍼런스는 비교적 쉽게 찾아볼 수 있다. 하지만 생성형 AI 기술은 지금 이 순간에도 변화와 성장을 거듭하고 있고, 챗GPT가 등장한 지 2년도 되지 않은 시점에서 운영 상황을 검증하기도 쉽지 않다. 산업별 베스트 프랙티스도 찾아볼 수는 있지만 도입 과정에서의 세부적인 디테일이 외부에 공개되어 있지 않아 실무에 참고하기도 어렵다.

이러한 상황에서 우리가 다루고 해결해야 할 문제는 분명했다. AI를 공급하는 관점과 AI를 도입하는 관점에 따라 같은 어젠다를 다양한 시각으로 풀어내는 것. 이 책은 AI 연구자로서 20여 년을 보낸 하정우 센터장과 AI뿐만 아니라 각종 최신 기술들을 활용해 R&D와 제품 서비스 개발만 20년 넘게 해온 필자의 경험에 기반한 'AI 도입과 활용 원칙'으로 꼼꼼하게 채워져 있다. 더불어 지금까지 AI 관련 서적에서 다루지 않았던 AI 도입과 확산에 대해 놓치고 있는 부분들을 최대한 찾아내려고 했다. 그러한 부분들이 이 책으로 해결이 될 수 있기를 바란다.

그리고, 미래

2024년 9월, 샌프란시스코에서 개최된 세일즈포스 연례행사에 참석한 엔비디아의 CEO 젠슨 황은 세일즈포스 CEO 마크 베니오프와의 대담에서 "AI를 비즈니스에 적용하는 과정은 신입사원의 온보딩 과정과 비슷해질 것"이라고 말하며 AI 에이전트가 가져올 기회를 강조했다. 생각해보자. 기업은 그 기업이 가진 문화와 인재상에 맞는 직원을 뽑기 위해 채용 과정에 상당한 에너지를 집중한다. AI를 도입하는 과정에서도 마찬가지로, 그 기업에 맞는 AI를 도입하기 위해 과거의 IT 인프라나 솔루션을 도입할 때와는 완전히 다른 마인드가 필요하다. 또한 온보딩 과정에 따라 인재의 성과가 달라지듯, 같은 AI 모델이더라도 도입 과정에 따라 어떤 기업에서는 생산성 혁신 도구가 될 수 있고, 어떤 기업에서는 생산성을 오히려 방해하는 도구가 될 수도 있는 점도 강조하고 싶다.

그렇기 때문에 시작부터 너무 거창한 목표를 부여할 필요가 없다. 현재의 페인포인트를 해결하고, 비즈니스에서 시너지가 날만한 실질적인 성과를 내고자 하는 실용적인 주제를 잘 선정해야 한다. 중요한 것은, 바로 지금 시작해야 한다는 것이다. 일반적인 비용에 대한 논쟁, 'RoI가 안 나온다'는 것이 '어느 누구도 RoI를 맞출 수 없다'는 의미가 아니다. 치열한 고민과 축적된 노하우를 통해 경쟁자와 초격차를 벌리기 위해 노력해온 기업들은 이미 조용히 AI를 도입하는 과정 중에 있다.

AI와의 공존과 협업은, 아직까지는, 이 책을 읽는 독자들의 선택이다. 하지만 선택이 필수로 바뀌는 데는 시간이 오래 걸리지 않을 것 같다. 이미 계속 도입을 시도했던, 노하우가 충분히 쌓인 기업이나 개인들에게는 비용, 시간, 노력 등에서 절대적인 격차를 낼 수 있는 핵심 도구가 될 것이기 때문이다.

생성형 AI의 등장 전후로 인공지능을 바라보는 시각은 상당히 바뀌었다. AI 기술의 장점을 단순히 신규 비즈니스나 기존 비즈니스의 경쟁력 확보에 활용하겠다는 시각에서 전방위적으로 넓은 영역에서 전체 인프라 기술에 적용되는 기술이자 초격차를 만들 혁신을 주도할 수 있는 기술, 조직과 프로세스까지 변화시킬 수 있는 기술, 그리고 우리 일상에 다양한 형태로 영향을 줄 수 있는 기술로 인식이 바뀌었다. 그 AI 기술을 만드는 대전환의 시대가 이제 시작되고 있다. 이 책의 제목처럼, AI 대전환의 시대에 '주도권을 선점'하는 데 이 책이 도움이 되길 바란다.

오순영